18274

HISTOIRE

DE

L'EUROPE.

IMPRIMERIE DE D'URTUBIE ET WORMS,
Rue Saint-Pierre-Montmartre, 17.

HISTOIRE
DE L'EUROPE,

PENDANT

LA RÉVOLUTION FRANÇAISE
ET L'EMPIRE;

PAR ARCHIBALD ALISON.

TRADUITE DE L'ANGLAIS SUR LA DEUXIÈME ÉDITION,

PAR M. PAQUIS.

TOME PREMIER.

PARIS,
BEAUVAIS, LIBRAIRE-ÉDITEUR,
RUE SAINT-THOMAS-DU-LOUVRE, 26.

—

1838.

AVERTISSEMENT

POUR LA SECONDE ÉDITION.

On a ajouté dans cette édition beaucoup de choses nouvelles, principalement en ce qui concerne les transactions extérieures de l'Europe pendant les premières années de la Révolution; on y a ajouté également une foule de détails, tirés des ouvrages qui ont été publiés depuis l'apparition de la première édition. Nous avons donné au commencement du premier volume une liste des auteurs qui nous ont servi d'autorités dans tout le cours de l'ouvrage, et beaucoup d'erreurs ont été corrigées, quoique, sans doute, il en reste encore beaucoup qui nous ont échappé, suite inévitable de l'éloignement où nous étions du lieu de l'impression. L'auteur saisit l'occasion de remercier sincèrement le public de l'accueil favorable qu'il a fait à cet ouvrage, et de l'indulgence qu'il a montrée pour ses nombreuses imperfections. La difficulté d'extraire les matériaux d'une telle masse d'ouvrages écrits dans différentes langues, doit servir un peu d'excuse à quelques-uns de ses défauts, mais il en est d'autres pour lesquels il n'a pas d'excuse à présenter. Il peut dire néanmoins en toute sincérité, qu'il n'a jamais ni lu ni entendu sur une partie quelconque de sa composition, une critique dont il n'ait senti la justice, et dont ne se soit proposé de profiter dans les volumes suivants.

PRÉLIMINAIRE.

Pour abréger les citations, les autorités sur lesquelles l'auteur s'appuie dans cet ouvrage, sont en général condensées à la fin de chaque paragraphe sous une forme abrégée. Les auteurs cités sont indiqués de la manière suivante :

Ann. Reg. XXXI, ou par année comme 1800, 147. Dodley's Annual Register. London.
Arch. Ch., II. 17. Archiduc Charles, die Geschichte des feldzuges, 1796. 3 vol. Vienne et Paris, 1817.
Archiduc Charles, die Geschichte des felzuges in Deutschland und in der Schweiz, 1799. Vienne, 1820
Autom., I. 17. Automarchi, Derniers jours de Napoléon. 2 vol. Paris, 1824
Baird, I. 79. Life and correspondance of sir David Baird. London, 1832. 2 vol.
Barante, III. 372. Barante, Histoire des ducs de Bourgogne. 12 vol. Paris, 1825.
Barth, 117. Der Krieg gegen der Tyroles Landleute in Jahr 1809, von J L. S. Bartholdy. Berlin, 1814.
Beauch., II. 331. Beauchamp, Histoire des guerres de la Vendée. 4 vol Paris, 1820.
Beauch. IV. 221. Beauchamp, Histoire de la guerre en France pendant l'année 1814. 2 vol. Paris, 1816.
Benson, 121. Benson's Corsica. 1 vol.
Berth., 179. Berthier, Histoire de l'expedition d'Egypte. Paris, 1828.
Bign., III. 27. Bignon, Histoire de France depuis le 18 brumaire. 6 vol. Paris, 1829.
Biogr. Univ., XX. 52. Biographie universelle, par Michaud et ses collaborateurs. 82 vol. Paris, 1830-1834.
Biogr. des Cont., V. 113. Biographie des Contemporains, par Michaud. 8 vol. Paris, 1834-1838.
Boissy d'Anglas, I. 72. Boissy d'Anglas, sur la vie et les ecrits de Malesherbes. 2 vol Paris, 1809
Bott., III 127 Botta, Storia d Italia dal 1789 al 1814. 4 vol. Italia, 1826.

Bour., iv. 32. Mémoires de Bourrienne. 10 vol. Paris, 1829-1832.
Bout. 127. Boutourlin, Campagne de 1813 en Bohême. 1 vol. Paris, 1819.
Bout., ii. 17. Boutourlin, campagne de 1812 en Russie. 2 vol. Paris, 1824.
Buckingham, i. 213. Buckingham's travels in Mesopotamia. 2 vol. Londres, 1822.
Bul., 281. Bulow, Feldzug von Marengo. Vienne, 1817.
Burke, vi. 72. Burke's works. 12 vol. Londres, 1815.
Buzot, 72. Mémoires de Buzot. 1 vol. Paris, 1824.
Cal., 172. Calonne, Etat de la France. Genève, 1790.
Camp. franc., ii. 41. Campagnes des armées françaises en Prusse, en Saxe et en Pologne, en 1806 et 1807. 4 vol. Paris, 1807.
Cap., vi. 21. Capefigue, Histoire de la Restauration. 10 vol. Paris, 1831-1833.
Cev., 322. Pedro Cevallos, Exposé des moyens employés par Napoléon pour usurper la couronne d'Espagne. Madrid, 1808.
Chalm., 549. Chalmer's Wealth, power and resources of the whole britsh empire. Londres, 1814.
Chateaub., Etud. hist, ii. 79. Chateaubriand, Etudes historiques, 4 vol. Paris, 1830.
Clery, 142. Mémoires de Cléry sur la captivité de Louis XVI. Paris, 1823.
Code Napol., 342. Code Napoléon. 1 vol. Paris, 1814.
Coll., i. 127. Mémoires de lord Collingwood. 2 vol. Londres, 1828.
Comptes rendus, i. 217. Comptes rendus de l'administration de France. Paris, 1789. in-4°. 2 vol.
Condorcet, ii. 115. Mémoires de Condorcet. 2 vol. Paris, 1824.
Corr. Conf. de Nap., iv. 322. Correspondance secrète et confidentielle de Napoléon. 7 vol. Paris, 1817.
D'Abr., vii. 22. Mémoires de la duchesse d'Abrantès. 18 vol. Paris, 1828-1834.
D'Angoulême, 37. Détails de ce qui s'est passé au Temple après la mort de Louis XVI, par la duchesse d'Angoulême. Paris, 1823.
Daru, vi. 147. Daru, Histoire de Venise. 7 vol. Paris, 1819.
Darst., ii. 121. Darstellung des Feldzuges der verbendeten gegen Napoleon in Jahren 1813 et 1814. 2 theil. Berlin, 1817.
Desodoard, i. 79. Desodoard's, or Odoardo, Histoire de la Révolution. 6 vol. Paris, 1817.
Dow., ii. 171. Dow's history of Indostan. 3 vol. Londres, 1803.
Dum., vii. 34. Precis des évènements militaires, 1799-1807. Par le général Mathieu Dumas. 10 vol. Paris, 1822.
Dum., 317. Souvenirs de Mirabeau, par Dumont. Paris, 1832.
Dup., i. 171, Dupin, Force commerciale de la France. 2 vol. Paris, 1827.
Edgeworth., 13. Abbé Edgeworth, Dernières heures de Louis XVI. Paris, 1823.
Escoiq., Escolquiz, Exposé de l'affaire de Bayonne en 1808. Paris, 1816.
Etat de la dette publique. Paris, 1790.
Fain, i. 127. Baron Fain, Campagne de 1814 en France. Paris, 1829.
Fain, ii. 132. Baron Fain, Campagne de 1812 en Allemagne. Paris, 1829.
Fain, ii. 117. Baron Fain, Campagne de 1812 en Russie. Paris, 1827.
Fain, Dip. franç. i. 117. Baron Fain, Diplomatie française de 1792-1796. 3 vol.

Forst., t. 231. Beitrage zur neueren Krieggeschichte, von Friederich Forster. Berlin, 1816.

Foy, III. 271. Guerres en Espagne, par le général Foy. 4 vol. Paris, 1828.

Genlis, v. 113. Mémoires de madame de Genlis. 8 vol. Paris, 1825.

Gentz, 113. Gentz, Fragmente aus der neusten Geschichte des politischen Gleichgewichts in Europa. Leipsig, 1808.

Georgel, v. 172. Abbé Georgel, Mémoires sur le règne de Louis XVI. 6 vol. Paris, 1800.

Gesch. Hof., 121. Geschichte Andreas Hofer. Leipsig, 1817.

Gibbon, vi. 179. Gibbon's decline and fall of the Roman Empire. 12 vol. Londres, 1815.

Giff., II, 171. Gifford's life of Pitt. 3 vol. in-4°. Londres, 1814.

Goh., II. 45. Mémoires de Gohier. 2 vol. Paris, 1824.

Goudon, I. 217. Gordon's history, of the Greek Revolution. 2 vol. Edimbourg, 1831.

Graham, 112. Maria Graham's journal, of a residence in Chili. Londres, 1824. in-8°.

Guizot, 179. Guizot, de la Civilisation en Europe. Paris, 1829.

Guizot. Essai sur l'histoire de France. Paris, 1828.

Guizot, III. 271. Guizot, Histoire de la civilisation en France. 4 vol. Paris, 1829.

Gurw., I. 179. Gurwood's despatches, of the duke of Wellington. 4 vol. in-8°. Londres, 1834.

Gustafs., 310. Mémorial du col. Gustafson (ex-roi de Suède.) Leipsig, 1809. in-8°.

Hallam, II. 221. Hallam's middle ages. 3 vol.

Hallam, Const. hist., II. 179. Hallam's constitutional history. 3 vol.

Ham., II. 121. Hamilton's peninsular compaigns. 3 vol. Edimbourg, 1830.

Hard., IV, 19. Mémoires d'un homme d'état (prince Hardenberg). 10 vol. Paris, 1828-1835.

Haytian papers. London, in-8°. 1818.

Heeren, I. 117. Heeren, European staatsystem. 2 vol. Leipsig, 1830.

Henry, IV. 32. Henry's history of Britain. 12 vol. Londres, 1823.

Hist. de la Conv., III. 172. Histoire pittoresque de la Convention nationale. 4 vol. Paris, 1833.

Hue, 79. Hue, dernières années du règne de Louis XVI. Paris, 1823.

Hullen, 41. Le général Hullen sur la mort du duc d'Enghien. Paris, 1824.

Hume, III. 121. Hume's history, of England. 8 vol. Londres, 1822.

James, III. 179. James's naval history. 6 vol. Londres, 1826.

Jom. Vie de Nap. I. 149. Jomini, Vie de Napoléon. 4 vol. Paris, 1827.

Jom., x. 42. Jomini, Histoire des guerres de la révolution. 15 vol. Paris, 1824.

Jom., Grand. Opér., II. 171. Jomini, Traité des grandes opérations militaires. 3 vol. Paris, 1818.

Jones, I. 32. Jones's account of the war in Spain and in France, 1808-1814. 2 vol. in-8°. Londres, 1821.

Jourd., 342. Maréchal Jourdan, Campagne de 1796. Paris, 1806.

Jov. Jovellanos, Mémoires sur les évènements de Bayonne en 1808. Paris, 1831.

Karams, IV. 172. Karamsin, Histoire de Russie. 8 vol. Paris, 1820.

Koch et Schoell, Histoire des traités de paix depuis la paix de Westphalie. 14 vol. Paris, 1817.

Lab., 112. Labaume. Campagne de 1812. 1 vol. Paris, 1817.

Lab., II. 321. Labaume, Chute de l'empire de Napoléon. 2 vol. Paris, 1821.

Lab., II. 79. Labaume, Histoire de la révolution. 4 vol. Paris, 1835-1836.

Lacroix, I. 217. Mémoires pour servir à l'histoire de la révolution de Saint-Domingue. 2 vol. Paris, 1820.

Lacr., Pr. hist. Lacretelle, Précis historique de la révolution française. 3 vol. 1818.

Lacr., XIV. Lacretelle, Histoire de France pendant le 18e siècle. 14 vol. Paris, 1826.

Lacr., Guerres de relig., III. 179. Histoire des guerres de religion. 4 vol. Paris, 1821.

Laing, II. 542. Laing's history of Scotland. 3. vol. Edimbourg, 1817.

Las Cas. VII. 127. Las Cases, Mémorial de Sainte-Hélène. 8 vol. Paris, 1823.

Lav., I. 221. Mémoires de Lavalette. 2 vol. Paris, 1831.

Lev. de la Sarthe. Memoires de Levasseur de la Sarthe. 4 vol. Paris. 1831.

Levêque, VII. 179. Histoire de Russie jusqu'à 1789. 8 vol. Londres, 1792.

Lingard, XI. 29. Lingard's history of England. 14 vol. Londres, 1829-1832.

Lond., I. 124. Marquis Londonderry's Peninsular campaigns. 2 vol. Londres, 1829.

Lond. 321. Marquis Londonderry's war in Germany in 1813. 1 vol. in-4°. Londres, 1830.

Louis Bon., I. 217. Documents historiques sur le gouvernement de la Hollande par Louis Bonaparte. 5. vol. Paris, 1819.

Mall. du Pan, 121. Mallet du Pan, sur la Destruction de la ligue hélvetique. Londres, 1798.

Marshall, III. 221. Marshall's travels in France. 4 vol.

Mart., VII. 224. Martin, Collection des traités de paix. 1761-1830. 22 vol. Gottingen, 1817-1830.

Mémorial du dépôt de la guerre. 5 vol. in-4°. Paris, 1824.

Mémoires de Joséphine, I. 231. Memoires sur Joséphine, par madame Cresset. 3 vol. Paris, 1827.

Meredith, 817. Memorials of Charles John, king of Sweden and Norway. in-8°. Londres, 1829.

Mign., II. 415. Mignet, Histoire de la Révolution française. 2 vol. Paris, 1824.

Miller, I. 22. Memoirs of general Miller, in the service of Peru. 2 vol. London, 1828.

Mill, IV. 79. Mill's history of British India. 6 vol. London, 1826.

Miot, 179. Histoire de l'expédition d'Egypte, par Miot. Paris, 1814.

Mirabeau, III. 72. Mirabeau peint par lui-même, ou Oraisons parlementaires de Mirabeau. 4 vol. Paris, 1792.

Mirab., Cour de Berlin. Mirabeau, Cour de Berlin. Paris, 1789.

Molleville (Bertrand de), VI. 127. Mémoires sur le règne de Louis XVI. 2 vol. Paris, 1823.

Molleville (Bertrand de), Histoire de la révolution. 8 vol. Paris, 1823.

Montgaillard, ix. 179. Abbé de Montgaillard, Histoire de France pendant le règne de Napoléon. 12 vol. Paris, 1827.

Month., 172. Monthion, sur les finances de la France. Paris, 1782.

Moore's Sheridan, i. 127. Moore's life of Sheridan. 2 vol. London, 1824.

Moore's fitz., ii. 321. Moore's life of lord Edward fitzgerald. London, 1829.

Moore's life of sir John Moore. 2 vol. London, 1824.

Moore's camp. in Spain. Moore's campaign in Spain. London, 1811. in-4°.

Morris, i. 172. Gouverneur Morris' life and correspondance. 3 vol. Boston, 1832.

Mounier, 241. Recherches sur les causes qui ont empêché les Français de devenir libres, par Mounier. 2 vol. Paris, 1792.

Nap., ii. 27. Mémoires de Napoléon dictés aux généraux Montholon et Gourgaud. 7 vol. Paris 1829.

Nap., i. 321. Napier's peninsular war. 4 vol. London, 1829-1834.

Neck., ii. 321. Necker, sur la Révolution française. 4 vol. 1796.

Neck., Dern. vues, i. 527. Necker, Dernières vues politiques de Genève. 1802.

Necker, 179. Necker, sur l'Administration des finances. 1 vol.

Neck., Mém., iii. 178. Mémoires de M. Necker. Paris, 1824. 4 vol.

New Ann. Reg., 1794-32. New Annual Register. London, v. 7.

Ney, i. 124. Mémoires du maréchal Ney. 2 vol. Paris, 1833.

Norv., ii. 223. Histoire de Napoléon par Norvins. 4 vol. Paris, 1829.

Odel., i. 114. Odeleben, Feldzug der Jahr 1813. Dresden. 2 vol. 1818.

Oginsk., ii. 271. Oginski, Mémoires sur la Pologne. Paris, 1826. 4 vol.

O'Meara, 194. O'meara's voice from St. Helena. 2 vol. London, 1822.

Orme, i. 271. Orme's history of the British conquests in Indostan. 3 vol. in-4°. London, 1786.

Pacca, 1. 127. Mémoires du cardinal Pacca sur la captivité du pape Pie VII Paris, 1833. 2 vol.

Parl. Paper., 14 mars 1833. Parliamentary papers. Parl. hist. xxxii. 1014. Hansard's Parliamentary history. London. 36 vol.

Parl. Deb., 942. Hansard's Parliamentary Debates. First series, 1803-1817. 84 vol. London. V. Y.

Pebrer, 172. Pebrer's Statistics of the whole British Empire. London, 1833.

Peuchet, 249. Statistique de France. Paris, 1806.

Pil., ii. 117. Histoire de la guerre de 1809 en Allemagne, par Pillet. Paris, 1812. 4 vol.

Plotho. Der Krieg in Deutschland und Frankreich in der Jahren 1813 and 1814, von V. Plotho. Berlin, 1817. Theil.

Porter, ii. 349. Porter's Parliamentary Tables of the Statistics of the British Empire. 3 vol. in-follo. London, 1832.

Prudh. Cah., i. 79. Prudhomme, Résumé des cahiers. 3 vol. Paris, 1802.

Prudh. Vict. de la Rév. Prudhomme. Victimes de la Révolution Paris, 1806. 3 vol.

Puysaie, v. 127. Puisaye, Mémoires. 3 vol. Paris, 1816.

Rapp, 117. Mémoires du colon. Rapp. Paris, 1828.

Regn., 127. Regnier, Hist. de l'Exped. d'Egypte. Paris. 1828.

Rév. Mem., xi. 172. Mémoires pour servir à l'histoire de la révolution française. 56 vol. Paris, 1823-1830.

PRÉLIMINAIRE.

— Bailly, II. 179. De Bailly, maire de Paris. 2 vol.
— Barbaroux, 39. De Barbaroux, sur la Révolution du 10 août.
— Besenval, 230. Du baron Besenval.
— Bouillé, 117. Du comte Louis de Bouillé.
— Bonchamps, 59. De Madame de Bonchamps sur la guerre de la Vendée.
— Camp., II. 79. De Madame Campan. 3 vol.
— Choiseul, II. 129. De M. le duc de Choiseul. 2 vol.
— Carnot, 57. Sur Carnot.
— Dusaulx, 117. De Dusaulx, sur le 4 juillet.
— Dum., IV. 179. Du général Dumouriez. 4 vol.
— Doppet, 113. Du général Doppet, sur le siège de Lyon. 2 vol.
— Ferrières, II. 231. Mémoires du marquis de Ferrières. 2 vol.
— Fréron, II. 121. De Fréron, sur la Réaction du Midi. 2 vol.
— Goguelat. De Goguelat.
— Guillon, II. 173. De l'abbé Guillon, sur le siège de Lyon. 2 vol.
— Guerres de Vend. Mémoires sur la guerre de la Vendée. 6 vol.
— Garat, 110. De Garat, sur la révolution.
— Ling. 271. De Linguet, sur la Bastille.
— Larochejaquelein, 117. De Mme Larochejaquelein, sur la guerre de la Vendée.
— Louvet, 12. De Louvet, membre de la convention.
— Meillan. De Meillan.
— Montpensier. Des ducs de Montpensier d'Orléans.
— Morellet. De M. l'abbé Morellet. 2 vol.
— Mém. sur les prisons, 51. Mémoires de St-Méard et autres, sur les prisons. 2 vol.
— Riouffe, 57. De Riouffe, sur les prisons.
— Rivarol, 72. De Rivarol.
— Roland, I. 102. Mémoires de Mme Roland. 2 vol.
— Sapinaud, 119. De Mme Sapinaud.
— Thib., II. 115. De Thibeaudeau, sur le directoire. 2 vol.
— Thureau, II. 179. Du général Thureau, sur la guerre de la Vendée. 2 vol.
— Weber, II. 272. De Weber, concernant la reine Marie-Antoinette. 2 vol.

Robertson's Charles V, I. 231. 4 vol. London, 1818.
Roc., 319. Rocca, Mémoires sur la guerre des Français en Espagne. Londres, 1815.
Rozet, I. 27. Rozet, Chronique de Juillet 1830. Paris, 1832-1833. 2 vol.
Rulh., II. 24. Histoire de Pologne, par Rulhière. Paris, 1820. 5 vol.
Saalf., I. 217. Saalfeld, Allgemeine Geschichte der neusten zeit. Leipsig, 1819. 5 vol.
Salv., II. 172. Salvandy, Histoire de Pologne. 3 vol. Paris, 1829.
Sarrazin, 342. Histoire de la guerre de la Restauration, par M. Sarrazin, Paris, 1816.
— Histoire de la guerre d'Espagne. Paris, 1816.
—   d'Allemagne. Paris, 1816.
Sav., II. 97. Mémoires de Savary, duc de Rovigo. 4 vol. Paris, 1827.
Scher., 342. Scherer's Life of the duke of Wellington. London, 1832.

Schœll, II. 221. Recueil de pièces officielles sur les événements qui se sont passés depuis quelques années, par Fréd. Schœll. Paris, 1814. 9 vol.

Scott., I. 42. Sir Walter Scott's Life of Napoléon. 9 vol. Edimbourg, 1828.

Ség., I. 231. Ségur (Le père), Mémoires, 3 vol. Paris, 1834.

Ség., tab. II. 172. Ségur (Le père), Tableau historique et politique de l'Europe, 1789-1796. 3 vol. Paris, 1803.

Ség., II. 117. Comte Philippe de Ségur, campagne de 1812 en Russie. 2 vol. Paris, 1825.

Sism., Rép. Ital., XIII, 24. Sismondi, Histoire des républiques Italiennes, 16 vol. Paris, 1818.

Sism. hist. des Franç., IX. 220. Sismondi, histoire des Français. Paris, 1824-1835. 18 vol.

Slade, I. 217. Travels in Turkey, by Adolphey Slade. 2 vol. London, 1831.

Soul., II. 317. Soulavie, Mém. hist. et pol. de France. 6 vol.

South. Améri. Rev. 127. Outline of the révolution in the South America. London, 1817.

South., III. 371 Southey's Peninsular war. 4 vol. London, 1837.

South., II. 17. Southey's Life of Nelson. 2 vol. London, 1814.

Staël. Rév. Franç. Mme de Staël, Considérations sur la révolution française.

Staël, 172. Mme de Staël, Dix années d'exil. Paris, 1817.

Staël (baron de), II. 71. Baron de Staël, OEuvres. Paris, 1825.

Stor. di Pont. di Pio VII, II. 317. Storia di Pio pape VII. 1805-1814. 2 vol. Roma, 1815.

St-Cyr, I. 117. St-Cyr, Guerres de 1792-1797. 4 vol. Paris, 1829.

St-Cyr, II. 427. St-Cyr, Hist. milit. 1799-1813. 4 vol. Paris, 1831.

St-Cyr, 127. St-Cyr, Guerre en Catalogne. Paris, 1829.

Such., II. 117. Suchet, Mémoires, 2 vol. Paris, 1826.

Sully, V. 112. Sully, Mémoires. 6 vol. Paris, 1817.

Thiéb., 127. Thiébault, Relation du siège de Gênes, 1 vol. Paris, 1818.

Thiéb., 321. Thiébault, Relation de l'expédition en Portugal. 1 vol. Paris.

Thib., 312. Thibeaudeau, Mémoires sur le consulat. Paris, 1824.

Thierry, III. 79. Thierry, Histoire de la conquête de l'Angleterre par les Normands, 4 vol. Paris, 1824.

Histoire des Gaulois, 3 vol. Paris, 1827.

Tchichagoff, 79. Retreat of Napoleon. London, 1817.

Th., IX. 179. Thiers, Histoire de la Révolution française, 10 vol. Paris.

Toml., II. 271. Tomlin's Life of Pitt, 6 vol. 8°. London, 1815.

Toul., VII. 397. Toulongeon, Histoire de la Révolution française, 7 vol. Paris, 1810.

Turgot, II. 32. Turgot, OEuvres, 9 vol. Paris, 1814.

Turner's Anglo-Saxons, II. 172. Turner's History of the Anglo-Saxons, 3 vol. London, 1819.

Turner's Engl. hist. Turner's History of England, 10 vol. London, 1822-1829.

Tytler, III. 421. Tytler's History of Scottland, 8 vol. Edimbourg, 1827-1834.

Urquhart, 241. Urquhart's observations on European Turkey. London, 1829.

Val., 242. Guerre des Russes contre les Turcs. 1806-1812, par le général Valentini. Berlin, 1830.

Villem., t. 151. Villemain, Histoire de la littérature française dans le 18e siècle, 4 vol. Paris, 1829.

Walsh., 272. Walsh's Journey to Constantinople. London, 1824.

Well. Field orders. Field orders of the duke of Wellington. London, 1830.

Wilson, 32. Sir Robert Wilson's War in Poland in 1806, in-4°. London, 1810.

Wilson, 49. Sir Robert Wilson's Egyptian Expedition, in-4°. London, 1804.

Wilson, 42. Sir Robert Wilson, on the power of Russia. London, 1817.

Wolfe Tone, t. 272 Life and Correspondance of Wolfe Tone. 2 vol. London, 1827.

Young, t. 571. Arthur Young's Travels in France in 1789. 2 vol. in-4°. London, 1793.

PRÉFACE.

L'histoire de l'Europe pendant la révolution française se divise naturellement en quatre périodes :

La première, qui commence avec la convocation des Etats-généraux en 1789, finit avec l'exécution de Louis XVI, et l'établissement d'une république en France en 1793. Cette période embrasse l'histoire et les vastes changements de l'Assemblée Constituante; les annales de l'Assemblée Législative; la révolte du peuple et le renversement du trône au 10 août, le procès et la mort du roi. Elle expose les changements de l'opinion publique, l'ardeur des innovations, depuis son joyeux commencement jusqu'à cette sanglante catastrophe, les mouvements successifs par lesquels la nation fut poussée des transports d'une philanthropie générale au sombre ascendant d'une ambition sanguinaire.

La seconde s'ouvre par la lutte des Girondins et des Jacobins, et après avoir raconté la chute des premiers, elle entre dans l'ère du Règne de la Terreur, et suit les luttes ultérieures des factions alors épuisées jusqu'à l'établissement d'un gouvernement militaire régulier, par la répression de la révolte de la garde nationale de Paris, en octobre 1795. Cette période embrasse le commencement de la guerre, les immenses efforts de la France pendant la campagne de 1793, la lutte héroïque qui se livra dans la Vendée, les derniers efforts de l'indépendance polonaise sous Kosciusko, la conquête de la Flandre et de la Hollande, et les manœuvres scientifiques de la campagne de 1795. Mais sa partie la plus intéressante est l'histoire intérieure de la Révolution; les souffrances horribles de la vertu persécutée, et les moyens par lesquels la Providence a fait servir le crime des révolutionnaires à leur juste et mémorable châtiment.

PRÉFACE.

La troisième période commence avec la première apparition de Napoléon sur la scène, et se termine avec la prise du pouvoir par cet homme extraordinaire, et la première suspension de la guerre qu'amène la paix d'Amiens. Elle est singulièrement riche en brillants exploits, elle embrasse les campagnes d'Italie du héros français, celles d'Allemagne de l'archiduc Charles ; les batailles de St.-Vincent, de Camperdown et du Nil; l'expédition d'Egypte, les guerres de Suwarow en Italie, de Masséna sur les Alpes; les campagnes de Marengo et de Hohenlinden; la Coalition du Nord, et sa dissolution par la victoire de Copenhague; les conquêtes des Anglais dans l'Inde, et l'expulsion des Français de l'Egypte. Pendant cette période les passions démocratiques de la France s'étaient épuisées, et la nation gémissait sous un despotisme militaire faible, mais ombrageux, dont les désastres extérieurs et les sévérités intérieures préparaient toutes les classes à se ranger autour des drapeaux d'un chef victorieux.

La quatrième s'ouvre sous de brillants auspices pour la France, sous le gouvernement ferme et habile de Napoléon, et se termine à sa chute en

1815. Moins illustrée que la précédente par son génie militaire, il la rendit encore plus mémorable par sa puissance irrésistible et ses grands exploits. Elle embrasse les campagnes d'Austerlitz, d'Iéna et de Friedland; la destruction de la marine française à Trafalgar; la lutte désespérée de l'Espagne, et les vigoureux quoique inutiles efforts de l'Autriche en 1809; la dégradation et l'extinction de l'autorité papale, les progrès lents, mais continuels de la puissance militaire de l'Angleterre dans la Péninsule, et la brillante carrière de Wellington; les souffrances générales sous le despotisme de Napoléon, la mémorable invasion de la Russie, les efforts convulsifs de l'Allemagne en 1813, la dernière campagne de Napoléon, la prise de Paris, et la fin de la lutte à Waterloo.

Les deux premières périodes font ressortir les conséquences de l'ascendant démocratique sur la condition civile; les deux dernières son effet sur les luttes militaires et les relations extérieures des nations. Dans toutes on remarque l'influence de la même loi naturelle, suivant laquelle toute passion destructive est expulsée du sein de la société par les efforts même qu'elle tente pour se satisfaire; dans toutes, les principaux acteurs furent poussés par un pouvoir invisible, qui se faisait de leurs vices et de leurs ambitions un instrument pour opérer définitivement la délivrance du genre humain. Des générations périrent durant cette vaste rénovation; mais la loi de la nature ne cessa point d'agir et de mener au but, et le même principe qui poussait le gouvernement de Robespierre à travers le règne de la Terreur au 9 thermidor, entraîna Napoléon dans les neiges de la Russie et au désastre de Waterloo [1]. Les *illustrations* de cette loi morale composent la grande leçon qu'on doit tirer des scènes saisissantes de ce mémorable drame.

Les deux premières périodes forment le sujet des huit premiers volumes. Les deux dernières seront comprises dans ceux qui suivront. Jamais sujet si magnifique en lui-même, si plein d'enseignements politiques et militaires, riche de tant d'actions grandes et héroïques, embelli par tant de vertus, souillé par tant de crimes, n'échut à

---

[1] Les hommes s'agitent, dit Bossuet, mais Dieu les mène.

un historien. Durant les vingt-cinq années qu'il embrasse, le monde a parcouru plus de cinq siècles d'existence ordinaire, et l'on chercherait en vain dans les annales de l'Europe moderne un parallèle à cette courte période de faits inouis et de travaux gigantesques.

Quoiqu'il se soit écoulé bien peu de temps depuis ces évènements, les matériaux qu'on a recueillis pour les faire comprendre, dépassent déjà tout ce qu'on avait vu jusqu'alors. Les talents variés, qui, depuis la paix générale, se sont portés en France sur les sujets politiques et historiques, ont produit, outre plusieurs histoires régulières d'un mérite extraordinaire, une masse de mémoires d'une plus ou moins grande autorité, mais qui tous répandent la plus complète lumière sur les mœurs, les sentiments et les souffrances de ces temps de troubles [1]. D'un côté, le fidèle et impartial récit de M. Toulougeon, avec les profonds ouvrages de Mignet et de Thiers,

---

[1] La situation antérieure de la France, avec les causes morales, politiques et financières qui ont amené la revolution est exposée dans toute sa vérité dans les ouvrages de Rivarol, Necker, et Mme de Staël, et les lumineux comptes financiers de Calonne, Necker et Arthur Young. Les matériaux pour l'histoire de la convulsion même ne sont pas moins abondants.

ont fait ample justice au parti républicain. De l'autre, les histoires de Lacretelle et de Labaume, avec les récits détachés de Chateaubriand, Beauchamp et Bertrand de Molleville, ont vivement fait ressortir les souffrances des royalistes pendant les progrès de la révolution. Les singuliers et intéressants évènements de la Pologne sont exposés avec détail dans l'habile narration de Rulhière et dans les pages éloquentes de Salvandy. Mais les archives les plus intéressantes de cette époque se trouvent dans les mémoires contemporains qu'ont laissés les principales victimes; les meilleurs sont contenus dans la grande collection de mémoires de la révolution, publiés à Paris, au nombre de 56 volumes, et qui embrasse entre autres récits authentiques, ceux de Bailly, Rivarol, Riouffe, Barbaroux, Buzot, Condorcet, madame Campan, madame Roland, madame Larochejaquelein, Cléry, Hue, Carnot, Sapinaud, Thureau, Bonchamps, Doppet, abbé Guillon, abbé Morellet, comte de Ségur, général Kléber, M. de Puisaye et beaucoup d'autres. Pour la mémorable période du consulat, et l'histoire des hommes illustres qui entouraient le trône de Napoléon, les mémoires de Thibaudeau, du général Rapp, de Bourrienne, Savary, Gohier, et de la duchesse d'Abrantès, fournissent une inépuisable source de renseignements, dont l'authenticité peut être assez facilement constatée par la comparaison et le rapprochement [1].

Dans ce qui touche aux événements militaires, les matériaux sont encore plus abondants. La grande histoire scientifique du général Jomini, en seize volumes, avec les récits simples et clairs du maréchal Jourdan, du maréchal Saint-Cyr, et du général Dumouriez, ne laissent rien à désirer pour les premières années de la guerre ; pendant que le génie de Napoléon, aussi remarquable dans ses mémoires que dans ses batailles, jette une vive lumière sur les campagnes d'Italie, et fait regretter seulement que sa fidélité d'historien ne soit pas égale à son talent d'annaliste.

L'éloquente et pittoresque narration du géné-

---

[1] L'histoire pittoresque de la Convention, publiée récemment, présente aussi beaucoup de tableaux vifs et frappants, qui sont évidemment peints d'après nature, tandis que les admirables esquisses de Dumont et de Mounier donnent l'idée la plus fidèle des premiers chefs de l'assemblée, et que les singuliers mémoires de Levasseur de la Sarthe offrent l'image du dernier excès de l'extravagance démagogique.

ral Mathieu Dumas, en dix-huit volumes, commençant avec la première apparition de Suwarow en Italie, retrace toutes les campagnes subséquentes de Napoléon en Allemagne; les histoires de Berthier et de Regnier, avec les mémoires de Miot, et le récit de sir Robert Wilson, exposent le brillant épisode de l'expédition d'Égypte, tandis que du côté des alliés les ouvrages de l'archiduc Charles sont aussi remarquables par la vérité que par le talent militaire; l'éloquente histoire de Botta nous retrace le triste catalogue des souffrances de l'Italie, et les mémoires et les histoires des écrivains prussiens[1] suppléent à tout ce qui manquait pour compléter ce côté du tableau.

Il n'existe pas pour l'histoire de l'empire des ouvrages d'autant de mérite ou d'autorité que pour celle de la révolution; mais on trouve dans plusieurs publications détachées les principaux faits. M. Bignon, à qui Napoléon a confié, avec un legs considérable, la mission de compiler l'histoire de sa diplomatie, a rempli sa tâche,

---

[1] Particulièrement le prince Hardenberg, dans les curieux et intéressants *Mémoires d'un Homme d'État*, ainsi que la brillante esquisse de la campagne de Pologne en 1807, par sir Robert Wilson.

jusqu'en 1805, avec beaucoup d'habileté, bien qu'une manière de voir très-partiale envers l'Angleterre perce dans toutes ses pages. M. Norvins, dans une narration animée et populaire, a compris les événements les plus saisissants de l'histoire impériale, et l'abbé de Montgaillard, dans une histoire en douze volumes, avec des préjugés opposés, a accumulé beaucoup de faits dont la connaissance est nécessaire pour bien comprendre le gouvernement impérial. Les négociations avec la cour de Rome sont racontées dans les collections des *Transactions Italiennes*, en quatre volumes, par Schorll, dans l'habile ouvrage sur les *Concordats*, par l'abbé de Pradt, dans les intéressants mémoires du cardinal Pacca, et les principaux papiers diplomatiques de l'époque ont été recueillis dans les grands ouvrages de Martini, de Koch et de Schorll, en douze volumes. On trouve aussi dans la biographie universelle de Michaud, parmi une profusion d'autres renseignements, beaucoup de détails intéressants sur les principaux personnages de la révolution et de l'empire. Les événements militaires de la campagne de 1809, sont racontés avec talent dans l'ouvrage du général Pillet, et la vie intéressante de Hofer, par Bartholdy, et le brillant tableau de la guerre du Tyrol par Forster, représentent non moins vivement les étonnants efforts des habitants de cette romantique contrée [1].

A mesure que la lutte avance, et que la Grande-Bretagne se trouve entraînée comme acteur principal dans la guerre continentale, les matériaux pour une histoire générale deviennent encore plus nombreux. L'incomparable biographie de Nelson par Robert Southey renferme tout ce que l'Angleterre pouvait désirer pour conserver la mémoire de son héros favori, et son histoire de la guerre de la Péninsule présente un récit déchirant de cette mémorable lutte. Le nom du colonel Napier est indissolublement uni aux gloires des campagnes de Wellington, et ses pages animées, et ses réflexions scientifiques font seulement regretter, que ses opinions politiques aient quelquefois égaré sa plume presque toujours impartiale d'ailleurs. S'il manquait quelque chose pour compléter le tableau, on le trouverait dans

---

[1] *Geschichte Andreas Hofer und Beitrage zur neueren Kriegeschichte*, von Friederich Forster, Berlin 1816.

les récits de lord Londonderry, du colonel Jones, de M. Gleig, du capitaine Hamilton et du capitaine Scherer, dont les ouvrages offrent une suite d'esquisses si vives et cependant si fidèles, qu'il faudrait que l'historien fût complètement insensible, pour ne point partager jusqu'à un certain point leur enthousiasme.

La partie française de la guerre de la Péninsule n'a pas été aussi complètement expliquée que les autres campagnes de cette nation; mais la narration impartiale du général Jomini, avec les ouvrages détachés du général Foy, du comte Thiebault, de M. Rocca, du maréchal Saint-Cyr, et du maréchal Suchet, jettent beaucoup de lumière sur une partie au moins de ces évènements compliqués.

Relativement aux mémorables incidents de la campagne de Russie, les pages éloquentes et pittoresques du comte de Ségur, du baron Fain, et de Labaume corrigées par les détails du général Gourgaud, l'esquisse scientifique du général Jomini[1], et le récit impartial du colonel russe

---

[1] Dans sa *Vie de Napoléon*, ouvrage d'un grand mérite, et qui atteste un observateur très-impartial.

Boutourlin, fournissent d'amples matériaux. La campagne de 1813, en Allemagne, a été également bien racontée par la plume du colonel Labaume, des généraux Muffling, Gneisenau et Bulow; du baron Odeleben, du colonel Boutourlin, du baron Fain et de lord Londonderry, tandis que les vives descriptions de Beauchamp, Labaume, et les habiles narrations de Jomini et du baron Fain, ont fait ample justice à la dernière et à la plus belle campagne de Napoléon. Pour les exploits qui signalèrent l'année suivante les armes de l'Angleterre, les divers récits de la bataille de Waterloo par les généraux Gourgaud, Grouchy et autres, sur lesquels la plume de Walter Scott a répandu l'éclat de son génie, fournissent d'inépuisables ressources, et terminent l'ouvrage par un rayon de gloire, auquel il n'y a rien de comparable dans ses longues et illustres annales.

Pour décrire le théâtre de ces grands évènements, l'auteur, quand il ne cite pas d'autorité, a généralement procédé d'après ses propres observations. Il l'a fait particulièrement pour les champs de bataille de Marengo, Novi, Arcole, Rivoli, Lodi, de la Brenta, de la Trébia, du Tagliamento, de Zurich, Ulm, Eckmühl, Hohenlinden, Saltzbourg, Iéna, Austerlitz, Aspern, Wagram, Dresde, Leipsig, la Katzbach, Hanau, Laon, Brienne, Craon, Soissons, Paris et Waterloo, le passage du Saint-Bernard, le Saint-Gothard et le Splugen ; et en général le siège de la guerre en 1796 et 1797, dans les Alpes de la Savoie, de la Suisse, du Tyrol et de la Styrie, le théâtre des campagnes de Napoléon, et de Suwarow en Italie, de celles de l'archiduc Charles en Allemagne, de la mémorable lutte des Tyroliens en 1809, et des derniers efforts de Napoléon dans le nord de l'Allemagne et de la France. Il n'a pas jugé nécessaire d'accompagner l'ouvrage de cartes, parce que cela l'aurait rendu inaccessible à la généralité des lecteurs; mais chacun pourra facilement se procurer ou consulter les cartes qui existent déjà.

Quand on étudie les évènements de cette période, on est frappé de la grande infériorité des historiens anglais qui ont traité du même sujet. Jusqu'à l'ère de la guerre péninsulaire, qui a suscité un essaim de brillants esprits, il n'y a point d'écrivains anglais qui soient comparables aux grands historiens du continent; au milieu de cette absence de génie national appliqué à ce sujet, il est heureux qu'un récit des principaux évènements se trouve dans l'*Annual Register*, que la vie de Pitt, par M. Gifford, expose avec sagacité toutes les vues de ce grand homme d'état, et que sa biographie par Tomline supplée à ce qui manque au précédent ouvrage, et ne laisse d'autre regret au lecteur, que de la voir s'arrêter au moment le plus important de son administration, et les débats parlementaires de cette époque, édités par Cobbet et Hansard, contiennent non seulement la plupart des détails statistiques importants pour l'historien, mais encore tous les arguments présentés dans la législature et ailleurs pour et contre les mesures du gouvernement.

Une inappréciable masse de documents statistiques pour toute cette période se trouve dans les *Parliamentary Reports*, compilés avec tant de soin par les comités des deux chambres, et admirablement résumés dans les habiles ouvrages de Moreau et de Pebrer, ainsi que dans les compilations officielles de Porter. Quant aux détails de nos forces navales, on les trouvera dans le minutieux et savant ouvrage de M. James, *Histoire de la Marine anglaise.*

Si la justice exige que l'on accorde en général une supériorité aux écrivains du continent, qui ont traité de cette période, il y a cependant une circonstance particulière qui ne peut obtenir le même éloge. A quelque nation, à quelque parti, à quelque nuance d'opinion qu'ils appartiennent, tous semblent au fond animés d'une profonde haine contre l'Angleterre, et attribuent en général au cabinet britannique une politique mystérieuse ou machiavélique, dans des matières où tout le monde sait en Angleterre qu'il était guidé par des motifs tout différents, et que souvent, faute d'expérience des mesures militaires, il agissait sans aucun principe fixe. L'existence d'un préjugé si général et si peu fondé dans un grand nombre d'auteurs de talent, et de caractères divers, serait inexplicable, si nous ne réfléchissions pas à la brillante position que l'Angleterre a occupée pendant tout le cours de la lutte, et si nous ne savions que, chez les nations comme chez les individus, les services rendus n'engendrent trop souvent d'autre sentiment que l'antipathie; qu'il n'y a pas de compliment plus flatteur, parce qu'il n'y en a pas de plus vrai, que le blâme d'un adversaire qui a été frappé de crainte.

Les évènements de cette période, surtout ceux des premières années de la révolution, sont si étendus et si compliqués, que le seul moyen dont il paraisse possible d'en présenter un récit clair, c'est de traiter, dans des chapitres séparés, des transactions civiles et militaires, et souvent de séparer en plusieurs les évènements d'une seule campagne. De cette manière l'ordre chronologique n'a pas toujours été strictement suivi, et souvent il a été nécessaire de revenir deux fois sur les mêmes évènements, tantôt comme tenant à l'histoire civile, tantôt comme appartenant aux fastes militaires. Cet inconvénient, toutefois, était inévitable, et il est peu de chose comparé à l'avantage de suivre une certaine série d'évènements, sans interruption, jusqu'à leur conclusion.

En traitant d'un sujet d'une telle étendue, qui embrasse une si grande variété d'évènements, et présente presque tous les points aujourd'hui en discussion entre les deux grands partis qui partagent le monde, l'auteur a cru devoir, dans une vue d'impartialité et de vérité historique, adopter deux règles auxquelles il est resté fidèlement attaché dans tout le cours de l'ouvrage.

La première, c'est d'indiquer à chaque occasion les sources dont il tirait son récit; cette règle a été suivie avec la plus scrupuleuse exactitude, et cela a paru indispensable en traitant de sujets sur lesquels les hommes sont si fortement divisés, non-seulement par les préjugés nationaux, mais encore par les préjugés politiques, et dans lesquels toute assertion, qui ne serait pas appuyée sur des autorités incontestables, serait sujette à être révoquée en doute ou discréditée; par la même raison, on a pris soin de citer dans tous les cas où cela était possible, un plus grand nombre d'écrivains opposés au côté de la question, qu'un écrivain anglais, attaché à la constitution de son pays, est censé devoir adopter, et le lecteur trouvera presque chaque fait de l'histoire intérieure de la révolution appuyé par deux autorités républicaines contre une royaliste, et le récit de chaque évènement militaire tiré d'au moins deux écrivains français et d'un seul de leurs antagonistes.

Notre seconde règle a été de rapporter les arguments présentés pour et contre chaque mesure publique, dans les termes mêmes de ceux qui les ont primitivement employés, sans chercher aucunement à les paraphraser, ni à les abréger ; c'est ce que nous avons surtout fait pour les débats de l'Assemblée Nationale de France, du parlement anglais, et du conseil d'état sous Napoléon ; et dans le choix qu'il a fait, l'auteur a été souvent décidé par l'habileté prodigieuse qui distingua ces grandes et glorieuses discussions. Il n'y a pas de doute, qu'en présentant ainsi les discours avec les expressions des véritables auteurs, l'ouvrage a revêtu dans les premiers volumes une forme dramatique inusitée, du moins dans les histoires modernes ; mais c'est la seule méthode par laquelle on puisse transmettre fidèlement à la postérité l'esprit et les sentiments de l'époque, ou faire justice aux motifs qui influencèrent les acteurs de l'un ou l'autre parti ; et un auteur moderne ne doit pas hésiter à suivre un exemple qui a été donné par Thucydide, Salluste, Tite-Live et Tacite.

Il a paru convenable d'adopter ce plan pour

une autre raison. Le cours d'une révolution est si complètement en désaccord avec la marche ordinaire des évènements humains, et les mobiles qui guident alors les hommes sont si différents de ceux qui prédominent dans les situations ordinaires, que, sans le commentaire de leurs propres paroles, il est impossible de faire justice à leurs motifs ou d'indiquer les grandes leçons morales à tirer de leur histoire. C'est seulement en comparant leurs paroles avec leurs actions, qu'on peut rendre manifeste la nature décevante des passions qui les animaient, et qu'on peut démontrer cette importante vérité, que les nations, non moins que les individus, se laissent séduire par des expressions trompeuses; que c'est au nom de l'humanité qu'on massacre des milliers d'individus, et sous le drapeau de la liberté que s'établit le plus funeste despotisme.

Jamais l'auteur n'a tenté de déguiser sa véritable opinion; au contraire, toutes les fois que des conclusions lui ont paru ressortir des évènements qu'il racontait, il les a franchement exposées, en donnant les raisons sur lesquelles elles lui ont paru reposer; mais en même temps il s'est efforcé de présenter avec force et exactitude les arguments que pouvaient opposer les partisans de l'opinion contraire, et ceux qui ne voudront pas adopter ces conclusions, trouveront dans le texte des matériaux pour les réfuter.

S'il y a une idée que l'examen attentif des changements amenés par la révolution française ait imprimée dans les esprits, c'est la nature périlleuse du courant dans lequel les hommes sont entraînés, quand ils se laissent aller à l'ardeur des innovations politiques, et la grande difficulté qu'éprouvent les acteurs engagés dans la lutte, pour éviter, même avec les plus beaux talents et le plus ferme caractère, de commettre beaucoup de crimes, au milieu des scènes orageuses dans lesquelles elle les jette rapidement. Il n'est pas difficile d'apercevoir la cause finale de cette loi de la nature, ou le but important pour lequel elle est destinée dans le gouvernement moral du monde, en expulsant de la société, par la douleur, les passions qui sont incompatibles avec son existence; mais c'est une considération bien propre à nous inspirer la modération et l'indulgence, dans le jugement que nous portons sur les intentions ou les actions d'hommes placés dans des circonstances si critiques, et à confirmer la justesse du précepte sacré: « de juger les autres comme nous voudrions qu'ils nous jugeassent nous-mêmes. » Inexorable dans son opposition aux faux principes, c'est par conséquent un devoir pour l'historien de ces temps, d'être indulgent dans son jugement sur les individus, et en appuyant légèrement sur la faiblesse de ceux qui se sont laissé entraîner par le torrent, de réserver son blâme pour ceux qui ont mis les vagues en mouvement.

C'est le devoir d'un historien, en racontant les évènements d'une époque, qu'ont affligée de grandes calamités publiques, produites par des abus d'une nature prolongée, ou la fausse application de principes justes en eux-mêmes, de placer dans un point de vue aussi lumineux que possible, les conséquences des erreurs, soit dans le gouvernement, soit dans l'opinion. Les annales de Tacite sont remplies d'imprécations contre la tyrannie des empereurs, et la décadence des vertus romaines; celles des guerres religieuses, des tableaux des funestes conséquences qu'entraîne le fanatisme religieux. L'histoire de la révolution française dirige alternativement l'esprit vers l'une ou l'autre de ces deux grandes sources de misère humaine; dans les premières années elle suggère à chaque page des réflexions sur les terribles effets du fanatisme politique, et de la ferveur démocratique; dans les dernières, sur l'influence avilissante du pouvoir absolu, et la marche sanguinaire de l'ambition militaire.

La composition des volumes maintenant soumis au jugement public a formé la récréation de bien des années, dans les moments de repos d'une profession laborieuse; ils étaient achevés avant que la seconde révolution française éclatât, ou qu'on prévît aucun changement politique dans ce pays. La série des changements, tant domestiques qu'étrangers, depuis cet évènement, n'ont donné à l'auteur aucune raison de douter de la solidité des conclusions tirées des annales de la première révolution, et lui ont inspiré de tristes pressentiments sur la destinée future de son pays; mais personne ne se réjouira plus sincèrement que lui, si le cours des temps démontre que ces craintes étaient mal fondées, et que l'Angleterre n'a aucun danger à craindre des innovations qui ont été si fatales à sa rivale plus passionnée.

Enfin, quand il reporte ses regards sur le théâtre des brillants et héroïques exploits qu'il a eu pour objet de raconter, quand il réfléchit au talent dépensé dans les actions, et au génie déployé dans les récits, l'auteur sent profondément son insuffisance pour une si grande tâche, et ne peut s'empêcher de reconnaître que si l'ouvrage présente quelque intérêt, il faut l'attribuer à la vertu, à la bravoure, ou à l'habilité des autres, et que ces nombreux défauts ne peuvent être attribués qu'à lui-même.

A. ALISON.

21 janvier 1833.

HISTOIRE
DE L'EUROPE

PENDANT LA RÉVOLUTION FRANÇAISE.

INTRODUCTION.

ARGUMENT.

Importance et grandeur du sujet.—Comparaison de l'ère de Napoléon avec les autres ères du monde.—Variété extraordinaire de personnages et d'événements qu'elle présente. — Causes de cette diversité.—Causes de l'ancienne oppression des basses classes, universalité et nécessité de l'esclavage qui en résultent.—Premières causes qui menèrent à la liberté.—Indépendance de la vie pastorale.—Sécurité qu'on trouve dans les villes entourées de remparts.— Protection qu'offrent les retraites des montagnes —Liberté limitée des anciens temps.—Politique différente des Romains.—Effets prodigieux qu'elle enfanta. — Irruption des nations septentrionales. — Ses conséquences. — Abattement déplorable des vaincus. — Séparation entre les différentes classes de la société dans les temps modernes. — Première origine des gouvernements représentatifs. — Causes qui en amenèrent l'établissement dans l'Europe moderne. — Ce fut une imitation des conciles. — En conséquence ils s'établirent dans toute l'Europe. — Défaut fatal du système féodal.—Causes de sa décadence en Espagne, en France, en Allemagne et en Angleterre.—Il n'était bon que pour un âge barbare. — Progrès de la liberté municipale dans le midi de l'Europe. — Avancement rapide de la civilisation municipale des villes d'Italie. — Leurs grands et patriotiques efforts. — Causes de leur décadence. — Décadence de la liberté flamande. —Causes qui restaurèrent la liberté. — Influence du christianisme. — Art de l'imprimerie. — Ses immenses effets en bien et en mal. — Découverte de la poudre. — Son influence sur les progrès de la liberté, et pour l'anéantissement du pouvoir de la noblesse. — L'accroissement du luxe tend au même résultat. — Concours de ces causes dans l'explosion de la révolution française.

L'histoire du monde offre peu d'époques qui, sous le rapport de l'intérêt et de l'importance, puissent être comparées à celle qui embrasse les progrès et la fin de la révolution française; jamais d'aussi grands évènements n'ont été accumulés dans un aussi court espace de temps, jamais d'aussi puissants intérêts n'ont été en jeu entre des nations ennemies. L'incendie qui s'est allumé en Europe a mis l'univers en conflagration, et l'effet de son expansion a fait luire une nouvelle ère sur les deux hémisphères. En même temps que le premier signe de l'esprit de liberté se manifestait en Europe, l'Amérique du Nord proclamait son indépendance, et ses derniers efforts répandaient sur le vaste continent de l'Amérique méridionale l'esprit d'agitation et de désordre. Au milieu de la lutte désespérée qui bouleversait l'Europe, l'empire britannique dans l'Inde s'est étendu sans relâche, et l'ancien édifice de la superstition indienne cédait à la force de la civilisation européenne; quoique le dernier atteint par la flamme destructive, le pouvoir de la Russie a pris une extension indéfinie par suite des luttes dans lesquelles il s'est trouvé engagé, et les dynasties de l'Asie peuvent avec peine aujourd'hui résister aux armes que la puissance de Napoléon n'a pu soumettre. Assailli par l'énergie de l'Angleterre au sud, et par les forces de la Russie au nord, le dégradant empire de l'oppression musulmane semble près de sa fin; du sein de la guerre européenne ont surgi deux puissances qui paraissent destinées à porter les bienfaits de la civilisation et les lumières de la religion aussi loin que peuvent atteindre les armes de la conquête, ou que peuvent s'étendre les flots de l'océan.

Dans l'histoire primitive de l'univers on peut observer différentes ères qui ont toujours attiré l'attention des hommes, en raison de l'intérêt des évènements qu'elles présentent et de l'importance des effets qu'elles ont produits. C'est au milieu des luttes les plus violentes du genre humain, que s'est allumé le feu qui a le plus contribué à son amélioration. La guerre entre la liberté grecque et le despotisme persan a suscité le génie qui a développé l'amour de la philosophie et des beaux-arts; les luttes plus violentes entre les Romains et les Carthaginois ont produit cette invincible persévérance qui, en moins d'un demi-siècle, a étendu l'empire romain sur toute la surface du monde civilisé; ce fut au milieu des premiers combats entre les mahométans et les chrétiens que le génie de l'Europe moderne prit son essor, et greffa les finesses de l'ancien goût sur l'énergie de la bravoure barbare; ce furent les guerres entre les Mores et les Espagnols qui suscitèrent l'entreprise qui brisa les bornes des anciennes connaissances, et ouvrit à l'ambition moderne les riches continents d'un autre hémisphère. Les siècles futurs rangeront l'ère de Napoléon parmi celles de Périclès, d'Annibal et des Croisades, non seulement en raison de l'éclat des évènements qu'elle a produits, mais encore en raison de la grandeur des résultats dont elle fut suivie.

Dans l'espace de vingt ans, il s'est passé des évènements qui, à une époque quelconque, auraient rempli d'instruction et d'intérêt toutes les annales d'un puissant empire.

Cette courte période vit successivement la lutte d'une vieille monarchie, la naissance et le développement d'une farouche démocratie, l'énergie de la valeur républicaine et les triomphes de la discipline impériale, l'orgueil de la conquête barbare et les gloires d'une résistance patriotique. Les pages rapides de son histoire offriront des parallèles pour les longues annales de la grandeur antique : le génie d'Annibal et les passions des Gracches ; l'ambition de César et la splendeur d'Auguste ; les triomphes de Trajan et les désastres de Julien. La puissance de la France fut moins durable que celle de Rome, uniquement parce qu'elle fut plus oppressive ; on lui résista avec plus d'opiniâtreté, parce qu'elle n'apportait pas avec elle les bienfaits de la civilisation ; on ne vit pas de nations reconnaissantes accueillir avec acclamation ses drapeaux ; ses progrès n'étaient point marqués par des bienfaits ; différente du soleil bienfaisant de la grandeur romaine, qui ne brillait que pour fertiliser, sa lumière, comme la sombre lueur d'un météore, éblouissait, détruisait, passait et n'était plus.

« Et la diversité des personnages, qui pendant ces années orageuses parurent sur la scène, ne mérite pas moins d'attention. Si le génie qui fut déployé, n'avait pas de précédent dans l'histoire, on peut en dire autant de la méchanceté; si l'histoire n'offre presque rien de comparable aux victoires qui furent remportées, elle n'offre non plus rien qui puisse être mis en parallèle avec les crimes qui furent commis. La terrible sévérité de Danton, la cruauté lâche de Robespierre, sont aussi uniques et sans exemple que le génie militaire de Napoléon, ou la carrière navale de Nelson. Si la France peut avec raison s'enorgueillir de la masse de talent qui fut consacrée à soutenir la fortune de l'état durant le cours de la révolution, elle a également à rougir des crimes monstrueux qui furent commis par les chefs, qui la soutenaient parmi le peuple. C'est le devoir particulier de l'historien de conserver, pour l'admiration des âges futurs, les vertus qui embellirent, et de vouer à une éternelle exécration, les vices qui déshonorèrent ce siècle merveilleux. « *Exsequi sententias haud institui, nisi insignes per honestiam, aut notabili dedecore ; quod præcipuum munus annalium reor, ne virtutes sileantur, utque pravis dictis factisque ex posteritate et infamia metus sit. Ceterum tempora illa adeo infecta, ut non mo-*

do priores civitatis, quibus claritudo sua obsequiis protegenda erat, sed omnes consulares, magna pars eorum, qui prætura functi, multique etiam pedarii senatores, certatim exsurgerent fœdaque et nimia censerent[1]. »

Les vertus et le caractère particuliers de toutes les nations européennes se signalèrent avec éclat durant ces années désastreuses : l'hostilité opiniâtre des Espagnols, la valeur enthousiaste des Français, l'esprit ardent des Prussiens, la fermeté persévérante des Autrichiens, la bravoure calme des Anglais, furent successivement mises à l'épreuve. Les gloires si vantées de Louis XIV disparaissent devant les triomphes de Napoléon, et les victoires de Marlborough produisirent des conséquences moins importantes que celles de Vittoria et de Waterloo. Depuis que les peuples de l'Occident s'étaient précipités en Palestine pour y combattre l'islamisme, jamais on n'avait vu d'aussi grandes masses d'hommes armés, que celles qui suivaient les drapeaux de Napoléon; et les hordes qu'Attila déploya sur les plaines de Châlons, étaient moins formidables que celles qu'Alexandre amena des déserts de la Scythie.

Et les prodiges intellectuels de cette grande époque ne furent pas moins remarquables que ses exploits militaires. Dans cette lutte plus

[1] Tacite, annal. III, 65.

paisible, les chefs de la civilisation, les souverains de la terre et de la mer, surpassèrent tous les autres états. Le même âge qui vit la gloire militaire de Bonaparte et de Wellington, vit Laplace pousser les recherches astronomiques jusqu'à leurs dernières limites, et Walter Scott fouiller dans les replis les plus secrets du cœur humain. La terre raconta l'histoire de ses révolutions en montrant les débris ensevelis dans son sein, et les secrets mêmes de la composition matérielle, cédèrent à l'analyse philosophique. La sculpture renaquit de ses cendres sous le ciseau de Canova, et le génie de Torwaldsen charma de nouveau le monde par les merveilles du dessin; l'architecture déploya toute sa magnificence dans les embellissements de la capitale de France ; et la naissante métropole de la Russie unit à la solidité des matériaux égyptiens la délicatesse du goût grec [1]. Les sommets escarpés des Alpes mêmes cédèrent au génie de l'audace scientifique, et les efforts de la persévérance humaine triomphèrent des barrières posées par la nature, tandis que le génie de la Grande-Bretagne ajoutait un nouvel élément aux puissances de l'art, et trouvait dans le feu, un instrument pour subjuguer les vagues.

Des effets aussi variés ne pouvaient résulter du cours ordinaire des évènements humains. Le ta-

---

[1] Clarke's Travels, ix, 391-392.

lent développé était trop grand, les crimes commis d'un caractère trop terrible, pour être expliqués d'après les principes de la nature humaine ; on aurait dit que quelques puissances supérieures étaient engagées dans une lutte où l'homme n'était que l'instrument visible; que les démons de l'enfer avaient été déchaînés pour châtier le genre humain, et que la protection du ciel s'était pour un moment retirée de la vertu, pour la soumettre à la plus rude épreuve ; l'imagination de de l'antiquité aurait peuplé le lieu de la scène de divinités ennemies, qui sans être vues, auraient soutenu les efforts des armées. Le génie plus sévère du christianisme y reconnaît l'intervention visible du tout-puissant pour punir les crimes d'un monde corrompu.

Il n'y avait rien toutefois de surnaturel dans les évènements de cette époque à jamais célèbre; la grandeur des effets produits venait uniquement de l'intensité des sentiments qui animaient les masses; l'exaltation des vertus et des vices, de la force des motifs qui poussaient aux unes, et des tentations qui entraînaient aux autres ; les intérêts qui étaient en jeu, n'embrassaient pas seulement la perte d'une province ou la retraite des armées, mais le sort de classes entières de la société, la vie de milliers d'individus, depuis le trône jusqu'à la chaumière; les passions mises en mouvement, n'étaient point l excitation momentanée d'une rivalité nationale, ou l'explosion accidentelle d'un sentiment hostile, mais une haine mutuelle et profonde, qui grandissait depuis le commencement du monde; les amis de la liberté nourrissaient leur enthousiasme des exemples de l'antiquité, et buvaient avec avidité aux sources que les écrivains de Rome et de la Grèce avaient ouvertes; les soutiens du trône s'adressaient aux sentiments plus profonds de la religion et de la loyauté, et appelaient à leur aide les préceptes de la foi catholique, et l'honneur de la noblesse moderne. La ferveur de l'antique éloquence, les souvenirs des grandes actions du monde classique, enflammaient les premiers; les idées de dévouement héréditaire, les gloires d'une naissance chevaleresque, animaient les derniers; ce ne fut point une vague passagère qui vint frapper le rivage, mais le long soulèvement de l'océan remué dans ses abîmes.

Quelque juste qu'il nous paraisse, que le bien-être et les intérêts du grand nombre soient protégés contre les agressions des puissants, une chose certaine c'est que tel ne fut pas l'état primitif de la société, les variétés des caractères humains. Les différents degrés de force physique ou intellectuelle dont ils sont doués, les suites des accidents, du malheur ou du crime, l'état de dénuement du pauvre dans l'enfance de la civilisation, amènent de bonne heure la distinction des rangs, et précipitent les basses classes dans cet état de dépendance que l'on désigne sous le nom d'esclavage ; cette institution, tout odieux que nous soit devenu son nom, ne fut pas un mal à son origine; elle ne prend ce caractère que quand elle continue dans des circonstances différentes de celles au sein desquelles elle est née, et dans des temps où le pauvre n'a plus besoin de la protection qu'elle procure.

L'universalité de l'esclavage dans les premiers âges du monde est une indication certaine qu'il est inévitable, en raison des circonstances dans lesquelles se trouve partout placée l'espèce humaine à l'origine de la société. Là où le capital est inconnu, la propriété sans garantie, et la violence universelle, il n'y a de sécurité pour les basses classes que dans la protection des classes supérieures, et la seule condition à laquelle elles puissent l'obtenir, est celle de l'esclavage. Le droit de propriété sur la personne et le travail du pauvre, est le seul excitant qui puisse engager le riche à le prendre sous sa protection ; la contrainte est le seul pouvoir qui puisse rendre le travail général dans les âges où l'on ne sent pas l'influence des besoins artificiels, ou le goût pour les fruits qu'elle produit. L'humanité, la justice et la police si puissantes dans les temps civilisés, sont inconnues alors, et les souffrances des malheureux excitent aussi peu d'attention que celles des animaux; s'ils n'appartenaient pas à un maître, ils succomberaient bientôt à la famine ou à la violence ; quelque misérable que soit alors la condition des esclaves, elle est incomparablement meilleure qu'elle ne serait, s'ils avaient à souffrir le dénuement de la liberté [1].

La simplicité des mœurs rurales ou patriarcales adoucit la sévérité d'une institution que la nécessité a d'abord établie. Les esclaves parmi les Arabes ou les Tartares jouissaient à peu près d'autant de bonheur que leurs maîtres; leurs occupations, leur nourriture, leurs plaisirs étaient presque les mêmes [2]. Aujourd'hui même la condition des esclaves dans tous les empires d'Orient diffère peu de celle d'un domestique dans l'Europe moderne, et le pauvre affranchi de France et d'Angleterre aurait trouvé même quelque chose à envier dans la situation d'un paysan russe: secours dans la maladie, occupation dans la santé, entretien dans la vieillesse; ce sont là d'importants avantages, même dans les états les mieux réglés; pendant l'anarchie des premiers ages du monde, ils étaient d'un prix incalculable [3].

---

[1] Sismondi, *Hist. des Franç.*

[2] Dominum ac servum nullis educationis deliciis dignoscas. Inter eadem pecora, in eodem humo degunt ; donec ætas separet ingenuos, virtus agnoscat. Tacit. *de morib. German.* c. 20.

[3] Park's Travels, in Africa, t. 434. Clark's Travels, t. 901. 70. Volney, de la Syrie, p. 321.

L'histoire du monde n'offre pas d'exemples de paysans, habitant dans la plaine, et uniquement occupés des travaux de l'agriculture, qui se soient émancipés de cet état de dépendance sans assistance extérieure. Attachés au sol, courbés par la fatigue de la culture, séparés les uns des autres, bornés dans la sphère de leurs observations, ignorant les besoins d'un commerce mutuel, et cependant dépourvus de l'énergie de la vie sauvage, ils sont partout restés, de génération en génération, incapables soit de se combiner contre la violence, soit d'échapper à l'oppression. Les habitants de la Mésopotamie, de l'Egypte ou du Bengale, comme les serfs de la Pologne ou de la Russie, dans les temps modernes, continuent depuis les temps les plus reculés, à vivre dans le même état d'existence passive et laborieuse.

C'est à l'aide d'autres habitudes, et par l'influence d'un autre état de société, que les premiers rudiments de la liberté ont été établis parmi le genre humain.

Il faut chercher la première de ces causes dans l'indépendance et la solitude de la vie pastorale. Les Arabes, qui suivaient leurs chameaux à travers les sables du désert; les Scythes, qui parcouraient les solitudes de la Tartarie, n'étaient sujets à aucune oppression, parce qu'ils n'étaient enchaînés par aucune nécessité. Si le chef d'une tribu se rendait coupable de quelque acte d'injustice, ses sujets pouvaient toujours s'éloigner avec leurs familles et leurs troupeaux, et en peu d'heures, toute trace de leur route avait disparu sur le sable, ou parmi les herbes des Steppes. Comme nos premiers pères, en quittant le paradis terrestre, ils avaient l'univers entier devant eux, et partout où l'herbe verdissait, partout où jaillissait une source, ils établissaient leurs demeures et se multipliaient. De cette indépendance des tribus de pasteurs, jointe à l'étendue sans limites des plaines que la nature avait préparées pour leur réception, sont résultées la liberté et l'énergie de la vie pastorale ; les conquêtes des Arabes et les colonies des Scythes sont nées de la même cause, de l'audace avec laquelle ils parcouraient leurs solitudes natales, et c'est aux habitudes vagabondes de nos ancêtres qui se sont répandus du centre de l'Asie jusqu'aux extrémités de l'Europe, qu'il faut attribuer la liberté des temps modernes, et toutes les gloires de la civilisation européenne, les arts de la Grèce, les armes de Rome, la chevalerie de la France et la marine de l'Angleterre.

La seconde grande source de la liberté, c'est la sécurité que l'on trouva peu à peu dans les cités. Cette sécurité excite l'industrie par le désir des jouissances, et le capital s'accumule par l'effet du moyen de l'employer. L'accroissement des richesses amène avec lui le sentiment de l'indépendance qu'elles procurent ; avec l'extension de la propriété naît la haine de l'oppression, qui peut la mettre en danger. La réunion d'une grande masse d'hommes éveille le sentiment de leur force; la communauté des intérêts produit la similitude des sentiments, et la proximité du domicile suggère les moyens d'une commune défense. Au milieu des richesses toujours croissantes et de la rapide communication des idées qui règne dans les cités, l'esprit de liberté se manifeste, et la haine de l'oppression se fortifie. C'est de là que la liberté des anciens tira son origine ; leurs républiques avaient toutes eu leurs berceaux dans une seule cité, et étaient limitées aux citoyens qu'elles produisaient, et le nom d'un état et d'un corps politique était tiré de celui d'une ville, seul terrain sur lequel ils pussent s'établir.

La troisième et dernière source de la liberté se trouve dans la position séquestrée et les habitudes indépendantes des montagnards. Au milieu de de la solitude des Alpes, ou des retraites de l'Hymalaya, la nécessité d'user de sa force la multiplie, et la sécurité contre l'insulte conserve l'indépendance. Les oppresseurs du genre humain passent sans s'arrêter à côté de ces refuges de la liberté intrépide, et, attirés par les dépouilles des états plus opulents, ils laissent dans leur obscurité native les pauvres et hardis habitants des régions montagneuses. En conséquence, de génération en génération, le même esprit d'indépendance se maintient dans les tribus des montagnes, et pendant que la vigueur des conquérants s'amollit dans la plaine comme les neiges des Alpes sous la chaleur d'un soleil méridional, la liberté se conserve, dans sa pureté primitive, comme leurs glaciers au milieu des rigueurs de l'hiver.

La liberté de l'ancien monde expira dans le cours des siècles, parce que le nombre de ceux qui jouissaient de ses bienfaits était trop limité. Ce fut là la principale cause de sa décadence. Des républiques telles qu'Athènes et Sparte, où les hommes libres n'excédaient pas 20,000, pendant que les esclaves dépassaient le nombre de 400,000, n'étaient pas des pays libres; c'étaient des cités dans lesquelles une certaine portion des habitants avaient acquis des privilèges exclusifs, qu'ils étaient peu propres à exercer, et conservaient la masse de leurs concitoyens dans un état de servitude[1]. Les philosophes mêmes de l'antiquité, dans leurs méditations sur une république parfaite, ne pouvaient rien imaginer au-delà d'un petit territoire, régi par une seule cité, dans laquelle la grande majorité du peuple était esclave. Les citoyens privilégiés montraient dans toute occasion la plus forte répugnance à communiquer leurs droits aux autres; aussi, au premier revers, étaient-ils exposés

---

[1] Athènes, à l'époque de sa splendeur, contenait 21,000 habitants, et Sparte 30,000. *Gibbon*, I. 385.

à la défection de tous leurs alliés. C'est pour cela que la liberté des républiques grecques eut une existence si courte et si précaire. L'influence de la prospérité, et les séductions de la richesse corrompaient la classe dominante, et jamais les classes inférieures ne venaient régénérer son sang et ranimer son énergie par leur mélange avec elles ; le corps politique dépendait des vertus d'une seule classe, et la liberté publique expirait avec ces vertus. L'éclat du succès, ou les efforts du génie, pouvaient retarder l'approche du désastre, cacher la profondeur de la corruption ; mais la saison de la maturité venait peu à peu dépouiller l'arbre de son feuillage, et le tronc, qui cessait de recevoir une sève nourrissante, cédait sans résistance aux rigueurs de l'hiver [1].

Depuis la fondation de leur république, les Romains admettaient tous les sujets des états vaincus au partage de leurs privilèges, avec une magnanimité si extraordinaire et si contraire aux principes généraux de la nature humaine, qu'on pourrait presque l'attribuer à l'intervention divine ; aussi obtinrent-ils en retour l'empire du monde. Depuis la première jonction des Romains et des Sabins, jusqu'à l'extension par l'empereur Antonin des privilèges de citoyens romains à tous

---

[1] Plutarque in Pericles, Gib., t. 83. 84. et 385. Arist. de Rep., l. 4, 8. Mitford, ix. 10, 11. Stael, Révol. franç. t. 10, 11.

les peuples du monde civilisé, cette politique fut invariablement poursuivie ; ni les succès, ni les revers ne la firent fléchir [1]. Les Romains trouvèrent la récompense de cette conduite magnanime dans la fidélité inébranlable de leurs alliés pendant les périodes les plus critiques de leur histoire. Les défaites mêmes de la Trébia et de Trasimène n'eurent pas le pouvoir d'entraîner la défection d'un seul allié, tandis que le premier désastre sérieux de Carthage, qui n'accordait ses privilèges qu'à ses propres citoyens, priva la république de toutes ses forces auxiliaires. Le progrès continu, l'étendue sans exemple et la longue durée de l'empire romain, prouvent la sagesse de leur politique; mais il tomba enfin victime du terrible fléau de l'esclavage domestique [2]. Ce fut ce mal incurable, qui, même sous le règne d'Auguste, éclaircit les rangs des légions, qui, dans la suite des temps, remplit les armées de soldats mercenaires, et les provinces de grands propriétaires ; qui postérieurement rendit impraticable la

---

[1] Le nombre des citoyens romains, du temps de Paul Emile, montait à 337,000 hommes capables de porter les armes ; l'admission des alliés italiens par Caius Gracchus, éleva ce nombre à 4,105,000 du temps d'Auguste, et l'extension de la franchise aux Gaules le porta à 6,900,000. Par un édit général, l'empereur Antonin étendit le privilège à tout l'Empire. (V. Plutar., *in Caius Gracchus* et *Paul Emile*. Ferg. v. III. Gibb., I. 78. Tacite, an. XI. 24.)

[2] Les esclaves dans l'empire romain étaient extrêmement nombreux ; il fut constaté, dans une bien triste occasion, que ceux d'une seule famille montaient à 400 âmes ; mais on ne souffrait point d'énumération générale, de peur qu'on ne découvrît combien les hommes libres étaient peu nombreux en comparaison des esclaves. (*Tacite.*)

levée d'une armée dans les provinces méridionales de l'empire, consuma enfin les forces vitales de l'état, et ne laissa, pour résister aux barbares, que des nobles qui manquaient de courage pour défendre leurs propriétés, et des esclaves qui n'avaient point de propriété pour exciter leur courage [1].

Les barbares, qui renversèrent l'empire romain, apportèrent avec eux du fond de leurs déserts la liberté et l'énergie de la vie sauvage. Au milieu des débris des institutions du monde civilisé, ils répandirent la passion de l'indépendance barbare; sur le tronc flétri de la liberté municipale, ils greffèrent les vigoureux bourgeons de la liberté pastorale. C'est dans leurs exploits qu'il faut chercher l'origine des trônes, des monarques et des nobles de l'Europe; c'est dans leurs coutumes qu'on trouve la source des lois et des institutions des temps modernes, et dans leurs établissements l'origine du caractère particulier qui distingue chacune des nations européennes. Leurs conquêtes ne furent pas, en dernière analyse, un simple changement de gouvernement, ou la substitution d'une race de souverains à une autre, mais une subversion totale de la propriété, des coutumes et des institutions des peuples vaincus; leurs cités furent

---

[1] Polyb. III. c. 9 et 6. Ferg. Rome. v. 277. Gibb. III. 66. VII. 212. v. 265. Sism. *Hist. des Franç.* I. 82.

détruites, leurs temples renversés, leurs maisons pillées, leurs biens confisqués¹. Les filles des plus illustres parmi les vaincus étaient forcées d'accepter des époux de la main des chefs de leurs ennemis, pendant que celles des classes inférieures étaient exposées aux plus grossières insultes, ou poussées par le désespoir à chercher un refuge dans les couvents; et les jeunes gens de l'autre sexe, nés au milieu de l'opulence, étaient vendus comme esclaves, ou forcés de travailler comme serfs sur les terres que leurs pères avaient possédées comme propriétaires. Les habitants des états vaincus étaient quelquefois réduits à une telle détresse, qu'ils se soumettaient volontairement au servage pour racheter leur vie, et cherchaient là la seule protection qu'ils pussent obtenir contre la violence dont ils étaient constamment menacés ².

Cependant ce ne fut pas tout-à-coup, ou par un acte soudain de violence, que ce transfert complet de la propriété des vaincus aux vainqueurs se réalisa. Les établissements des nations septentrionales dans les provinces de l'empire romain ne ressemblèrent nullement à la conquête des légions romaines, ou des armées de l'Europe

---

¹ Ce système universel de spoliation fut porté si loin, après la conquête des Normands, que, par un decret général, inseré dans le *Doomsday Book*, toutes les aliénations par les Saxons, postérieures à la conquête de Guillaume, et tous les titres de propriété qui ne derivaient pas de lui, furent declarés nuls. (*Thierry*, II. p. 278.)

² Thierry, II. 24, 96, 97, 100, 101. Sism. *Hist. des Franç.* I 277.

moderne, mais bien plutôt à l'invasion graduelle que les pauvres Irlandais ont opérée depuis quelque temps dans les provinces occidentales de l'Angleterre. Bien des vagues se succédèrent avant que tout le pays fût occupé; une province était parcourue et ravagée pendant toute une génération avant qu'une autre fût envahie; et il se fit d'abord entre les indigènes et les conquérants une répartition des biens plus équitable qu'on n'aurait pu s'y attendre, dans un temps où toute la puissance était entre les mains de si farouches barbares. Ils laissèrent tantôt la moitié, tantôt le tiers des terres conquises entre les mains des anciens propriétaires; et quoique chaque invasion successive diminuât cette portion, il se passa néanmoins plusieurs siècles avant que le transfert fût complètement effectué. Quelques restes de l'ancienne tenure libre ou allodiale ont survécu, dans toutes les monarchies européennes, à tous les changements des âges intermédiaires. Peu à peu cependant l'œuvre de la spoliation s'étendit; l'état d'oppression et le caractère timide des indigènes les rendaient incapables de résister aux envahissements de leurs farouches voisins; beaucoup livraient leur propriété pour obtenir l'avantage de la protection féodale; les filles des vaincus, si elles avaient des domaines, prenaient presque toutes pour époux les fils des conquérants, ou étaient forcées de le faire par le pouvoir du souverain; à la fin, le changement se trouva généralement opéré, et presque partout la terre avait passé des Romains aux propriétaires nouveaux. Avant le 10° siècle le changement était complet [1].

L'état déplorable de faiblesse et de décadence dans lequel était tombé l'empire romain vers les derniers temps de son existence, par suite de l'universalité de l'esclavage dans toutes les provinces, rendait le peuple tout-à-fait incapable d'empêcher cette spoliation générale. Il se soumettait presque sans résistance à chaque nouvel envahisseur, et les plus incessantes agressions étrangères ou domestiques pouvaient même difficilement le décider à prendre les armes. De là résulta une séparation totale des hautes et des basses classes, et un changement complet dans les habitudes, les occupations et le caractère des différents rangs de la société. C'est des libres conquérants des provinces romaines que sont sorties les classes nobles et privilégiées de l'Europe moderne, et c'est de leurs serfs que descend la race nombreuse et dégradée des paysans et des manœuvres. L'égalité et l'énergie de la vie pastorale communiquèrent aux descendants des conquérants un sentiment d'orgueil et d'indépendance, qui dans beaucoup de provinces subsiste encore dans toute

[1] Guizot, *Essai sur l'Hist. de France*, 330, 282, 280, 301. Thierry, *Lettres sur l'Hist. de Fr.* 87, 99.

sa force ; la misère et la dégradation des vaincus rivèrent autour de leur cou, des chaînes que des milliers d'années ont à peine suffi à briser [1].

Cette séparation primitive des divers rangs de la société, qui résulta de l'invasion des Francs dans les Gaules, est la cause éloignée des maux qui suscitèrent la révolution française. Mais plusieurs siècles devaient s'écouler avant que ces intérêts contraires ainsi créés arrivassent à une collision, et ce fut par l'influence graduelle de plusieurs causes, concourant au même but, que la masse du peuple recouvra l'énergie qu'elle avait perdue au milieu du calme de la servitude romaine et de la violence de l'oppression féodale.

Lorsque les terres du peuple vaincu furent enfin complètement partagées, et que les compagnons d'armes des envahisseurs eurent entièrement occupé le territoire conquis, les nobles méprisèrent trop leurs sujets pour réclamer leur assistance dans les moments de danger. Renfermés dans leurs châteaux, environnés de leurs soldats, jamais ils ne réclamaient l'aide ni n'avaient pitié des souffrances de leurs serfs. Les ravages des Normands, la cruauté des Huns, n'excitaient guère de compassion, tant qu'ils ne s'exerçaient que sur les serfs, et le baron, en sûreté derrière ses remparts, contem-

[1] Thierry, Introduction, I. 8, 9 Sism. Hist. des Franç. I. 74, 87.

plait avec indifférence les villages en flammes, et les longues files de captifs en pleurs que de farouches envahisseurs chassaient devant eux dans la plaine. Durant ces longs âges d'anarchie féodale, les basses classes n'acquirent ni plus d'importance ni plus de courage. Ce laps de temps ne servit qu'à augmenter leur abaissement, en éteignant le souvenir des temps meilleurs [1].

Mais les conquêtes des nations septentrionales amenèrent une conséquence importante, l'établissement du gouvernement représentatif dans les provinces de l'empire. La liberté de l'antiquité, qui avait eu son origine dans des cités isolées, était exclusivement bornée aux citoyens qui habitaient la ville, et qui pouvaient prendre une part active aux délibérations publiques. Quoique les Romains, avec une sagesse sans exemple, étendissent le droit de citoyens aux provinces conquises, cependant l'idée de les admettre au partage du droit de représentation ne leur vint jamais à l'esprit, et les privilèges les plus importants ne pouvaient être exercés que par les citoyens qui se trouvaient dans la métropole. L'inévitable conséquence de cela fut, que dans tous les états libres de l'antiquité, c'était la populace de la capitale qui exerçait les princi-

---

[1] Thierry, I. 182. II. 06. Gibb., x. 242.

paux pouvoirs du gouvernement; c'étaient ses passions qui inspiraient la plupart des mesures publiques, c'étaient ses tumultes qui opéraient les révolutions. De là la violence, l'anarchie et l'inconstance qui ont si souvent signalé son histoire, et qui, habilement déguisées sous l'éclat de l'antique éloquence, n'en frappent pas moins l'œil de l'historien moderne [1].

Mais les nations septentrionales, qui s'établirent sur les ruines de l'empire romain, étaient mues par des sentiments différents, influencées par d'autres habitudes. La liberté qu'elles apportèrent avec elles du sein de leurs forêts, ou qui était née au milieu de l'indépendance du désert, ne connaissait pas de localité, et ne se bornait pas à un district. Toute la nation était orgueilleusement libre; et cette liberté était maintenue et appréciée dans les plaines cultivées comme dans les déserts les plus sauvages. Quand les compagnons d'armes d'un chef victorieux étaient établis dans une province qu'ils avaient conquise, ils conservaient toujours envers leur maître quelque chose de leur primitive indépendance, et il n'était distingué d'eux que par la prééminence de son rang dans la guerre, et l'étendue de son lot dans le partage des terres conquises. Les rois de la mer, qui pendant si long-

---

[1] Milford, Greece IX. 6B, 87.

temps désolèrent les provinces maritimes de France et d'Angleterre, et les Anglo-Saxons, qui posèrent la base de l'empire britannique, ne possédaient une ombre d'autorité sur leurs soldats que pendant la courte durée de leur service actif. Les Francs, qui, sous Clovis, établirent la monarchie française, n'accordaient à leur chef qu'une allégeance nominale. Elevés sur les boucliers de leurs compagnons d'armes, leurs souverains devaient leur autorité au choix volontaire de leurs soldats, et même dans les jours de triomphe, le dernier d'entre ceux-ci ne craignait pas de leur rappeler de qui ils la tenaient [1].

Ce fut l'établissement de nations braves et énergiques dans des provinces riches et bien cultivées, qui amena la séparation des vainqueurs et leur dispersion sur les terres soumises, et qui créa une aristocratie indépendante au milieu de la richesse décroissante d'une ancienne servitude. Si le pays avait été moins richement cultivé, les compagnons des envahisseurs du Nord se seraient amollis et perdus parmi les séductions des villes, ou bien, après des courses dévastatrices, ils seraient retournés dans leurs solitudes pour y être à l'abri contre toute poursuite. Ce fut la dé-

[1] Thierry, II. 321. Hume, I. 284. Turner, *Anglo-Saxons*, I. 97. Sism. *Hist. des Franç.*, I. 372. Hallam, I. 133.

couverte de fertiles contrées, occupées par un peuple laborieux et peu guerrier, qui les encouragea à s'établir dans les campagnes, rendit la protection des cités inutile, et fournit un contre-poids à l'attrait des plaisirs qu'elles offraient. Une fois fixés dans la campagne, leur situation préserva leurs mœurs de la corruption, et la servitude de l'empire romain devint ainsi une cause éloignée de la liberté de l'Europe moderne.

Lors du premier établissement des nations victorieuses, les assemblées populaires des soldats étaient la convocation réelle de toute la milice du royaume. Guillaume-le-Conquérant invita tous ses compagnons d'armes à se réunir à Winchester, et soixante mille hommes, dont le plus pauvre pouvait entretenir un cavalier et ses valets, obéirent à son invitation. Les assemblées du *Champ de mai* offraient moins une députation des compagnons de Clovis, qu'une concentration de soldats en une vaste assemblée. Mais avec le temps, les dépenses du déplacement devinrent un fardeau, le goût des habitudes sédentaires prit le dessus, et les propriétaires sentirent de plus en plus de répugnance à courir les risques et les frais de représentation dans les réunions du grand conseil de la nation. De là l'introduction *des parlements*, ou *législatures représentatives*, la plus grande des additions, que les temps modernes aient apportées à la cause de la liberté, institution qui réunit l'énergie d'un gouvernement démocratique avec la circonspection d'une aristocratie, qui tempère la turbulence et l'ardeur des cités par la lenteur et la ténacité des habitudes de la campagne, et qui, quand l'équilibre est sagement maintenu dans la composition de l'assemblée, présente, par la variété des intérêts et des habitudes, une barrière permanente contre la violence ou l'injustice d'une partie de ses membres [1].

Il est douteux néanmoins que ces causes, toutes puissantes qu'elles sont, eussent réalisé ce grand et important changement dans le gouvernement, qui amena le système représentatif, si l'on n'avait pas eu un modèle, établi depuis des siècles. Les conciles de l'église avaient, dès le sixième siècle, introduit dans toute la chrétienté le système le plus parfait de représentation : des délégués des diocèses les plus éloignés de l'Europe et de l'Asie, s'y assemblaient pour délibérer sur les intérêts des fidèles, et tout prêtre chrétien, même dans le poste le plus humble, avait quelque part à la formation de ces grandes assemblées, qui réglaient les affaires générales de l'église. La formation des parlements, d'après le système représentatif, eut lieu dans tous les états européens pendant le treizième et le quatorzième siècle.

[1] Thierry, 286. Sismondi, *Hist. de Fr.*, 1. v31.

L'industrie des antiquaires peut faire remonter à quelques générations plus loin les wittenagemots, ou assemblées des principaux citoyens ; mais, six siècles auparavant, les conciles de Nicée et d'Antioche avaient des modèles parfaits d'un système de représentation universelle, embrassant une sphère plus vaste que toute l'étendue de l'empire romain. Il est incontestable que ce fut cet exemple, si généralement connu et d'une si puissante autorité, qui détermina les autres membres de la communauté à suivre la même marche, quand ils avaient quelque affaire commune qui demandait délibération, et c'est ainsi qu'aux autres bienfaits que la civilisation doit au christianisme, il faut ajouter les inappréciables avantages qui sont résultés de l'établissement du système représentatif [1].

Aussi dans toutes les parties de l'Europe, où les conquérants du Nord se sont établis, trouve-t-on les vestiges d'un gouvernement représentatif ; dans toutes, les barons se fixèrent dans la campagne, et l'autorité législative fut accordée aux assemblées de leurs représentants, qui, sous le nom de wittenagemots, de parlements, d'états-généraux ou de cortès, se réunissaient à des époques déterminées pour délibérer sur les affaires

---

[1] Salvandy, *Hist. de la Pologne*, t. 105, 106. Guizot, *Essai sur l'Hist. de France*; Thierry, *Lettres sur l'Hist. de France*.

publiques. Cette institution naquit si naturellement des habitudes et de la situation de colons militaires, et ses premiers fondateurs prévoyaient si peu les importantes conséquences qui ont découlé de son adoption, que le droit d'envoyer des représentants au parlement était généralement considéré, non comme un privilège, mais comme un fardeau, et que la participation à la législature, qui est maintenant l'objet de tant de désirs et de tant d'intrigues, paraissait dans le principe une obligation oppressive, qui donnait à ceux qui l'exerçaient, le droit de réclamer une indemnité de leurs frères plus heureux. Les barons toutefois furent long-temps animés d'un énergique sentiment d'indépendance, et lors de leur premier établissement, ils propagèrent dans toutes les parties de l'Europe le principe de la résistance à l'arbitraire ; en Espagne, en France, en Allemagne et en Flandre, nous les voyons repousser vigoureusement les empiètements du souverain, et partout réclamer de bonne heure les mêmes privilèges de ne point être soumis à la taxe sans leur consentement, et de participer aux actes de la législature [1].

Dans tous ces états, cependant, le système féodal resta soumis au même défaut ; il ne renfermait aucune disposition qui garantît les intérêts

[1] Hallam, I. 253. II. 67, 130. Villaret, 125. Hume, II. 116. 271. Ersk., Inst. I. 3. Comines, IV. c. 13. Du Clerq. 389.

ou le bien-être de la grande masse du peuple; comme toutes les autres institutions dans lesquelles exista ce défaut, il renfermait le principe de sa ruine. Les conquérants de l'empire romain croyaient les habitants des provinces dans lesquelles ils s'étaient établis, tout-à-fait indignes d'attention, et même dans la grande charte, où les privilèges des barons ou des hommes libres étaient soigneusement garantis, on n'avait fait aucune stipulation de quelque importance en faveur de la classe nombreuse des colons ou esclaves ; bien souvent la vertu des barbares vainqueurs déclinait avec une extrême rapidité, et le flot suivant d'envahisseurs, trouvait leurs prédécesseurs ensevelis dans la mollesse, ou succombant sous le poids des plaisirs. Dans les lâches et misérables barons qui abandonnèrent Rodrigue dans sa lutte avec les envahisseurs arabes de l'Espagne, qui aurait pu reconnaître les descendants des impétueux guerriers, qui, sous Attila, envahirent cette province reculée de l'empire romain. Dans le cours de quelques siècles, les conquérants maures furent, par l'effet des mêmes causes, réduits au même état de dégradation. Le génie même et les triomphes de Charlemagne furent impuissants à régénérer ce mélange de barbarie et d'effémination dont il formait la tête, et jamais l'humanité ne revêtit une forme plus misérable ou plus dégradée que sous le règne des rois fainéants, ces indignes successeurs de Charles-Martel, et des barons qui moururent pour la liberté du christianisme dans les campagnes de Tours. Tous les efforts de Charlemagne, pour régénérer sa nation, échouèrent par suite du petit nombre d'habitants libres qu'elle renfermait; on y trouvait quelques milliers d'hommes libres établis çà et là parmi autant de millions d'esclaves; et de son vivant même il eut la douleur de voir les progrès rapides de la corruption parmi les troupes qu'il avait tant de fois conduites à la victoire. Ce fut la même cause qui paralysa toutes les intentions bienveillantes d'Alfred, pour assurer la tranquillité et le bien-être de son pays, et qui exposa si long-temps la nation anglaise à souffrir les dévastations et les outrages d'un petit nombre de barbares du Nord.

Les guerres privées que les nobles se faisaient entre eux, furent la première circonstance qui réveilla le courage, et ranima l'énergie des barons féodaux; c'est à cette cause, jointe à la fortification des châteaux et au constant usage des armes parmi les vassaux des propriétaires, qu'il faut attribuer la restauration du courage militaire en France. Les barons espagnols prirent des leçons de courage à l'austère école de l'adversité, et retrouvèrent, dans les montagnes de la Galice, la

---

[1] Condé, *Hist. des Arabes*, I. 62. II. 125. Sism. *France*. II. 279, 355, 410. III. 96. Turner's *Anglo-Saxons*, II. 66.

valeur que leurs vainqueurs perdaient au sein du luxe de Cordoue. L'esprit militaire des Anglais, qui avait disparu par les mêmes causes, fut ranimé par les guerres privées des nobles sous le règne d'Etienne, et au milieu des désastres et de la ruine du pays, on vit renaître ce courage qui devait poser les fondements de la liberté britannique dans un temps plus heureux [1].

Mais la liberté féodale fut enfin détruite par le changement des mœurs et le progrès naturel de l'opulence; limitée à une classe peu nombreuse de la société, elle périt avec les vertus de ceux qui seuls étaient intéressés à sa défense; peu favorable à la grande masse du peuple, elle ne tira aucune ressource des talents et de l'énergie qu'il recélait dans son sein. Les richesses énervèrent ceux qui la possédaient, et il n'existait pas de classe inférieure pour prendre leur place; les riches devinrent corrompus, et les pauvres ne cessèrent point d'être esclaves. Le progrès fut différent dans les différents états, mais dans tous le résultat fut le même. Dans les premiers temps de leur histoire, les royaumes de Castille et d'Aragon étaient gouvernés par des monarques d'une autorité plus limitée que les Plantagenets d'Angleterre, et leurs nobles ne le cédaient point aux barons de Runnymède en zèle ardent pour le main-

---

[1] Hume, I. 296. Sism. *France*. III. 374, 481. Condé, II. 120, 508, 494.

tien de leurs privilèges; mais ce fut en vain qu'ils arrachèrent des concessions à leurs souverains et qu'ils les firent confirmer à chaque couronnement nouveau. L'esprit de liberté et les franchises de la nation, s'éteignirent avec la grandeur de l'aristocratie féodale, entraînées qu'elles étaient à leur perte, par l'égoïsme et l'avilissement de la grande masse de la nation. Les cortès conservèrent néanmoins leur esprit d'indépendance, et le *grand privilège*, la *magna charta* de l'Aragon, ne fut jamais révoqué; mais les cités négligèrent d'envoyer leurs représentants aux assemblées nationales, et plusieurs laissèrent périmer leur droit de participer à leurs délibérations. Les nobles s'attachèrent aux magnificences de la cour, et, tout en conservant les formes d'une monarchie limitée, l'Espagne devint réellement une monarchie despotique.

En France, la noblesse, pendant la période de sa vigueur féodale, réduisit la couronne à un pouvoir à peu près aussi limité qu'en Angleterre, à ce point que, pendant un demi-siècle, ce fut une maxime générale, confirmée par plusieurs actes solennels du trône, qu'aucune taxe ne pouvait être levée sans le consentement des Trois États; mais la dernière ombre d'un gouvernement libre disparut avec la décadence des mœurs féodales. L'influence de la couronne et les plaisirs de la capitale attirèrent la noblesse à Paris, et la liberté de la campagne, privée de ses seuls soutiens, succomba bientôt[1].

Le progrès fut un peu différent en Allemagne, quoique, là aussi comme dans les autres monarchies européennes, le système féodal ait d'abord posé la base d'un gouvernement libre, proclamé l'illégalité des taxes établies sans le consentement du peuple, et le partage de la souveraineté législative avec les Etats du royaume. Le pouvoir des grands barons rendit l'empire électif, brisa et fondit en états séparés, le vénérable édifice de la confédération germanique; mais leur pouvoir, borné à leurs propres domaines, ne se trouvant point restreint par l'énergie ou l'intelligence du peuple, devint peu à peu absolu, et l'ambition croissante de la puissance militaire étouffa les principes de liberté[2].

Malgré l'attachement héréditaire du peuple anglais pour des institutions libres, malgré la diffusion de cet esprit par l'établissement du jugement par jury, et l'avantage de la situation insulaire du pays qui semblait le protéger contre la contagion du dehors, les causes ordinaires de décadence commençaient à agir, et l'indépendance féodale des barons du moyen-âge cédait insensiblement à l'effet corrupteur des temps d'opulence. Les guerres désastreuses des maisons d'York

---

[1] Mably, *Observ. sur l'Hist. de France.* v. c 1. Hallam, I. 236, 270, 391.
[2] Schmidt, v. 8. Hallam, II. 130.

et de Lancastre éclaircirent les rangs des nobles ; l'accroissement du luxe, en changeant la direction de leurs dépenses, sapa les fondements de leur pouvoir. Sous les Tudor, l'indifférence du parlement pour les libertés du peuple s'était déjà manifestée ; jamais l'Europe n'eut à montrer un monarque qui gouvernât d'une manière plus absolue que Henri VIII, et rien, dans les temps modernes, n'est plus instructif que l'humble servilité avec laquelle le parlement et le peuple obéissaient à ses ordres despotiques ; l'histoire pourrait à peine présenter l'exemple d'un règne dans lequel on trouvât accumulés plus d'empiètements violents, non-seulement sur les droits publics, mais sur la propriété particulière; dans lequel la justice fût plus honteusement prostituée dans des cours de justice, la liberté plus complètement abandonnée dans les mesures du parlement, ou le caprice plus tyranniquement exercé sur le trône ; ceux qui n'attribuent la liberté de l'Angleterre, qu'aux institutions féodales, feraient bien de considérer l'état du pays et la servilité de la nation durant le règne de ce tyran féroce, qui confisqua les biens d'un tiers des propriétaires de son royaume et fit exécuter 70,000 personnes, ou même ce qui se passa durant celui de sa fille, plus prudente et plus populaire [1].

[1] Henry's Britain, IX 260, 372. Hume, III 94, 539. IV. 278 V. 265, 303, 470.

Aussi, tout en reconnaissant que le sytème féodal était admirablement adapté pour conserver un esprit d'indépendance pendant le moyen-âge, qu'il contribua à restreindre le pouvoir des conquérants, et empêcha les noms mêmes de droit et de privilège d'être effacés, comme dans les monarchies asiatiques, par la terrible main de l'absolutisme, quoique nous devions également reconnaître que la tyrannie aurait agi sans contrôle, si, quand le peuple était pauvre et désuni, les nobles n'avaient pas été braves et libres, il n'en reste pas moins évident, que c'était une institution qui ne convenait qu'à un âge barbare, aussi incapable de se modifier selon les changements que la société subit, que d'assurer la liberté des siècles civilisés ; elle devait nécessairement déchoir avec l'établissement des armées permanentes, les progrès du luxe, l'invention de la poudre et l'accroissement des villes ; partout la liberté qui n'avait pas d'autre base, a depuis long-temps disparu [1].

Le système féodal s'est montré dans toute sa force pendant les douzième et treizième siècles, lorsque les barons habitaient sur leurs domaines dans des châteaux forts, entourés de vassaux formés aux exercices militaires, et attachés par habitude et par intérêt à la fortune de leur chef. Bardés de fer

---

[1] Hallam, 1. 321.

des pieds à la tête, et conduisant un corps de guerriers braves et dévoués, ils étaient aussi formidables pour le trône que pour la chaumière. S'ils arrachaient au souverain des privilèges en leur faveur, ils n'en accordaient rien à leurs vassaux; d'une main impitoyable, et avec une inflexible sévérité, ils étouffaient le premier mouvement du peuple qui cherchait à obtenir une part de cette liberté qu'ils réclamaient si énergiquement pour eux-mêmes. Les insurrections de la *Jacquerie* en France, des paysans sous Wat Tyler en Angleterre, et des Flamands sous le brasseur de Gand, furent réprimées avec une cruauté dont l'histoire offre peu d'exemples. Le courage et l'enthousiasme de la multitude luttèrent en vain avec des guerriers tout couverts de fer et exercés aux armes dès leur plus jeunes années. Les chevaliers rompaient les rangs du peuple avec la même facilité qu'ils auraient traversé une assemblée sans armes, et le serf avili, incapable de ces efforts d'héroïsme qui animaient les libres bergers des Alpes, pliait sous les coups du sort avec la résignation d'un martyr, plutôt qu'avec la fermeté d'un guerrier [1].

Mais la puissance des nobles, qui ne pouvait être renversée par la force, fut minée par l'opulence; et l'émancipation du peuple, pour laquelle

---

[1] Hume, III. 5, 7. Sismondi, x. 533, 540; xi. 4345, 455.

tant de milliers d'hommes avaient péri, naquit enfin des folies de ses oppresseurs. Le baron était formidable quand il passait sa vie sous les armes, à la tête de ses vassaux qui avaient grandi à l'ombre des murs de son château ; mais lorsqu'il vécut au milieu des frivolités d'une cour, et dépensa sa fortune dans les plaisirs fastueux d'une capitale, il devint méprisable. Ces vassaux cessèrent de vénérer ou de suivre un chef qu'ils voyaient rarement, les séductions des villes devinrent toute-puissantes sur ceux qui n'estimaient plus leurs dépendants ruraux; le désir des richesses, insatiable parmi des hommes qui avaient l'éblouissant aspect d'une cour devant les yeux. Le progrès naturel de la richesse devint fatal à une puissance qui ne songeait point à pourvoir au bonheur général, et la sagesse de la nation fit, des folies des grands, le moyen de détruire l'influence dont ils avaient fait un instrument d'oppression, au lieu d'en faire le boulevard de la liberté.

Pendant que la liberté, que les barbares conquérants de l'empire romain avaient apportée du sein de leurs déserts, déclinait ainsi, les évènements suivaient un autre cours dans le midi de l'Europe, où les anciennes traces de la civilisation romaine n'avaient jamais été entièrement extirpées, et où le sauvage esprit de la liberté gothique ne s'était jamais complètement développé.

La liberté de l'Italie moderne ne naquit point de l'indépendance des propriétaires fonciers, mais de l'esprit indépendant des habitants des villes; elle eut pour berceau, non le château du baron féodal, mais le *forum* de citoyens industrieux. Tandis que les grands propriétaires étaient occupés de projets de massacres mutuels et ne sortaient de leurs retraites des Apennins que pour ravager les plaines, les habitants des villes prospéraient sous la protection de leurs remparts, et ranimaient sur leurs anciens foyers, les flammes mourantes de la liberté municipale. A une époque où les états transalpins étaient encore plongés dans la barbarie, et où l'industrie ne faisait que commencer à se montrer dans des lieux fortifiés, sous l'ombre des remparts du château, les républiques italiennes étaient déjà avancées en opulence, et les arts avaient poussé de profondes racines parmi les monuments de l'ancienne splendeur. Le siècle d'Edouard III, où les nobles d'Angleterre vivaient dans l'abondance rustique sur leurs domaines, où bien peu de barons savaient signer leur nom, était contemporain de celui de Pétrarque et du Dante, du génie de Raphaël et de la pensée de Machiavel. Lorsque Charles VIII, à la tête de la brave, mais barbare noblesse de France, entra en Italie vers la fin du quinzième siècle, il se trouva au milieu d'un peuple opulent et civilisé, abondant en marchands qui comptaient les souverains de l'Europe parmi leurs débiteurs ; lorsque le souverain féodal menaça de faire retentir ses trompettes dans les murs de Florence, les habitants offrirent de sonner le tocsin, et le monarque du plus grand royaume militaire de l'Europe, n'osa engager une lutte avec les bourgeois d'une pacifique république [1].

Et les vertus civiles de cette période de la grandeur italienne n'étaient pas moins remarquables que son opulence et sa splendeur. Dès le treizième siècle, l'empereur d'Allemagne fut défait par une coalition des républiques lombardes, et le patriotisme de la liberté moderne rivalisait avec les vertus des états grecs. L'histoire raconte avec orgueil que, quand la cruauté des soldats allemands plaça les enfants des citoyens de Crémone devant les murs de la ville, pour les empêcher de tirer sur eux, les parents versèrent des larmes de désespoir, mais continuèrent à combattre pour leurs libertés, et que quand onze mille des premiers citoyens de Pise furent enfermés dans les prisons de Gênes, ils envoyèrent au sénat une demande unanime de ne point racheter leur liberté par la reddition d'une forteresse qu'assiégeait la république. Nous parlons avec une juste fierté des efforts faits par l'empire britannique durant la dernière guerre ;

---

[1] Sismondi, Rep. Ital. III. 157 ; v. 365, XII. 108. Hume, II. 349.

mais tout grands qu'ils étaient, ils n'égalaient point les efforts du patriotisme italien, qui fournit aux flottes rivales de Gênes et de Venise autant de matelots, à la bataille de la Meloria, qu'il y en avait à Trafalgar sur les navires de la France et de l'Angleterre [1].

Mais les républiques italiennes cédèrent à l'influence des mêmes causes, qui avaient été si fatales aux républiques grecques, et avaient miné l'indépendance féodale du nord de l'Europe; elles n'avaient point songé aux libertés ni aux intérêts de la grande masse du peuple. Les états de Florence, de Venise, de Gênes et de Pise, n'étaient point des états libres en réalité : c'étaient des oligarchies dans lesquelles un petit nombre d'individus avaient usurpé les droits et disposé des fortunes de la grande masse de leurs concitoyens; durant la période la plus florissante de leur histoire, les citoyens de toutes les républiques italiennes ne montaient pas à 20,000, et ces classes privilégiées tenaient dans la sujétion autant de millions d'hommes. Les citoyens de Venise étaient au nombre de 25,000, ceux de Gênes, de 4,500; ceux de Pise, de Sienne, de Lucques et de Florence, 6,000. Le droit de citoyen, ainsi limité, descendait à un bien petit nombre de familles, et était aussi soigneusement préservé de tout envahissement que les domaines privés

[1] Sismondi, *Rép. Ital.* III. 90 ; IV. 22, 29

de la noblesse. On n'accordait aucun privilège aux provinces conquises ; aux républiques alliées on ne communiquait aucun droit. Les classes privilégiées des états dominants retenaient exclusivement pour elles les droits du gouvernement, et l'esprit jaloux du monopole commercial réglait la fortune de l'état, autant qu'elle excitait l'énergie du territoire soumis. De la liberté ainsi limitée, on ne pouvait attendre aucun avantage général ; sur une base ainsi resserrée, on ne pouvait élever un édifice durable. Même pendant leur plus grande prospérité, ces républiques étaient troublées par de perpétuelles discordes, résultat d'une exclusion aussi injuste et aussi arbitraire, et l'architecture massive de Florence atteste encore aujourd'hui l'époque où chaque famille noble était préparée à soutenir un siège dans son propre palais, pour défendre les droits qu'elle refusait obstinément à ses concitoyens [1]. Les progrès rapides, et l'histoire éclatante de ces républiques aristocratiques, nous enseigne quelle influence la liberté exerce, même sur une classe limitée de la société ; leur subite décadence, et la prompte disparition de tout esprit public, furent l'inévitable conséquence d'un état de choses qui n'accordait qu'à une imperceptible minorité les droits qu'on aurait dû faire partager au grand nombre.

Des républiques ainsi constituées étaient inca-

[1] Sism. Rep. Ital. 12, 16, 18, 21.

pables soit de soutenir les chocs de l'adversité, soit de résister à la décadence silencieuse qui vient toujours après la prospérité. Le premier grand désastre enlevait à l'état tous ses alliés, et le réduisait aux seules forces qui se trouvaient dans ses murs. L'oligarchie vénitienne ne donna aucun droit aux provinces qu'elle conquit dans la marche de Trévise, bien que le sénat leur eût annoncé, qu'en leur envoyant l'étendard de Saint-Marc, il leur rendait leurs libertés ; aussi fut-elle en un seul jour dépouillée de toutes ses possessions, et réduite à ses limites primitives dans les lagunes de la capitale. Quand Florence soumit la république rivale de Pise, elle n'en reçut aucun accroissement de puissance, parce qu'elle ne lui accorda aucune communauté de pouvoir, et les troupes employées pour tenir l'état conquis dans la soumission, étaient autant de perdu pour l'état victorieux. La dissolution de la confédération athénienne après la défaite qu'elle essuya devant Syracuse, la chute de la puissance lacédémonienne après la bataille de Leuctres, de la suprématie thébaine après la mort d'Epaminondas, ont toutes leurs contreparties dans l'histoire de l'Italie moderne ; au premier revers sérieux qu'éprouvaient Venise, Florence ou Gênes, les villes qu'elles tenaient sous leur pouvoir, secouaient un joug qu'elles abhorraient et se joignaient aux armes de l'ennemi pour détruire cette autorité odieuse à laquelle il ne leur était pas permis de prendre part. Sans les revers de la fortune, l'influence silencieuse du temps amenait la faiblesse de l'âge pour des communautés qui ne reposaient que sur l'énergie des classes élevées. Les familles dans les mains desquelles la souveraineté se trouvait placée s'éteignaient avec le temps, ou s'affaiblissaient par l'effet de l'opulence, et jamais la vigueur des classes inférieures ne venait se mêler à elles et rétablir leur énergie ; le nombre des citoyens diminuait continuellement, pendant que celui des mécontents soumis à leur influence augmentait toujours. Les maux qu'entraînait cette forme de gouvernement, la firent généralement détester, et, pour éviter les terribles luttes des factions, il y eut autant de républiques italiennes qui renoncèrent volontairement à leurs libertés, qu'il y en eut qui les perdirent par l'invasion d'une puissance étrangère[1].

L'industrie et la richesse des Flandres éveillèrent de bonne heure chez elles un esprit de liberté, et les habitants déployèrent pendant long-temps les plus grands efforts pour conserver leurs franchises. Mais cette liberté était limitée aux bourgeois des villes ; les paysans de la campagne se joignirent donc à leurs seigneurs pour combattre la naissante influence des classes manufacturières, et les jalousies d'industrie les empêchèrent

---

[1] Sism, xii. 16, 18, 21 ; Mach. iii. c. 27.

généralement de concerter entre eux aucune mesure commune pour le maintien de leur indépendance. Une fois seulement une victoire inespérée fit courir tout le pays aux armes, et un chef d'une plus grande expérience militaire aurait pu établir leur liberté sur une base durable ; mais les bourgeois de Gand n'eurent pas la fermeté des bergers d'Unterwald, et la victoire de Resebecque étouffa pour des siècles la naissante indépendance de l'industrie commerciale sous le joug barbare du pouvoir féodal [1].

L'expérience avait donc démontré que la liberté qui avait son origine dans l'indépendance du désert, aussi bien que celle qui était née au sein des cités, était sujette à décliner, et que la sagesse politique était incapable de former une communauté dans laquelle on n'aperçût pas les germes de cette décadence qui semblait le lot inévitable de toutes les choses terrestres. En conséquence il s'établit une opinion générale, que les états comme les individus, avaient une période de vie déterminée, au-delà de laquelle il était impossible de la prolonger, et qu'une période d'activité et de vigueur était nécessairement suivie d'une période de lassitude et de corruption. « L'image, dit Fergusson, de la jeunesse et de la vieillesse fut appliquée aux nations; et l'on supposa que les états, comme les particu-

[1] Barante, t. 42, 43. Sism. *France*, xi. 249.

liers, avaient leur existence mesurée, et que le fil de leur destinée était coupé, quand le moment était venu, de faire place à d'autres. « Carthage, dit Polybe, étant plus vieille que Rome, arriva plus tôt à la décadence, et elle prévoyait que sa rivale survivante portait aussi dans son sein le germe de la mort [1]. »

Mais pendant qu'on s'imaginait, d'après l'expérience, que telle était l'inévitable destinée de la liberté, une foule de causes diverses opéraient en silence, qui communiquèrent au système social une énergie inconnue jusqu'alors, et donnèrent aux états modernes, même aux époques de décadence apparente, une portion de l'éternelle jeunesse de la race humaine.

La première de ces causes fut la religion chrétienne. L'esclavage avait causé la ruine de tous les états de l'antiquité. L'influence de la richesse corrompait les classes élevées, et les basses classes, séparées de leurs supérieures par une profonde ligne de démarcation, ne fournissaient aucune accession de force pour raviver leur énergie; mais l'influence d'une religion qui proclamait l'égalité de tous les hommes aux yeux du ciel, et qui adressait spécialement ses révélations au pauvre, détruisit cette fatale distinction. Dans beaucoup d'états, l'esclavage céda peu à peu à l'influence naissante du christianisme; les maisons

[1] *De la Société civile.* 340. (En Anglais.)

religieuses furent les premières qui émancipèrent leurs vassaux; leurs exhortations avaient constamment pour but d'arracher la même concession aux barons féodaux, et ce fut sur leurs domaines que se manifestèrent les premiers germes de la liberté industrieuse. Tandis que les vassaux des seigneurs militaires tombaient dans l'esclavage, ou s'affaissaient dans l'inertie qui suit un état si dégradé, l'industrie renaissait à l'ombre des murs du monastère, et les vassaux libres des établissements religieux prospéraient au sein de la sécurité que leur assurait leur protection; et ce ne fut pas seulement par l'égalité qu'elle proclama et la sécurité qu'elle procura, que l'influence de la religion favorisa l'établissement de la liberté. L'enthousiasme qu'elle éveilla, en s'adressant ainsi à tous les intérêts, jeta la masse du peuple dans l'activité politique; des milliers d'individus, à qui les bienfaits de la liberté étaient inconnus, et dont aucun intérêt temporel n'aurait pu secouer la torpeur, furent entraînés par la voix de la ferveur religieuse. La liberté de la Grèce, la liberté de la Macédoine, ne produisirent qu'une impression passagère sur les affaires humaines; mais le fanatisme de Mahomet bouleversa l'univers, l'ardeur de la chevalerie poussa les nobles à l'action, l'ambition des monarques conduisit les vassaux sur les champs de batailles; l'enthousiasme des croisades réveilla l'énergie engourdie du monde occidental. Avec l'accroissement du zèle religieux, la base de la liberté s'étendit donc immensément ; elle excita en sa faveur, non les passagères ébullitions de l'effervescence populaire, mais l'aveugle valeur du fanatisme; et cet appui durable, que ne donne ni l'ardeur de la cité, ni l'indépendance du désert, elle l'obtint enfin du dévouement de la chaumière [1].

II. Tandis que les esprits étaient ainsi enflammés par l'enthousiasme religieux qu'avaient éveillé d'abord les croisades, et plus tard la réforme, l'art de l'imprimerie, destiné à changer la face du monde moral, perpétuait les impressions ainsi produites, et agrandissait le cercle dans lequel elles se propageaient. Ce n'étaient plus seulement les exhortations de la chaire, ni le zèle des congrégations cloîtrées qui nourrissaient l'esprit de la liberté religieuse; il respirait dans les efforts permanents de la pensée humaine, et s'étendait avec les richesses toujours croissantes d'un état de société florissant. Les découvertes de la science, les charmes du génie, peuvent plaire dans tous les temps ; mais c'est par l'émotion religieuse que l'on remue principalement les masses, et ce fut réellement l'enthousiasme de la religion qui soutint les plus grands efforts de la liberté européenne; mais la propa-

[1] Titler's, Scottland. Hume, *Hist. d'Angleterre.* L'abbé Mann., *Hist. des Flandres.*

gation des connaissances, par le moyen de la presse, ne doit pas seulement exciter les éclats passagers du sentiment populaire; en fortifiant ces esprits supérieurs qui dirigent la pensée humaine, elle produit des effets durables sur la société, effets perpétuellement renouvelés dans les générations successives, qui, durant l'ardeur de la jeunesse, se pénètrent des maximes et de l'esprit de la liberté classique. Cette grande découverte changea toute la face de la société; les causes de l'ancienne décadence parurent contre-balancées par de nouveaux principes de vie, tirés de cette multitude, dont les talents sont maintenant appelés à influer sur la fortune de l'état, et l'influence du despotisme, ébranlée par ces principes d'indépendance qui ont pénétré jusque dans les armées destinées à soutenir son autorité. Mais le bien qui est résulté de la diffusion des lumières, n'est pas un bien sans mélange; si les principes d'amélioration ont pris un développement plus hardi, ceux du mal ont été plus généralement disséminés; les luttes sociales ont augmenté en grandeur et en violence, et les passions des peuples se sont trouvées en conflit, au lieu de l'ambition des individus. Avec le temps toutefois, les éléments les plus funestes au bonheur du genre humain s'éteignent graduellement, pendant que les causes d'amélioration sont durables dans leurs effets; les luttes des républiques grecques, la cruauté de la démocratie athénienne, ont depuis long-temps cessé de troubler le monde; mais les maximes de la vertu grecque, les œuvres du génie grec, continueront toujours d'élever l'âme de l'homme. La turbulence, l'insécurité, les convulsions qu'a occasionnées jusqu'ici l'extension des connaissances aux basses classes, seront un jour oubliées; les améliorations introduites dans l'organisation de la société, la vigueur nouvelle qu'elle a communiquée, compenseront en définitive tous les maux qu'elle a produits [1].

III. Mais c'eût été en vain que l'influence de la religion eût brisé les liens de l'esclavage, et que la propagation des connaissances eût accru la capacité des hommes libres, si aucun changement n'était survenu dans les *armes*, par lesquelles les différentes classes de la société se combattent. Pendant que l'aristocratie du pays était continuellement dressée aux combats, et les chevaliers sans cesse occupés de dévastations, les paisibles habitants des villes, les grossiers cultivateurs de la campagne, étaient incapables de résister à leurs attaques. A l'exception des bergers des Alpes, dont les rudes habitudes donnaient de bonne heure à leur infanterie la fermeté et la discipline de vieux soldats, les recrues inexpéri-

[1] Hume, vi. 100. Mign., *Révol. Franç.* i. 32.

mentées du peuple étaient partout écrasées par les troupes bardées de fer de la noblesse féodale. Les insurrections des communes en France, des paysans du temps de Richard II en Angleterre, des citoyens de Gand et de Liège en Flandre, et des serfs en Allemagne, furent toutes réprimées par la supériorité des armes et de la discipline de la chevalerie. Mais la découverte de la poudre détruisit cette suprématie décisive; l'armée féodale, impénétrable aux lances ou aux hallebardes des paysans, céda à la terrible puissance de l'artillerie; l'armure défensive fut abandonnée, quand on sentit son insuffisance contre ces invisibles assaillants; la prééminence de l'aristocratie fut anéantie, quand on eut reconnu qu'elle était inhabile à combattre les troupes disciplinées que l'industrie laborieuse pouvait mettre en campagne. La richesse des Flandres lutta en vain contre les lances de la France dans la plaine de Resebecque; mais les armées de Charles V furent vaincues par l'artillerie des Provinces-Unies. Les barons de Richard dispersèrent aisément le ramas de campagnards qui suivait le drapeau de Wat Tyler; mais la mousqueterie de l'infanterie anglaise renversa les escadrons de la noblesse normande à Marston-Moor. Les armes à feu sont les plus grands de tous les niveleurs; comme la main de la mort, elles abattent également les rangs des pauvres et la suite des princes. La richesse devint bientôt essentielle pour faire la guerre, par suite des matières dispendieuses que celle-ci exigeait; l'industrie indispensable, par suite de la rapide consommation des instruments de mort qu'entraînait la continuation de la lutte. Cet important changement fit surgir de nouveaux éléments qui modifièrent complètement les situations respectives des parties belligérantes : l'industrie cessa d'être sans défense, parce qu'elle put acheter les moyens de se protéger elle-même; la violence perdit son ascendant, parce qu'elle vit, pour ainsi dire, briser entre ses mains les armes à l'aide desquelles elle le conservait [1].

IV. L'introduction des besoins artificiels, et les progrès du luxe achevèrent la destruction de la puissance féodale. Lorsque les commodités et les élégances de la vie étaient comparativement inconnues, et que les barons vivaient sur leurs domaines dans une magnificence champêtre, la distribution de leurs richesses retenait autour de leurs châteaux une foule de vassaux, toujours prêts à défendre l'autorité dont ils tiraient leur subsistance; mais peu à peu les progrès de l'opulence amenèrent la noblesse à la capitale; l'accroissement du luxe augmenta sa dépense, et de ce moment son ascendant fut perdu. Lorsque le propriétaire dissipa sa fortune pour satisfaire des

---

[1] Planta, *Hist. de Suisse*. 1. 279. Sism., *France*, x. 533, 543. Hume, III. 10. Bar., 1. 296. Hall. II. 131.

désirs artificiels, et qu'il ne visita guère le manoir de ses ancêtres que pour exercer des extorsions sur ses fermiers, ses moyens de soutenir la guerre se trouvèrent épuisés, et son autorité sur ses vassaux anéantie. L'intérêt cessa d'être un lien d'union, quand il n'exista plus de réciprocité de services; l'affection s'effaça graduellement par l'absence des objets auxquels elle devait être accordée. La puissance de la noblesse féodale fut longtemps un objet de crainte, par le souvenir de la terreur qu'elle avait inspirée autrefois. L'importance de ce changement, comme celui de tous les autres introduits par la nature, ne fut aperçue que quand ses effets se furent manifestés. L'aristocratie de France était encore l'objet d'une vieille terreur, que déjà elle était à deux doigts de sa ruine, et le peuple doutait encore qu'il pût résister à son pouvoir, que déjà ce pouvoir disparaissait devant la violence de ses ennemis [1].

Depuis la renaissance des lettres, au commencement du seizième siècle, et la première lueur de la réforme, ces causes n'avaient pas cessé d'agir en silence, et le temps, le plus grand de tous les novateurs, changeait insensiblement la face du monde moral. L'opiniâtre valeur de la religion réformée avait émancipé un peuple industrieux du joug de l'Espagne, et le sombre fanatisme des puritains anglais avait renversé la puis-

[1] Smith, de la Richesse des nations t. 348.

sance de la noblesse normande. L'extension des connaissances avait ébranlé les fondements du pouvoir arbitraire, et l'opinion publique, même dans les pays les moins éclairés, modérait la force du despotisme. Les états de l'Europe les plus mal gouvernés étaient des monarchies constitutionnelles comparativement aux dynasties de l'Orient; et l'oppression même de la sévérité russe était peu de chose, si on la mettait en parallèle avec la cruauté des empereurs romains. Mais ce ne fut qu'au commencement de la révolution française qu'on s'aperçut de l'étendue des changements qui s'étaient opérés, et l'on ne sentit bien la faiblesse des armes du despotisme que quand elles se trouvèrent en conflit avec les efforts de la liberté. Les armées permanentes avaient été considérées comme la découverte la plus fatale des souverains, et on en avait appelé à l'histoire des temps anciens pour faire ressortir leur tendance à établir une autorité despotique; mais les changements amenés par le temps arrachèrent des mains de la tyrannie cet instrument redoutable, et dans la convulsion, qui eut bientôt lieu, il détruisit le pouvoir même qui l'avait créé. La sagacité des monarques français avait dressé ces formidables régiments pour servir de contre-poids au pouvoir de l'aristocratie, et ils avaient ainsi rendu la couronne indépendante du contrôle des barons; mais une sagesse supérieure à celle de Richelieu se préparait à faire de leur discipline un moyen d'opérer un changement total dans la société. En vain l'infortuné Louis XVI concentra ses armées dans la capitale et en appela à leurs sentiments chevaleresques contre la violence du peuple, l'esprit de la démocratie avait pénétré jusque dans les rangs des vieux soldats, et la révolte des Gardes annonça la chute de la monarchie française [1].

C'est cette circonstance qui a produit une si grande différence entre les progrès de la puissance populaire dans l'antiquité et dans les temps modernes. La tyrannie a partout prévalu, en armant une portion du peuple contre l'autre; et jusqu'ici elle avait mis sa principale confiance dans les troupes, dont les intérêts sont identifiés avec son existence. Mais le progrès des lumières a détruit la sécurité du despotisme, en divisant les affections des armées dont il dépendait; et les souverains des monarchies militaires de l'Europe ont maintenant plus à craindre des troupes qu'ils ont formées pour être les instruments de leur volonté, que des citoyens qu'ils regardaient comme les objets naturels de leur appréhension. La translation de l'épée de la noblesse au trône, qui fut si long-temps pour les amis de la liberté

---

[1] Robertson, *Charles* I . Commes, I 384. Lacret., *Hist. de France*, V 52. Mignet, 14.

un objet de regret, est ainsi devenu un progrès important dans l'émancipation du genre humain. La guerre, au milieu de toutes ses horreurs, a contribué à propager l'instruction et à dissiper les préjugés, et le pouvoir a cessé d'être inattaquable, parce qu'il a été transféré d'un corps dont les intérêts sont permanents, à un autre dont les affections changent avec l'état de la société.

L'histoire antérieure du monde est principalement remplie des luttes de la liberté contre l'esclavage; des efforts de l'industrie laborieuse pour s'émanciper du joug de la puissance aristocratique. Nos sympathies sont toutes pour les opprimés; toutes nos craintes, c'est que la servitude primitive de l'espèce ne soit rétablie; mais avec l'explosion de la révolution française, une nouvelle série de périls s'est développée, et l'historien se trouve embarrassé en contemplant les terribles conséquences de l'oppression démocratique. Les causes que nous venons de mentionner, ont enfin donné au parti populaire une puissance si extraordinaire et si irrésistible, que le danger vient maintenant d'un autre côté, et la tyrannie qu'on a à redouter, est non pas celle du petit nombre sur la masse, mais bien de celle-ci sur le petit nombre; le danger qui préoccupe l'homme d'état clairvoyant, c'est que l'influence des lumières, de la vertu et du mérite, ne soit méconnue ou écrasée dans la véhémence de l'ambition populaire, ou dans la turbulence de la puissance démocratique. Ce mal est d'une nature beaucoup plus terrible que la sévérité de la tyrannie royale ou aristocratique : dans bien peu de temps, quand il sera complètement développé, il détruira tout l'édifice social, étouffera les éléments même de la liberté, en anéantissant les classes dont le mélange est essentiel à son existence ; c'est sur cet impétueux torrent que le monde civilisé est maintenant entraîné ; et la philosophie doit mettre tous ses efforts à bien observer son cours, et à modérer ses ravages. Heureux l'historien, s'il peut trouver dans les annales des anciennes calamités, quelque chose pour justifier des espérances d'avenir, ou dans les erreurs du passé, des leçons de sagesse pour lutter contre de nouvelles erreurs.

C'est lentement, et par des progrès imperceptibles, que s'accomplissent tous les grands changements de la nature. La végétation, qui commence par le lichen, s'élève jusqu'aux richesses et au luxe de la forêt ; les continents, siège des empires, sont formés par le dépôt d'innombrables alluvions ; la vie animale, de l'inerte vitalité des mollusques, s'élève jusqu'à l'énergie et à la puissance de l'homme ; c'est par des degrés semblables et des mouvements aussi lents que se forme le grand édifice social ; la liberté régulière, la principale source de perfectionnement, est du développement le plus tardif; des siècles s'écoulent avant qu'elle acquière une consistance ferme; des nations disparaissent pendant la lutte qui se livre pour obtenir son établissement. L'observation constante de cette grande vérité, doit à la fois soutenir l'espérance et commander la modération : l'espérance, en montrant, comment le monde n'a cessé de progresser à travers toutes les révolutions; la modération, en nous apprenant combien sont vaines et dangereuses toutes les tentatives faites pour accélérer la marche de la nature, ou pour imposer à un siècle les institutions et les habitudes d'un autre. Les annales de la révolution française, plus qu'aucun autre évènement, sont propres à démontrer ces importantes vérités; elles ne peuvent manquer, en mettant dans un jour également frappant, et l'irrésistible marche de la liberté, et les terribles conséquences des innovations prématurées, d'inspirer la modération aux gouvernants, et la prudence aux agitateurs du genre humain, et de préserver ainsi les progrès futurs de la liberté, de ces sanglants triomphes qui ont souillé son histoire passée.

HISTOIRE
DE L'EUROPE
PENDANT LA RÉVOLUTION FRANÇAISE.

CHAPITRE PREMIER.

PROGRÈS COMPARATIFS DE LA LIBERTÉ EN FRANCE ET EN ANGLETERRE.

ARGUMENT.

Parallèle des Révolutions de France et d'Angleterre. Celle-ci procède avec plus de modération et d'humanité. — Elle naît de l'étendue de la liberté que possédaient autrefois les Anglais. — Effets de la conquête des Anglo-Saxons et des Danois sur le caractère du peuple. — Grands résultats de la conquête des Normands. — Elle produisit la classe de la Yeomanry (bourgeoisie), et causa les premières luttes qui s'engagèrent dans l'île pour la liberté. — Pouvoir de la couronne sous les princes normands. — Situation insulaire. — Institutions anglo-saxonnes. — Decadence de la liberté féodale. — Elle est ranimée par l'esprit de la liberté religieuse et de la reforme. — Cruauté des guerres de l'Irlande et de l'Ecosse, ainsi que des guerres des deux Roses. — Cause de la moderation et de la clémence de la grande rébellion. — Ancienne situation de la nation française. — Les champs de mai. — État déplorable des anciens Gaulois. — Leur courage relevé pour la première fois par les guerres civiles des nobles. — Origine des communes. — Grands vassaux de la couronne. — Leurs privilèges souverains. — Fatal effet de l'absence d'une bourgeoisie. — Conséquence des guerres avec l'Angleterre. — Insurrection de la jacquerie. — L'esprit de la liberté étouffé par le pouvoir militaire de la couronne. — Séjour de la noblesse à Paris, et pouvoir des grands feudataires. — Effet des armées permanentes, et de l'esprit et des exploits militaires du pays. — Privilèges exclusifs de la noblesse. — Faibles progrès de la réforme. — La puissance de la pensée et l'esprit de liberté sauvés par l'influence de la littérature et de la philosophie. — Causes du caractère sauvage de la révolution française. — Effets bienfaisants des temps de souffrances sur le caractère national, démontrés par l'histoire de France et d'Angleterre.

L'histoire ne nous offre point d'évènements entre lesquels on établisse plus fréquemment un parallèle, que la grande rébellion d'Angleterre et la révolution française. Il n'y en a pas qui, avec quelques points de ressemblance frappants, soient en réalité plus différents l'un de l'autre.

Dans toutes deux, la couronne soutenait contre le peuple une lutte qui se termina d'une manière fatale pour la famille royale. Dans toutes deux, le monarque régnant périt sur l'échafaud, et l'autorité législative fut renversée par la force militaire. Dans toutes deux, le chef de l'armée monta sur le trône, et une courte période de despotisme militaire fut suivie de la restauration des monarques légitimes; jusque-là, le parallèle est exact; pour tout le reste il y a plutôt opposition.

En Angleterre la lutte se prolongea pendant plusieurs années et avec des succès variés, entre la couronne et une grande portion de la noblesse d'un côté, et les villes et le parti populaire de l'autre. La seule troupe de dragons, commandée par lord Bernard Stuart, renfermait un plus grand nombre de propriétaires fonciers, que tout le parti républicain dans les deux chambres du parlement, qui votaient au commencement de la guerre. En France, le monarque céda presque sans résistance, aux empiètements du peuple, et le seul sang qui fut versé dans la guerre civile, le fut par l'enthousiasme des paysans de la Vendée, ou la loyauté des villes du midi de la France, après que les chefs du parti royal se furent retirés de la lutte. Les grands propriétaires et les classes privilégiées, au nombre de 70,000, abandonnèrent le pays, et le trône finit par être renversé, et le monarque conduit à l'échafaud par une faction du pays, qu'un petit nombre d'hommes résolus aurait facilement domptée, et qui ne devint enfin irrésistible, que parce qu'on lui permit d'exciter, par des mesures révolutionnaires, la cupidité des basses classes sur toute la surface du pays [1].

En Angleterre, la modération déployée par les deux partis dans l'usage de la victoire, et le peu de sang versé sur l'échafaud, furent un effet de la résistance opposée aux empiétements du peuple par la couronne, la noblesse et les hautes classes des grands propriétaires. A l'exception du monarque et de quelques chefs du parti aristocratique, personne ne périt, durant la grande rébellion, par la main de l'exécuteur ; il n'y eut ni proscriptions, ni massacres ; les vainqueurs et les vaincus, après la fin de la bataille, vécurent paisiblement ensemble sous le gouvernement républicain. En France, le gouvernement n'opposa aucune résistance au parti populaire ; le souverain avait des inclinations plus pacifiques qu'aucun de ses sujets, et éprouvait une crainte superstitieuse pour l'effusion du sang ; les démocrates triomphèrent, sans perdre un seul homme, du trône, de

[1] Lacret., *Pr. Hist.* t. 246. Id., *Hist. de Fr.*, ix. 230. Hume, vi. 505.

l'église et des grands propriétaires ; et cependant leurs succès, dès le principe, furent souillés par des actes de cruauté dont l'histoire antérieure du monde n'offre pas d'exemple [1].

Dans la révolution anglaise, la religion fut le grand instrument qu'on employa pour remuer les masses : dès le règne de Jacques Ier, les puritains étaient la seule secte qui eût un zèle ardent pour la liberté ; et dans tous les troubles qui suivirent, les discordes civiles entre les parties contendantes furent regardées comme tout-à-fait subordonnées à leurs différends religieux, non-seulement par les acteurs mêmes du drame, mais encore par les historiens qui en racontèrent la marche. La chaire fut le principal levier dont se servaient les chefs populaires, et le vénérable édifice de la monarchie anglaise, auquel une si nombreuse portion des classes influentes avait toujours été fortement attachée, finit par céder à la force de la fureur fanatique. En France, ce fut le parti monarchique seul qui se servit de la religion : les paysans de la Vendée étaient conduits au combat par leurs pasteurs, et se croyaient sûrs du salut en mourant pour la croix ; tandis que les jacobins de Paris fondaient leur influence sur le ridicule de toute espèce de dévotion, et érigeaient l'autel de la Raison sur les ruines de la foi chrétienne, et ce fanatisme religieux ne se bornait pas

---

[1] Lacret., vi. 132. Hume, vii. 78. Lingard, xi. 8. Toulong., i. 45. Th., i. 50.

aux citoyens de la capitale, il régnait dans toutes les provinces de France qui avaient embrassé les principes républicains, et parmi toutes les classes d'habitants qui étaient attachés à la fortune du parti. Partout les églises furent fermées pendant le règne de la terreur, les ministres de la religion dépossédés et leurs droits anéantis; et les premières mesures pour rétablir un gouvernement régulier, furent la restauration des temples que le tourbillon de l'anarchie avait détruits, et celle de la foi que sa fureur avait étouffée [1].

La guerre civile en Angleterre fut une lutte entre une portion de la communauté et l'autre; mais une grande partie des adhérents du parti républicain appartenaient aux classes supérieures, et les fils de la bourgeoisie remplissaient les rangs de l'armée de Cromwell. On ne vit là, ni massacres, ni proscriptions; pas un seul château ne fut brûlé par la populace, pas un seul des traits odieux d'une guerre civile ne vint affliger les regards; malgré les dangers que l'on courut et les souffrances qu'on eut à endurer de part et d'autre, la modération du parti vainqueur fut telle, qu'elle obtint les éloges mêmes de l'historien royal; et à l'exception de la mort du roi, de Strafford et de Laud, peu d'actes, d'une cruauté inutile souillèrent le triomphe des armes républicaines. En France, la prise de la Bas-

---

[1] Larochejaquelein, 47. Scott, *Vie de Napoléon*, II. 241. Mém. de Carnot, 200. *Rev. Mém.* vol. xxxvii. Lacret., *Pr. Hist.* I. 467.

tille fut le signal du renversement de toute autorité, et d'une invasion universelle de la propriété privée; sur presque tous les domaines, depuis la Manche jusqu'aux Pyrénées, les paysans se soulevèrent contre leurs propriétaires, incendièrent leurs maisons et pillèrent leurs effets; et les hautes classes furent partout, excepté dans la Vendée et les districts royalistes du voisinage, soumises aux plus révoltantes cruautés. La révolution française ne fut pas une lutte entre ceux des pauvres et des riches qui soutenaient des principes républicains, et ceux qui épousaient la cause de la monarchie, mais une insurrection générale des basses classes contre les hautes. Pour mettre la vie d'un homme en danger, exposer ses biens à la confiscation et sa famille à l'exil, il suffisait qu'il fût, d'une façon quelconque élevé au-dessus de la populace; les dons de la nature, l'éclat du génie, la puissance de la pensée, les grâces de la beauté, étaient aussi funestes à ceux qui les possédaient que les avantages de la fortune ou les odieuses distinctions du rang. Liberté et égalité, tel était le cri universel des révolutionnaires; leur liberté consistait dans la spoliation générale des classes opulentes; leur égalité, dans la destruction de tous ceux qui les surpassaient en talent, ou en instruction [1].

La révolution anglaise se termina par l'établisse-

[1] Hume, IV. 127, et VII. 76. Ling., XI. 8. Clarendon, VI 851. Rivarol, 95, 96.

ment des droits pour lesquels le parti populaire avait combattu, mais les principaux traits de la constitution restèrent intacts ; la justice fut administrée d'après les anciens précédents, même pendant l'usurpation de Cromwell, et la masse du peuple sentit à peine l'important changement qu'avait subi le gouvernement du pays. En France, le triomphe du parti populaire fut suivi d'un changement immédiat dans les institutions, les droits privés et les lois ; en une seule nuit, la noblesse renonça à tous les privilèges qu'elle tenait de ses ancêtres ; la transmission de la propriété subit une révolution complète par l'abolition du droit d'aînesse, et l'administration de la justice entre l'homme et l'homme, fut fondée sur un nouveau code destiné à survivre au périssable empire de son auteur. Tout en Angleterre resta le même après la révolution, à l'exception des privilèges qui furent confirmés au peuple, et des prétentions qui furent abandonnées par la couronne. Tout en France fut changé, sans en excepter même la dynastie, qui plus tard recouvra momentanément le trône [1].

Les grands domaines de l'Angleterre furent peu affectés par la révolution ; les nobles, les propriétaires du sol, et la bourgeoisie, conservèrent également leurs biens, et l'influence de la propriété se maintint dans toute son intégrité sous une nouvelle forme de gouvernement ; à l'exception des terres

[1] Lang., xi. 6. Rivarol, 139.

appartenant aux dignitaires de l'église, qui furent mises momentanément sous le séquestre, et des domaines de quelques cavaliers qui s'étaient rendus trop odieux, et qui les perdirent en abandonnant le pays, il ne s'opéra pas de changement important dans la propriété; et après la restauration, il y eut presque partout un compromis, et les anciens propriétaires, moyennant une compensation modérée, recouvrèrent leurs biens. En France, au contraire, toute la propriété immobilière de l'église, et la plus grande partie de celle de la noblesse, furent confisquées pendant la révolution, et l'influence des nouveaux propriétaires fut telle, que les Bourbons furent forcés, comme condition essentielle de leur rétablissement, de garantir la sécurité des biens acquis pendant la révolution; les effets de cette différence ont été de la plus haute importance. Tous les propriétaires, qui, en Angleterre et en Irlande vivent en ce moment des fruits du sol, malgré le prodigieux accroissement de richesse qui a eu lieu depuis, ne montent probablement pas à 500,000, tandis que plus de 3,000,000 de chefs de famille, et plus de 15,000,000 d'individus, subsistent des gages qu'ils reçoivent. En France, au contraire, il y a près de 4,000,000 de propriétaires, la plupart dans un état d'indigence réelle, et plus de 14,000,000 d'individus, indépendants des gages qu'ils reçoivent, formant un plus grand nombre que tout le reste de la communauté. En France, les propriétaires sont aussi nombreux que les autres membres de l'état; en Angleterre, ils forment à peine le dixième de la population [1].

Depuis la restauration, l'influence politique de l'Angleterre a principalement reposé dans les grandes familles. La majorité de la chambre des communes fut long-temps nommée par un certain nombre de membres de la chambre des lords, et l'expérience a prouvé que, excepté dans des moments d'effervescence extraordinaire, le pouvoir dirigeant dans l'état se trouvait entre les mains des grands propriétaires. En France, la chambre des pairs n'a qu'une bien faible influence comparative ; la plupart de ses membres tirent leur subsistance de la munificence de la couronne, et la chambre entière n'exerce ni directement, ni indirectement une grande influence dans l'état. La lutte léguée par la révolution aux âges suivants, est ainsi devenue bien différente dans les deux pays; dans la Grande-Bretagne, comme dans l'ancienne Rome, elle existe entre les patriciens et les plébéiens; en France, comme dans les monarchies de l'Orient, entre la couronne et le peuple. C'est la conséquence naturelle du maintien de l'aristocratie dans un des deux pays, et de son renversement dans l'autre; l'influence politique se concentre toujours là où se trouve la plus grande partie de la propriété nationale.

[1] Baron de Stael, 84. Ling., XXI. 20, 21. Mignet., II. 403. Colquhoun, 106, 107. Ganihl, 166, 208. *Mém. du Duc de Gaëte*, II. 334.

La puissance militaire et navale de l'Angleterre ne fut pas grandement altérée par la révolution; une discipline plus sévère fut bien établie dans l'armée, un ton plus décidé adopté par le gouvernement dans ses rapports avec les autres états; mais les relations extérieures de la monarchie restèrent les mêmes; aucune conquête ne fut tentée, aucun changement ne fut fait dans l'équilibre européen. Peu d'années après la restauration, les Anglais soutinrent avec quelque peine une guerre maritime avec le plus petit état de l'Europe, et la reine des mers fut forcée de subir des humiliations de la part des flottes d'une insignifiante république. En France, au contraire, la première explosion de la fureur populaire fut immédiatement suivie d'une ardente et universelle passion pour les armes; les états voisins cédèrent bientôt à l'énergie des forces révolutionnaires, et l'Europe fut ébranlée dans ses fondements par les conquêtes qu'elles firent. Elles renversèrent bien vite et pour long-temps l'équilibre des puissances européennes, d'abord par l'influence prédominante qu'elles donnèrent aux armes de la France, et enfin par l'ascendant qu'acquirent les puissances qui les subjuguèrent.

D'aussi grandes différences, des conséquences aussi diverses, ne peuvent s'expliquer par l'opposition du caractère national, ou des circonstances au milieu desquelles la liberté s'établit dans les deux pays. Il y a certainement une différence tranchée entre le caractère des Français et celui des Anglais; mais non pas une différence telle qu'elle explique pourquoi l'une des révolutions ne versa le sang que sur les champs de bataille, pourquoi l'autre fut sanguinaire chez tous excepté le souverain; pourquoi l'une détruisit le pouvoir féodal, tandis que l'autre affermit l'ascendant de l'aristocratie; pourquoi l'une fut subversive de tout ordre et de toute religion, tandis que l'autre s'appuya sur ces deux grands mobiles. Il y a une différence dans la situation des deux pays au moment où leurs révolutions éclatèrent; mais non pas telle que la lutte dût nécessairement produire dans l'un une nouvelle distribution de la richesse et un autre équilibre dans les pouvoirs, et dans l'autre le maintien des anciens intérêts et de l'équilibre de l'Europe.

L'insurrection des esclaves est la plus terrible de toutes les commotions; les nègres des Indes occidentales exterminent leurs maîtres sans pitié et mettent tout à feu et à sang : toujours la force de la réaction est proportionnée à l'oppression du joug sous lequel on gémissait : la crainte est la véritable source de la cruauté; les hommes en massacrent d'autres, parce qu'ils craignent la mort pour eux-mêmes; la propriété est anéantie là où les agresseurs n'ont rien à perdre; elle est respectée quand le parti vainqueur a grandi sous l'influence de l'attachement qu'elle inspire. Les révolutions sont comparativement exemptes de sang, quand les classes influentes dirigent les mouvements du peuple, et s'abstiennent soigneusement d'exciter ses passions ; elles deviennent les plus terribles de toutes les luttes, quand la propriété est d'un côté, et les masses de prolétaires de l'autre. Les esclaves de Saint-Domingue dépassèrent les excès de la populace parisienne ; la révolution américaine s'écarta à peine des usages de la guerre chez un peuple civilisé. Ces principes sont universellement reconnus; la difficulté consiste à découvrir quelles causes ont fait agir les uns dans la révolution anglaise, les autres, dans la révolution française.

Il faut chercher ces causes dans l'histoire antérieure des deux pays; et un rapide examen des différentes phases par lesquelles ils ont passé, sera le meilleur moyen de montrer le caractère opposé que ces phases ont dû imprimer aux deux luttes.

La vaste étendue de l'empire romain donna des siècles de repos aux habitants des provinces centrales. Les guerres ne se faisaient que sur les frontières, et les légions, qui se recrutaient principalement de bandes de mercenaires tirées des états demi-barbares placés aux extrémités de l'empire, avaient donné à la république l'empire du monde. Les empereurs, s'écartant des généreuses maximes du gouvernement républicain, accablaient les provinces soumises des exactions les plus arbitraires, et permettaient rarement à leurs habitants de remplir aucune fonction dans l'état, ou de prendre une part un peu importante au maniement du pouvoir. L'ignorance qui régnait partout était presque aussi profonde que du temps d'Alfred, où l'on ne trouvait pas au sud de la Tamise un ecclésiastique sachant lire. La longue durée de cet état de choses étouffa peu à peu tout esprit public, et les habitants devinrent tout-à-fait incapables de défendre leur vie contre les ennemis de leur pays, ou leur liberté contre les despotes qui occupaient le trône. La pusillanimité avec laquelle ils se soumirent pendant une suite de générations à la spoliation de barbares ennemis, et aux exactions de tyrans sanguinaires, paraîtrait incroyable, si non-seulement elle n'était attestée par le témoignage unanime de tous les historiens, mais si encore l'expérience ne prouvait qu'elle est le résultat constant d'un long état de pacifiques jouissances [1].

La Bretagne et les Gaules, à l'époque du renversement de l'empire romain, étaient également tombées dans cet état de dégradation politique. Le pays au sud du mur de Sévère, lorsqu'on retirait les légions romaines, était promptement ravagé par les sauvages sortis des retraites de la Calédonie, et les chefs bretons se contentaient de chanter dans des accords pathétiques leur impuissance à combattre un ennemi inculte et méprisable. Malgré les grands talents militaires d'Aétius, les Gaules furent bien-

[1] Gibbon, III. 66, 67. Turner, *Anglo-Saxons*, I. 184, 188, et II. 6, 8. Sism., *France*, I. 74. 77. Hume, I. 24.

tôt envahies par leurs barbares voisins, et une faible tribu, sortie du centre de la Germanie, devint la maîtresse permanente des belles plaines de la France. Les Anglo-Saxons soumirent peu à peu les indolents Bretons, et donnèrent leur nom à la future reine des mers [1].

Comme nous l'avons déjà observé, ces conquêtes furent à la fois suivies, dans les deux pays, d'un complet et violent changement de la propriété territoriale, et de la réduction au rang d'esclaves sur les domaines de leurs ancêtres, d'une portion considérable des vaincus ; cette dernière et profonde humiliation, résultat d'une longue suite d'oppressions politiques et militaires, compléta l'apathie et l'abattement de la grande masse du peuple, et elle aurait, comme dans les monarchies de l'Orient, éteint enfin tout désir d'indépendance, si des calamités n'étaient survenues pour leur rendre la vigueur, et si le genre humain n'avait pas regagné à l'école de l'adversité, l'énergie qu'il avait perdue dans des siècles de prospérité [2].

Les longues et opiniâtres luttes que les Anglo-Saxons eurent à soutenir, d'abord contre les indigènes, puis les uns contre les autres, furent les premières causes qui réveillèrent l'énergie du peuple, dans les îles Britanniques : elles n'étaient point le résultat passager de l'ambition ou des querelles des

---

[1] Sism., *Hist. des Franç*. t. 201 Hume, 1. 26, 29.
[2] Thierry, ii. 27. Turner, *Anglo-Saxons*, i. 37. Hume, t. 67.

rois, soutenues par des armées régulières, mais la guerre acharnée d'une race d'hommes contre l'autre, combattant pour tout ce qui nous est le plus cher, pour leur vie, leur religion, leur langage et leurs biens. Pendant un espace de cinq longs siècles, les campagnes de l'Angleterre furent incessamment arrosées de sang; tous les comtés devinrent tour à tour le théâtre d'une guerre impitoyable, et toutes les tribus furent successivement poussées par le désespoir à tenter une vigoureuse résistance, jusqu'à ce qu'enfin le caractère efféminé des indigènes fût complètement changé, tandis que la même cause empêchait leurs vainqueurs de tomber dans la corruption, qui en général suit rapidement le succès dans des temps barbares. Les petites divisions des royaumes saxons, en produisant de continuelles guerres domestiques, et en imposant la nécessité du courage à chaque habitant, contribuèrent ainsi grandement à former le caractère national. Milton a dit, que les guerres de l'heptarchie ne méritaient pas plus d'être racontées par l'histoire, que les combats des corbeaux et des chats; il eût été plus près de la vérité s'il eût dit qu'elles avaient posé la première base du caractère anglais [1].

En ceci, comme en beaucoup d'autres choses, la situation insulaire de la Bretagne contribua éminemment à la formation du caractère national. Les

[1] Hume, t. 42. 97. Sism., *France*, t. 400, 401.

autres provinces de l'empire romain étaient envahies tout d'un coup, parce qu'une vaste et irrésistible horde se précipitait soudainement sur elles, et qu'elles n'avaient aucun moyen de les repousser. L'établissement des Francs dans les Gaules, des Wisigoths en Espagne, des Vandales en Afrique, et des Goths, puis des Lombards en Italie, s'accomplit dans le cours d'une seule génération. Mais les rivages de l'Angleterre ne pouvaient être assaillis ainsi par une soudaine et irrésistible irruption d'ennemis. Les myriades d'hommes du Nord, échappés des bords de la Baltique, arrivaient, peu à peu, par escadrons et petites flottes, dont aucune ne paraît avoir compté plus de 6,000 ou 8,000 hommes, la plupart seulement 1,000 ou 1,500. En voyant l'ennemi apparaître en si petit nombre, le peuple était encouragé à résister; et quoique de nouveaux envahisseurs se montrassent sans cesse, ils attaquaient généralement des districts différents, dans l'espoir de découvrir des pays que leurs prédécesseurs n'eussent pas encore pillés et ou ils pussent faire un riche butin. Le courage de la nation fut ainsi provoqué, et par la variété des points attaqués et par la perspective d'une heureuse résistance contre des ennemis peu nombreux; et l'inohdation septentrionale, au lieu d'être un torrent, qui accabla tout d'un coup le peuple vaincu, et étouffa son énergie pour des siècles, produisit plutôt une lutte perpétuelle, dans le cours de laquelle il recouvra les vertus guerrières qui s'étaient perdues au milieu de la tranquillité de l'empire romain [1].

Les fréquentes incursions des Danois eurent pour effet de perpétuer chez les Anglais cet esprit national, après que l'union du pays en une seule monarchie eut pu l'éteindre ; et en forçant le gouvernement, pendant plusieurs générations, à mettre les armes aux mains de la grande masse du peuple, soit des Saxons, soit des Bretons, elles répandirent un esprit d'indépendance dans toute la population. Pour résister à des envahisseurs impitoyables, toutes les forces du royaume étaient dressées à l'usage des armes, et les commandants de chaque comté appelaient à leur aide tous les hommes de leur dépendance, capables de porter une hallebarde. Une ordonnance d'Alfred établit une milice régulière dans tout le royaume, et il fut prescrit que le peuple entier serait enrôlé et armé. Ce grand roi ne livra pas moins de cinquante-six batailles en personne contre les envahisseurs, et établit en même temps les principales bases de la constitution anglaise, en instituant les cours de justice, le jugement par jury, et les réunions régulières du parlement [2].

Le résultat naturel de ces circonstances, fut la formation d'un caractère hardi et indépendant, non seulement parmi les propriétaires du sol, mais en-

---

[1] Mackintosh, England, i. 30.
[2] Hume, i. 95, 98, 102, 103, 107.

core parmi les paysans, dont ils réclamaient chaque jour l'appui pour se défendre contre un ennemi infatigable. Aussi dès les premiers temps, les francs tenanciers jouèrent-ils un rôle imposant parmi les Anglo-Saxons; ils étaient considérés plutôt comme les compagnons que comme les serviteurs de leurs chefs. De même que les *comites*, chez les anciens Germains, ils faisaient la splendeur des cours de leurs chefs pendant la paix, et ils étaient leur force et leur appui à la guerre. L'infanterie, dans les rangs de laquelle chefs et soldats combattaient ensemble, était, même avant la conquête, la principale force des armées anglaises, tandis que la cavalerie, où l'on ne voyait que les nobles, faisait l'orgueil des forces du Continent; et cette différence était si importante, qu'elle s'est conservée jusqu'à ce jour dans le langage de ces divers états. Dans tous les états du Continent, le mot *chevalier* signifie cavalier, comme l'indique l'étymologie même, tandis qu'en Angleterre le mot correspondant *knight*, n'a aucun rapport à une différence dans la manière de combattre, mais vient du mot allemand *cnycht*, jeune homme ou compagnon [1].

Mais malgré les énergiques principes de liberté que les Saxons apportèrent du fond de leurs forêts en Germanie, les causes qui lui avaient été fatales dans tant d'autres pays, agissaient ici dans toute leur force, et elles auraient détruit toute liberté en

[1] Thierry, I. 182. II. 180. Tacit., *Mor. Germ.* c. 13, 14.

Angleterre, sans un événement que l'on considère ordinairement comme le plus malheureux de notre histoire. Les Saxons importèrent du Continent la distinction ordinaire entre les hommes libres et les esclaves, et le nombre de ces derniers avait augmenté à un degré effrayant durant les longues guerres de l'heptarchie, dans lesquelles presque tous les prisonniers étaient réduits en servitude. A l'époque de la conquête, la plus grande partie du pays était donc cultivée par des esclaves, qui constituaient la classe de beaucoup la plus nombreuse de la communauté. Ces esclaves, avec le temps, auraient formé toutes les basses classes de l'état; et les descendants des hommes libres se seraient peu à peu fondus en un ordre aristocratique. C'est toujours dans les basses classes; que l'accroissement de la population est le plus rapide, parce que c'est chez elles que le principe de la population est le moins restreint par des considérations de prudence; les hautes classes, loin de multiplier, seraient incapables de conserver leur nombre, si elles ne recevaient des additions d'en bas. C'est là le principe fondamental qui toujours a rendu si difficile le maintien de la liberté pendant un temps un peu long. Les descendants du pauvre augmentent continuellement, pendant que ceux des classes moyennes ou supérieures diminuent toujours; la classe la plus humble ayant peu d'influence politique, ne compte pour rien dans les premières luttes qui se livrent pour la liberté; les citoyens libres, qui ont acquis des privilèges, refusent de les faire partager à leurs inférieurs; les descendants du peuple dans un siècle, deviennent la classe privilégiée dans le siècle suivant, et l'oppression aristocratique s'établit définitivement sur la base de la liberté primitive [1].

Ce changement avait déjà commencé à se manifester dans cette île; les descendants des Anglo-Saxons étaient déjà devenus une classe distincte de nobles; la malheureuse race des esclaves s'était immensément multipliée; et, malgré ses principes originels de liberté, la constitution anglo-saxonne était devenue extrêmement aristocratique. La société ne renfermait pas de classe moyenne; tous les paysans, dans l'intérêt de leur sûreté, étaient enrôlés sous quelque chef, auquel ils étaient tenus d'obéir, même de préférence au souverain, et les classes industrieuses étaient en si petit nombre, que Yorck, la seconde ville du royaume, ne renfermait que quatorze cents familles. La liberté des Anglo-Saxons se précipitait donc à grands pas vers l'aristocratie; et leurs descendants, comme les hidalgos d'Espagne, ou la noblesse de France, paraissaient devoir se maintenir dans la jouissance exclusive de privilèges ruineux, lorsque la marche des évènements fut changée, et qu'ils se virent forcément mélangés avec leurs inférieurs par une de ces catastrophes

[1] Hume, I. 215, 216. Brady, Préf. 7, 9.

qui semblaient destinées par la Providence à arrêter le cours de la dégradation humaine. Cet événement fut la conquête de l'île par les Normands [1].

Comme ce fut la dernière des grandes invasions qui s'accomplirent en Europe, ce fut aussi la plus violente et la plus oppressive. Les premiers barbares qui s'établirent dans les provinces romaines, ignorant l'usage des richesses, et complètement étrangers au luxe de la vie, s'estimaient fort convenablement partagés, quand ils avaient obtenu une portion des terres des vaincus. Mais les avides aventuriers qui suivaient les drapeaux de Guillaume, avaient contracté des habitudes de dépenses; leurs désirs étaient insatiables, et, pour satisfaire leurs exigences, presque toute la propriété territoriale de l'Angleterre fut confisquée en peu d'années. Il n'y avait pas eu peut-être, depuis la chute de l'empire romain, de conquête qui eût été si violente, ou accompagnée de tant de spoliation, d'outrages et d'insultes. L'ancien propriétaire saxon était souvent réduit au rang de serf sur le domaine paternel, et, condamné aux travaux les plus bas, il nourrissait contre son oppresseur une haine implacable; des jeunes filles du plus haut rang étaient forcées de prendre le voile pour se mettre à l'abri de la violence; les plus cruelles tortures étaient inventées pour arracher aux malheureux habitants des trésors qu'on croyait ca-

---

[1] Hume, 1. 210, 219. Brady, 10.

chés. Lors de la répression de la grande révolte qui éclata dans le nord de l'Angleterre, on eut recours aux mesures les plus barbares. Une contrée de plus de quatre-vingts milles de large au nord de l'Humber fut saccagée et plus de cent mille personnes périrent de famine, tandis que dans le Hampshire, un district de trente milles d'étendue fut dépeuplé, et les habitants expulsés, sans aucune compensation, le roi ayant résolu de faire de ce district une forêt destinée aux plaisirs de la chasse. Et ces actes n'étaient pas des mouvements passagers de vengeance; ils résultaient au contraire de principes fixes d'après lesquels le gouvernement se dirigea pendant des siècles, et dont la nécessité seule força les successeurs du Conquérant de s'écarter. Pendant plusieurs règnes, on regarda comme une règle invariable de n'admettre aucun indigène à des fonctions de quelque importance, soit ecclésiastiques, civiles ou militaires. Sous le règne de Henri Ier, toutes les places de confiance étaient encore entre les mains des Normands ; et jusqu'au commencement du douzième siècle, le même système d'exclusion semble avoir été rigoureusement suivi. Les propriétaires dépossédés cherchaient en vain à recouvrer leurs domaines; une armée de soixante mille cavaliers normands était toujours prête à soutenir les prétentions des barons. Le trône est encore occupé par les descendants du Conquérant, et les plus grandes familles du royaume font remonter leur origine à la bataille d'Hastings [1].

Les antiquaires anglais, alarmés des conséquences qu'on pouvait tirer de cette violente usurpation, se sont efforcés d'en adoucir les traits, et de représenter le Normand comme régnant plutôt par le consentement que par la soumission forcée des habitants saxons. Dans le fait, ce fut la sévérité et le poids continu de cette conquête qui furent la véritable cause du caractère indépendant du peuple anglais. Les principes de liberté jetèrent des racines d'autant plus profondes, qu'il ne leur était pas permis de se montrer à la surface de la société [2].

Les propriétaires saxons, ayant été presque entièrement dépouillés, tombèrent nécessairement dans les rangs inférieurs de la société; une base se trouva ainsi posée pour une classe moyenne, tout-à-fait différente de ce qui existait dans les autres états de l'Europe. Ce ne furent plus les habitants primitifs, les pusillanimes sujets de l'empire romain, qui, à dater de cette époque, composèrent les basses classes de l'état, mais les descendants des Anglo-Saxons et des Danois, à qui la jouissance de plusieurs siècles de liberté et les courageux sentiments résultant d'une longue série de succès avaient donné des habitudes d'indépendance. Une seule défaite ne pouvait effacer le souvenir de cent victoires.

[1] Hume, I. 260, 279, 283, 284, 318. Thierry, II. 24, 27, 96, 97, 286, 303, 304, 388. Guizot, *Hist. Europ.* Chap. II.

[2] Blackstone, I. 27.

Des habitudes, fruit des siècles, survécurent à l'oppression de souverains d'un moment. La puissance des Normands les empêcha de s'élever aux premiers rangs; les esclaves remplissaient déjà les plus bas. Entre les deux, ils formèrent un corps vigoureux et puissant qui ne s'affaiblit point dans les luttes du pouvoir féodal, et ne périt point dans l'obscurité d'une ignoble servitude. C'est de là que la *yeomanry* (bourgeoisie) de l'Angleterre tire son origine.

Si le royaume d'Angleterre n'avait été qu'une annexe d'une monarchie plus étendue, les mécontents de cette classe moyenne auraient été traités avec mépris, ou réprimés par l'inflexible main du pouvoir militaire; et les barons normands, résidant dans leurs chateaux de France, auraient pu tranquillement dédaigner l'impuissante clameur de leurs vassaux anglais. Mais, par suite d'une heureuse combinaison de circonstances, cela devint impossible. Les chefs militaires qui suivirent le Conquérant ne possédaient aucun domaine de l'autre côté de la Manche, où leurs récentes acquisitions excédaient de beaucoup la valeur de leurs possessions continentales. Le royaume d'Angleterre était trop puissant pour être traité comme une annexe d'un duché de Normandie, et la population anglaise trop formidable pour se soumettre au gouvernement oppressif d'une noblesse absente. Le souverain et les nobles firent donc de l'Angleterre leur principale résidence, et la noblesse normande, qui d'abord s'était flattée d'avoir conquis une annexe pour son duché, s'aperçut bientôt, comme les Écossais lors de l'avènement de leur monarque au trône d'Angleterre, qu'ils avaient changé de position avec leurs sujets supposés, et que la province était devenue le pays dominant.

Les conséquences de cette nécessité se manifestèrent bientôt dans les mesures du gouvernement. A l'avènement de chaque roi, à chaque crise d'un danger national, on trouvait qu'il était indispensable de faire quelques sacrifices aux vœux populaires, et d'adoucir un peu la sévérité habituelle de la règle normande, pour s'assurer la fidélité des sujets anglais. Lorsque Henri Ier monta sur le trône, son premier acte fut d'accorder la fameuse charte, qui devint la base des libertés anglaises, afin de s'assurer l'appui de ses sujets insulaires contre les prétentions de son frère Robert; c'est cet acte qui lui donna les moyens de conduire une armée victorieuse en Normandie, et de venger à Tenchebray le massacre et les désastres d'Hastings. Lorsque Étienne saisit le sceptre, il promulgua sur-le-champ une charte confirmative de celle de Henri, par laquelle il promit en outre d'abolir le tribut danois et de rétablir les lois d'Édouard-le-Confesseur. Henri crut devoir ratifier le même acte de la manière la plus solennelle. La pusillanimité et les malheurs de Jean lui arrachèrent la grande charte, qui confirma de nouveau l'ancienne charte de Henri Ier, étendait et expliquait les droits de toutes les classes d'hommes libres, et la grande charte elle-même ne fut pas ratifiée moins de trente-deux fois différentes dans les règnes suivants.

L'effet de ces circonstances sur le caractère et l'objet de luttes que les Anglais soutinrent pour la liberté, a été de la plus haute importance. En recourant perpétuellement au passé, ils contractèrent l'habitude de regarder la liberté non comme une faveur qu'ils voulaient obtenir, mais comme un droit qu'ils avaient à revendiquer; non pas comme un empiétement sur la constitution, mais comme un rétablissement de sa pureté primitive. L'amour de la liberté se trouva ainsi inséparablement mêlé au respect pour l'antiquité; le peuple chercha ses privilèges non pas dans la violation du droit actuel, mais dans la restauration de l'ancien; non dans l'œuvre de la destruction, mais dans celle de la conservation. La passion de la liberté fut ainsi à l'abri de ses plus dangereuses conséquences, séparée qu'elle était du désir de l'innovation. Les progrès de la constitution furent marqués non par des changements successifs, mais par des confirmations répétées des droits existants; et les efforts de la liberté en Angleterre, au lieu d'avoir pour but, comme dans la plupart des autres pays, d'étendre les droits du peuple en proportion des progrès de la société, se sont toujours bornés à tâcher d'empêcher les rois de les resserrer par des mesures arbitraires.

Les mêmes circonstances produisirent un remarquable effet sur la marche de l'esprit public en Angleterre et sur les objets que la masse du peuple regardait comme le sujet d'une anxiété nationale. Le souvenir de leurs anciennes lois se mêlait chez eux avec celui des jours de leur indépendance nationale, et leur esprit se reportait vers le règne d'Edouard le-Confesseur, comme vers le temps heureux où leurs droits et leurs propriétés étaient assurés, et où ils n'avaient pas encore connu la dureté de la domination étrangère; aussi les luttes de la liberté en Angleterre avaient-elles un objet défini et pratique, et au lieu de se perdre en vains efforts à poursuivre des plans visionnaires, elles se résumaient toutes dans un énergique et invincible désir de voir rétablir un ancien ordre de choses, dont les bienfaisants résultats étaient encore gravés dans la mémoire du peuple. Ainsi, pendant plusieurs siècles, l'effort constant du peuple anglais fut d'obtenir la restitution des privilèges saxons; ils furent solennellement reconnus dans la *Grande Charte*, et ratifiés dans les différentes confirmations de cet acte solennel; et après un laps de mille ans, les historiens le regardent encore avec intérêt comme les bases de la liberté anglaise [1].

Les effets des mêmes causes se manifestèrent de la manière la plus frappante dans les guerres des

---

[1] Hallam, 1. 461, 482. Math. Paris 272.

Anglais pendant plusieurs siècles, après la conquête des Normands. Leurs voisins, les Français et les Ecossais, ne conduisaient sur les champs de bataille que la chevalerie des barons et les lanciers de leurs vassaux. On ne voyait point de classe moyenne supérieure au fantassin ordinaire, mais inférieure au chevalier. Les Plantagenets, au contraire, marchaient à la tête d'un vaste corps d'habiles archers, force particulière de l'Angleterre, parce qu'elle possédait seule la classe dont on pouvait la tirer. Ce furent les proscrits saxons, qui, poussés par le désespoir dans les nombreuses forêts dont le pays était couvert, acquirent les premiers une grande habileté dans le maniement de cette arme. Ce furent leurs descendants qui grossirent les rangs de la *yeomanry* anglaise, et constituèrent un corps puissant à la guerre, redoutable par son habileté, son nombre, et son esprit d'indépendance ; pendant des siècles, l'arc continua à être l'arme favorite des Saxons ; c'était leur principal exercice dans leurs jeux, et ils recouvrèrent par son utilité sur le champ de bataille, leur influence dans le gouvernement de leur pays. Ce ne fut pas la noblesse normande, ce ne furent pas les troupes féodales qui gagnèrent les batailles de Crécy et de Poitiers, car les rangs de l'armée française avaient les mêmes éléments de force à leur opposer, mais ce furent les archers, les *yeomen*, qui maniaient leur arme d'un bras vigoureux, qui s'y étaient habitués dans leurs campagnes, et que la liberté civile et l'importance personnelle rendaient intrépides [1].

Le gouvernement écossais, dont les armées avaient eu tant à souffrir des archers anglais, rendit envain des décrets répétés pour créer une force semblable dans le royaume; toutes ces mesures restèrent sans effet, parce qu'on n'avait point cette *yeomanry*, qui formait les rangs des archers dans les armées anglaises. Les rois de France s'efforcèrent de créer, par des troupes mercenaires tirées des montagnes de Gênes, une force capable de lutter avec les archers anglais; mais la jalousie de leur gouvernement, qui empêcha de permettre l'usage des armes à la classe moyenne, rendit tous ces efforts stériles; et en conséquence les Anglais vainquirent deux fois leurs plus grandes armées, et parcoururent hardiment le pays à la tête de leurs archers saxons; même après la cessation des hostilités entre les deux monarchies, les terribles bandes anglaises ravagèrent avec impunité les provinces de France, et elles n'éprouvèrent d'échec considérable, que quand elles approchèrent des provinces de la Suisse, et rencontrèrent au cimetière de Bâle des paysans aussi libres, aussi robustes, aussi courageux qu'elles-mêmes [2].

Ce fut un singulier concours de circonstances

---

[1] Hallam, 1. 78. Froissard, 1. 16. Tytler, *Hist. d'Écosse*, II. 439, 440. Sism., *Hist. des Franç.* XII. 81.

[2] Planta, *Hist. de Suisse*, II. 321. Tytler, *Hist. d'Écosse*, II. 439. Sism., *Hist. de Fr.* XII. 81. Barante, 1. 80. *Préface.*

qui, sous les princes normands, rendit les classes moyennes si puissantes, et dans l'armée et dans le maintien de leurs droits civils. La conquête normande avait posé la base de ces classes, en dépouillant le nombreux corps des propriétaires saxons; mais ce furent les nécessités subséquentes des souverains et des nobles, nécessités résultant de leur situation insulaire et de leurs querelles entre eux, qui les forcèrent à entretenir les troupes saxonnes et à se servir de ces auxiliaires utiles Séparés par l'Océan de leur frères féodaux du continent, entourés d'un peuple nombreux et guerrier, les barons s'aperçurent, que sans l'appui de leur *yeomanry*, ils ne pouvaient soutenir leurs luttes contre le souverain, ni s'assurer la possession de leurs domaines. Dans tous les renouvellements de la grande charte, on veillait donc attentivement aux privilèges de cette classe, et on entretenait soigneusement sa force, que la couronne et les barons regardaient comme leur principale sécurité dans leurs vastes possessions insulaires. Aux yeux de Guillaume Malmsbury, ce fut par une faveur spéciale de la Providence, qu'un aussi grand peuple que le peuple anglais ait cru tout perdu après une bataille aussi insignifiante que celle d'Hastings; mais ce fut précisément la grandeur de cette disproportion, qui perpétua et étendit la liberté du pays. Si les Normands n'avaient pas réussi, les Saxons libres se seraient formés en aristocratie féodale, et les paysans d'Angleterre auraient été réduits à la même condition que les serfs de France ; si la victoire avait été remportée par une force d'une très-grande supériorité, elle aurait tout-à-fait écrasé le peuple vaincu, la conquête normande aurait eu les mêmes effets que la soumission de l'île voisine, et les campagnes de l'Angleterre présenteraient maintenant le même aspect de misère et de désolation que celles de l'Irlande. Ce fut la conquête du pays par une puissance qui, quoique formidable d'abord, devint bientôt disproportionnée à la force du royaume soumis, qui créa une classe moyenne et assura ses privilèges, et en mêlant les intérêts du vainqueur et ceux du vaincu, unit enfin l'énergie du caractère normand à l'esprit ferme et résolu de la liberté anglaise [1].

Sous ce point de vue, la perte des provinces continentales sous le règne du roi Jean, et les longues guerres qui s'ensuivirent entre la France et l'Angleterre sous les Plantagenets, contribuèrent fortement à la conservation de la liberté anglaise, en coupant toute relation entre les barons et les frères du continent, et en forçant les souverains et leurs nobles à chercher leur principal appui dans les fermiers de

---

[1] Long-temps après que ces pages avaient été écrites, j'eus la vive satisfaction de voir que, vers le même temps, M. Guizot avait exposé les mêmes idées sur les effets de la conquête normande. Voyez M. Guizot, *Essai sur l'Histoire de France*. C'est une chose singulière comme souvent les mêmes idées sont suggérées en même temps à différents écrivains placés loin l'un de l'autre, quand elles ne s'étaient jamais présentées auparavant à ceux qui avaient traité le même sujet. On dirait qu'il y a des saisons politiques qui font mûrir les mêmes fruits en même temps dans les différentes parties du monde.

leurs domaines; aussi, à dater du commencement de ces guerres, la distinction entre le Normand et l'Anglais disparut; les anciens préjugés et l'ancien orgueil des Normands, cédèrent devant l'antipathie pour les ennemis communs, l'anglais devint la langue ordinaire des hautes et basses classes, et les institutions anglaises un objet de vénération pour les descendants de ces mêmes conquérants qui les avaient renversées. Le continuel besoin d'argent, que la longue durée de cette lutte opiniâtre occasionna à la couronne, fortifia l'influence de la liberté; chaque subside accordé par les barons, était accompagné d'une confirmation des anciens droits; les communes, par le constant exercice des armes, en vinrent bientôt à sentir leur propre force, et à réclamer leurs anciens privilèges; et enfin l'Angleterre, sous les Plantagenets, recouvra autant de liberté qu'elle en eût jamais possédé sous les monarques saxons [1].

Trois circonstances qui se rattachent à la conquête normande, contribuèrent d'une manière remarquable à conserver l'esprit de la liberté parmi les barons et les communes d'Angleterre.

1º La première fut la grande influence que donna à la couronne, la vaste part des terres conquises qui fut attribuée au souverain. Guillaume n'obtint pas moins de 1,422 manoirs pour sa part, patrimoine beaucoup plus considérable que n'en possédait au-

---

[1] Hume, II. 487, 488, 492; III. 4, 78, 79.

cun souverain de l'Europe à la même époque. Il en résulta que l'esprit turbulent des barons, fut plus efficacement contenu dans cette île que dans les états du continent. Le monarque pouvait par sa sentence écraser tout gentilhomme qui aurait voulu lui résister; ses cours de justice étendaient leur juridiction dans toutes les parties du royaume; et les prérogatives essentielles de la couronne, celles de frapper monnaie et de réprimer les guerres privées, ne furent jamais usurpées, si ce n'est sous des rois d'une faiblesse extraordinaire. Pendant plus de cent cinquante ans après la conquête, l'autorité des souverains normands fut incomparablement plus étendue que celle d'aucun des autres monarques qui s'étaient établis sur les ruines de l'empire romain. L'industrie et la richesse des communes étaient ainsi plus complétement protégées en Angleterre que dans les royaumes voisins, où la violence féodale, les guerres privées et de continuels massacres paralysaient sans cesse les efforts du travailleur; et les classes moyennes, qui jouissaient d'une certaine liberté, virent peu à peu leur importance augmenter avec leur nombre et l'accroissement insensible de l'opulence nationale [1].

2° La seconde circonstance fut la situation insulaire du pays, qui le protégeait contre les guerres extérieures. A l'exception de quelques incursions des monarques écossais dans les contrées du nord,

---

[1] Hume, I. 353, 369, 371; II., 73 74. Hallam, II. 427. Lyttleton, II. 288.

incursions qui ne duraient qu'un moment, et ne troublaient qu'un petit coin du royaume, l'Angleterre n'a presque jamais été le théâtre d'une guerre étrangère depuis la conquête; et les comtés méridionaux, les plus importants de beaucoup en richesses et en population, n'ont pas vu les feux des camps d'un ennemi pendant plus de huit cents ans. Défendue par les flots, son industrie n'éprouva jamais la désastreuse influence de la conquête étrangère; ses armes ont souvent porté la guerre dans les autres états, mais jamais elle n'a eu à en souffrir elle-même les ravages. Les périodes de guerres étrangères n'ont été connues à ses habitants que par une plus forte excitation de sentiment national, ou par une plus grande activité de l'industrie domestique. Cette heureuse exemption de tout péril extérieur a eu des effets incalculables. C'est durant les dangers et les exigences de la guerre que la violence militaire acquiert son fatal ascendant; que l'industrie est paralysée par la destruction de ses produits; le travail arrêté par la perte de ses espérances; les vertus pacifiques étouffées par les insultes qu'elles ont à souffrir; les qualités guerrières développées par les distinctions auxquelles elles conduisent. Toujours les principes de liberté se propagent pendant la paix, et sont étouffés par les horreurs et les agitations de la guerre. Si cette vérité s'est manifestée dans les évènements de notre époque, où les dévastations sont comparativement limitées, et l'industrie universellement répandue, quelle ne devait pas être son importance à une époque de barbarie, où les premiers germes de la liberté ne faisaient que commencer à paraître, et ne pouvaient se développer que sous la protection du pouvoir baronial? Aussi tous nos historiens ont-ils observé que les institutions féodales de l'Angleterre, sont beaucoup moins militaires que celles qui existaient dans les monarchies du continent; que les guerres privées étaient comparativement rares, presque inconnues, et que les armées étaient en grande partie composées de troupes enrôlées, dont l'expérience non interrompue acquérait promptement une supériorité décidée sur la milice féodale de leurs ennemis [1].

3º La troisième circonstance fut l'heureuse institution qui limita les privilèges de la noblesse au fils aîné de la famille. Qu'il faille l'attribuer à l'influence des communes, qui empêcha la formation d'une classe privilégiée, et ne souffrit les privilèges de la noblesse que dans ce membre de la famille, qui héritait du domaine patrimonial, c'est ce dont on ne saurait douter; mais il n'y a pas une circonstance qui ait plus contribué à assurer à la constitution anglaise une longue durée, des améliorations régulières et une vigueur que rien n'épuise. Les descendants des nobles ne pouvaient ainsi former une caste, à laquelle le privilège de

[1] Hallam, I. 479.

remplir certaines charges serait exclusivement réservé, comme dans les monarchies du continent. Les branches cadettes de l'aristocratie, au bout de quelques générations, retombaient au rang, et s'identifiaient avec les intérêts des communes; et cette funeste séparation du noble et du plébéien, qui, dans tous les états de l'Europe, a été la principale cause de l'anéantissement de la liberté, fut de bonne heure adoucie dans ce pays. Les nobles, en possession réelle de leurs domaines, étaient trop peu nombreux pour former un corps redoutable. Leurs parents, ne possédant aucun privilège au-dessus des membres des communes, ou cessaient, après quelques générations, d'être des objets d'envie pour leurs inférieurs, ou d'être identifiés d'intérêt avec la classe dont ils sortaient; et c'est ainsi que les divers rangs de la société se trouvaient rapprochés par un lien qui, partant des classes supérieures, aboutissait enfin aux inférieures [1].

Mais cette liberté, quoique fermement établie par les constitutions féodales, était limitée aux classes pour les intérêts desquelles elles semblaient avoir été exclusivement fondées. Les vilains ou serfs, qui formaient encore la grande masse de la population laborieuse, étaient presque entièrement privés de garanties; même dans la grande charte, qui avait pourvu avec tant de soin à la liberté personnelle de tous les sujets libres, le corps le plus

[1] Hallam, 1. 478.

nombreux des serfs était abandonné à la discrétion de leurs propriétaires, avec la simple stipulation, qu'ils ne pourraient être privés de leurs instruments de travail; et leur émancipation, loin d'être l'œuvre des barons, fut accomplie par les efforts du clergé et les progrès de l'humanité dans les âges suivants. La liberté générale, dans le sens que nous attachons maintenant à ce mot, fut inconnue en Angleterre jusqu'à la grande rébellion [1].

Sous le règne de Richard II, le progrès graduel de la richesse, et l'excitation extraordinaire produite par la gloire militaire et les guerres lucratives d'Édouard III, causèrent la première effervescence du véritable esprit démocratique. L'insurrection de Wat Tyler, qui fut contemporaine des efforts des bourgeois des Flandres pour émanciper leur patrie de la tyrannie féodale, était un mouvement général des basses classes, dirigé, non contre le pouvoir de la couronne, mais contre les privilèges exclusifs de la noblesse.

> When Adam delved and Eve span,
> Where was then the gentleman?

Lorsqu'Adam piochait et qu'Eve filait, où était le gentilhomme? Telle était la maxime à laquelle ils en appelaient, maxime qui indiquait une lutte d'une toute autre nature qu'aucune de celles qui avaient jusqu'alors éclaté en Europe, et qui correspondait assez bien aux principes qui, quatre siècles plus tard, produisirent la révolution française.

[1] Hume, III. 501, 508. Hall. I. 447. Hume, II. 83. Tytler, II. 260.

Mais tous les grands changements de la nature ne se font que par degrés : les effets des convulsions soudaines sont aussi transitoires que l'effervescence dans laquelle ils ont pris leur source. L'insurrection des paysans en Angleterre éprouva le même sort que la lutte de la démocratie flamande à Resebecque : les redoutables escadrons des chevaliers dispersèrent facilement une populace mal armée et tout-à-fait dépourvue de tactique et de discipline. Leur victoire fut un bonheur pour les progrès de la véritable liberté. Le triomphe des paysans aurait été de courte durée, et aurait produit toutes les horreurs que nous a montrées plus récemment une révolte de nègres. Des hommes ignorants, désunis, arrachés à d'humbles occupations, ne peuvent rester long-temps à la tête des affaires. Après que la ferveur du moment est passée, ils tombent nécessairement sous le pouvoir, sinon de leurs premiers maîtres, du moins des tyrans qu'ils se créent eux-mêmes, et leur condition devient ainsi pire qu'elle n'était auparavant. Des siècles d'une prospérité toujours croissante, l'action incessante d'une bienfaisante religion, l'influence de l'imprimerie et de la diffusion des lumières, une distribution plus générale de la propriété, il fallait tout cela avant qu'une partie même des principes de nivellement, dès lors répandus parmi les paysans anglais, pussent être mis en pratique [1].

[1] Barante, I. 74. *Préf.* Hume, III. 10, 11.

La puissance de l'aristocratie féodale reçut le dernier coup dans les guerres des maisons d'York et de Lancastre. Ces sanglantes discordes firent crouler l'édifice du système gothique. Elles inondèrent de sang les champs de l'Angleterre; mais c'était du sang qui devait féconder le sol et donner une magnifique moisson de gloire. Par l'effet de causes qu'il est maintenant difficile de reconnaître, elles prirent de bonne heure un caractère d'extraordinaire férocité. Dès le commencement, des prisonniers du plus haut rang furent massacrés de sang-froid, et enfin, l'exaspération devint si excessive de part et d'autre, que d'un commun accord on refusait tout quartier sur le champ de bataille, et que trente-six mille Anglais succombèrent en une seule action par un massacre mutuel. Le vide occasionné par ces pertes fut bientôt réparé par les basses classes; mais elles furent extrêmement fatales à la noblesse féodale. Quatre-vingts princes du sang et presque tous les anciens barons périrent dans ces guerres désastreuses, et lors de la cessation des hostilités, la chambre des pairs ne comptait plus que quarante membres. L'influence de ceux qui restaient était immensément affaiblie. Les différentes confiscations infligées d'une main si impitoyable par les factions qui l'emportaient tour-à-tour avaient frappé les domaines de presque toute la noblesse du royaume; et les vassaux, accoutumés à changer rapidement de maîtres au milieu de la confusion générale, perdirent une grande partie de leur ancien respect pour leurs supérieurs. Les nobles se divisèrent entre eux. Le reste des conquérants normands voyaient avec une jalousie non déguisée les nouvelles familles qui avaient surgi au milieu de la détresse publique, et ils regardaient avec une égale horreur le reste des barons féroces, toujours prêts à les exterminer pour recouvrer leurs propriétés. Affaiblis en nombre, désunis entre eux, et privés des affections du peuple, les anciens nobles ne redevinrent jamais redoutables pour les libertés de leur patrie [1].

Les effets définitifs de cette destruction de l'aristocratie féodale furent éminemment favorables à la liberté publique; mais elle eut pour conséquence immédiate une grande et fort dangereuse augmentation du pouvoir de la couronne. L'ancienne barrière était renversée et la nouvelle n'était pas encore élevée. Au moyen des confiscations qui se faisaient au profit du monarque victorieux, le cinquième de tout le territoire du royaume se trouva annexé à la couronne, et malgré les dons généreux qu'il fit aux nobles de son parti, le revenu héréditaire qu'Édouard laissa à ses successeurs était immense. L'influence des nobles étant en décadence, et le peuple n'ayant encore acquis ni le droit, ni la capacité de participer au pouvoir, si ce n'est par l'intermédiaire de ses supérieurs, il ne restait rien pour

[1] Hallam, III. 294, 295. Hume, III. 203, 212, 215, 237.

résister au pouvoir du souverain. La conséquence inévitable fut la destruction de la liberté qu'avaient conquise les luttes des barons ; de là la tyrannie des princes de la maison de Tudor. Aussi rien de plus remarquable que la basse docilité du parlement, et la servile soumission du peuple pendant les règnes des successeurs de Henri vii. Il semble que la guerre civile avait épuisé son énergie et éteint son ancienne passion pour la liberté; les deux chambres rivalisaient entre elles en actes d'adulation envers le monarque régnant; on aurait dit qu'aux barons de Runnymède avait succédé le sénat de Tibère. Les communes mêmes paraissaient avoir entièrement perdu leur ancien esprit de résistance. Les taxes les plus arbitraires, les violations les plus répétées de leurs libertés, ne causaient pas la moindre convulsion populaire; des ordres partis de la cour rencontraient une obéissance universelle lors de l'élection des membres du parlement, et les changements les plus violents dont l'histoire fasse mention, le renversement de l'ancienne religion, la confiscation d'un tiers de la propriété nationale, l'exécution de soixante-douze mille personnes dans un seul règne, ne produisirent aucune commotion parmi le peuple [1].

Ce fut là l'époque critique de la liberté anglaise : le pays était arrivé à cette crise qui, dans toutes les monarchies du continent, avait été fatale à la

[1] Hume, iv. 244, 275, 388, 309. Hallam, iii. 288.

liberté publique. Malgré sa situation insulaire, malgré l'esprit d'indépendance des générations précédentes, malgré les efforts de la noblesse féodale, la liberté de l'Angleterre était presque entièrement éteinte, lorsque l'enthousiasme de la réforme ranima l'étincelle mourante, et fit revivre dans une secte, qui devint bientôt prédominante, l'amour sacré de la liberté. Les puritains se distinguèrent de bonne heure par leur zèle pour sa cause; pendant le règne de l'impérieuse Élisabeth, ils maintinrent en silence leur esprit inflexible, et son gouvernement connaissait si bien la dangereuse tendance de leurs principes, qu'elle ne leur permit jamais d'avoir la moindre part aux affaires de l'état. Sous le règne de Jacques Ier, leur nombre s'accrut, et leurs efforts pour la cause de la liberté devinrent plus apparents; les premières attaques sérieuses contre le gouvernement partirent de la chaire, et les seules personnes qui, dans ce pays comme dans tous les autres à la même époque, s'occupèrent de défendre leurs franchises, furent celles qui étaient animées d'un zèle religieux. Durant le règne de Charles Ier, une frénésie universelle s'empara de la nation; un enthousiasme presque aussi général et beaucoup plus durable que celui des croisades transporta les classes moyennes et une forte portion des hautes classes; et sans l'énergie de ce sentiment, le Long Parlement n'aurait jamais été capable de résister aux efforts, qu'avec leur loyauté caractéristique les gentilshommes anglais tentèrent pour défendre leur souverain. A quelque cause qu'on attribue la guerre civile, dit Cromwell, si la religion n'en fut pas la source primitive, Dieu lui donna bientôt ce caractère; et il affirma constamment, qu'au milieu de l'ardeur de la bataille, et des dangers de la guerre, la récompense à laquelle lui et ses compagnons aspiraient, était la liberté de conscience. Il importe peu de savoir si le futur Protecteur et ses capitaines étaient sincères dans leurs assertions, il suffit que l'esprit de ces temps fut tel qu'ils n'auraient pu exciter par d'autres moyens l'énergie de la grande masse du peuple. Les effets de cet esprit ne se bornèrent pas au pays et à l'époque dans laquelle il prit naissance, ils s'étendirent à un autre hémisphère et à un autre âge; et c'est des émigrés, que l'oppression religieuse chassa dans les forêts de l'Amérique, que sont sortis ces puissants états qui ont tenté au sein de l'abondance transatlantique la dangereuse expérience de la liberté démocratique.

Mais tandis que l'esprit public se manifestait ainsi avec violence en faveur des principes républicains, l'effet des anciennes institutions nationales, qui vivaient toujours dans le souvenir du peuple, apparut avec éclat, et les Anglais recueillirent le fruit de la longue lutte que leurs ancêtres avaient soutenue pour la cause de la liberté. Quoique la substance de cette liberté chérie eût disparu pendant les règnes arbitraires des Tudor, son ombre était toujours restée ; l'attachement populaire pour les anciens droits était encore dans toute sa force ; les formes vénérables de la constitution intacte ; et c'est sur cette base que les nouvelles libertés du pays furent établies. Sans cette heureuse circonstance, l'esprit d'indépendance que la réforme avait éveillé, aurait pu se consumer, comme en Écosse, en projets visionnaires et impraticables, jusqu'à ce que la nation, fatiguée par des spéculations dont elle ne retirait aucun profit, fût retournée à son ancienne servitude. Ici, au contraire, par l'effet des évènements qui l'avaient précédé, le fleuve rentra naturellement, après s'être fortifié, dans son lit accoutumé, et sans briser ses anciennes rives, où il étendit sa fécondante influence sur une plus vaste surface.

Il est digne de remarque, dit Turgot, que tandis que l'Angleterre est le pays du monde où la liberté publique a le plus long-temps subsisté, et où les institutions politiques sont le plus souvent le sujet des discussions, il est en même temps celui où il est le plus difficile d'introduire les innovations, et où l'on oppose la résistance la plus opiniâtre aux améliorations les plus évidentes. Il serait plus facile de changer toute la machine politique en France, que d'introduire le plus insignifiant changement dans les coutumes ou les usages de l'Angleterre [1]. Le prin-

[1] Turgot, II. 32.

cipé que signalent ces paroles est à la fois la conséquence et la récompense d'institutions libres. On trouvera partout que l'attachement des hommes pour les coutumes et les usages de leurs pays est proportionné à la part qu'ils ont eue à leur établissement, et que le danger des innovations est surtout à craindre là où l'exercice des droits a toujours été inconnu au peuple. Les dynasties de l'Orient n'ont qu'une durée éphémère, mais les coutumes des démocraties de la Suisse sont aussi immuables que les montagnes au sein desquelles elles sont nées [1]. Les mêmes principes ont en tous temps formé les traits caractéristiques du peuple anglais. Durant l'oppression et les duretés de la domination normande, c'était aux lois d'égalité des règnes saxons qu'il en appelait avec une tendre affection; ni l'incertitude de la tradition orale, ni l'intensité des souffrances actuelles n'avaient pu en détruire le souvenir. Lorsque les barons en rébellion ouverte se rassemblèrent à Runnymède, ce ne fut point un système imaginaire de gouvernement qu'ils créèrent, mais les anciennes lois d'Edouard-le-Confesseur, qu'ils

---

[1] Le directoire français, dans son ardeur des innovations, proposa aux paysans d'Uri et d'Unterwald un changement dans leur constitution, et leur fit cette offre de fraternisation qui avait séduit tant d'autres états. Mais ces simples montagnards répondirent : «Les paroles ne sauraient exprimer, citoyens directeurs, le profond chagrin que la proposition d'adhérer à la nouvelle diète helvétique a causé dans ces vallées. Les autres peuples peuvent avoir des penchants différents, mais nous, descendants de Guillaume Tell, qui avons conservé sans la moindre altération la constitution qu'il nous a laissée, nous n'avons qu'un seul désir, celui de vivre sous le gouvernement que la Providence et le courage de nos ancêtres nous ont donné.» Lacretelle, *Révol. Franç.* III. 162.

revêtirent d'une nouvelle forme, et qu'ils établirent sur une base plus ferme dans la grande charte, tempérant, même dans un moment de triomphe révolutionnaire, l'ardeur de la liberté et l'orgueil de la naissance par leur attachement pour les vieilles institutions. La mémorable réponse des barons à la proposition des prélats à Mertoün ; *nolumus leges Angliæ mutare*, est devenue une règle traditionnelle, à laquelle il faut principalement attribuer la conservation de la constitution à travers toutes les convulsions des derniers temps. Dans la pétition des droits rédigée par Selden et les grands légistes de son temps, le parlement dit au roi : « Vos sujets ont hérité de cette liberté » ; et dans le préambule de la Déclaration des Droits, les états ne réclament pas le droit de former un gouvernement par eux-mêmes, mais ils veulent seulement assurer la religion, les lois et les libertés qu'il possèdent depuis long-temps et qui ont été récemment mises en danger ; ils demandent seulement « qu'il soit déclaré que tous et chacun des droits et libertés déclarés sont bien les anciens et incontestables droits et libertés du peuple de ce royaume [1] ». « En adhérant de cette manière aux maximes de nos pères, dit Burke, nous sommes guidés, non par la superstition des antiquaires, mais par l'esprit de l'analogie philosophique ; par ce choix que nous fai-

---

[1] Guillaume et Marie, C. 1.

sons dans leur héritage, nous donnons à notre constitution politique la forme d'un legs de famille, unissant le gouvernement de notre pays avec nos plus doux liens domestiques, adoptant nos lois fondamentales dans le sein de nos affections de famille, chérissant, avec toute la chaleur de leur amour combiné, notre état, nos foyers, nos tombeaux et nos autels [1]. »

Ces principes n'ont pas été abandonnés par les fils de l'Angleterre, dans leurs possessions transatlantiques. Lorsque les Américains secouèrent le joug de la Grande-Bretagne, ils conservèrent ses lois, sa religion, ses institutions ; aucun massacre, aucune proscription, aucune confiscation, aucun exil ne souilla le berceau de la liberté ; ils ne firent pas de l'oubli du passé, la base de leurs espérances pour l'avenir. L'église anglicane est encore la religion dominante du pays ; la jurisprudence anglaise dirige encore leurs cours de justice, et les institutions anglaises forment encore la base sur laquelle repose leur prospérité nationale. Au milieu de l'exaspération d'une guerre civile, ils n'ont jamais dévié des usages de la vie civilisée; seul de tous les étrangers, un Anglais se sent encore chez lui quand il a traversé l'Atlantique; et les premiers efforts de l'éloquence américaine ont été employés à peindre les sentiments d'un ingénieux habitant de ce pays, quand

[1] Planta, *Hist. de Suisse*, II. 137. Hume, II. 89, 141, 223. Burke, VI. 78, 80.

il visita pour la première fois la terre de ses pères [1].

Pour preuve évidente que la révolution d'Angleterre dut son caractère distinctif aux circonstances qui la précédèrent, et à la large part que les générations antérieures avaient eue dans le gouvernement de leur pays, il suffit d'en appeler à ce qui eut lieu à la même époque dans les royaumes voisins. L'Irlande, conquise par Henri II, fut retenue pendant quatre cents ans dans un état de sujétion féodale envers l'Angleterre; aucun des privilèges des sujets anglais ne fut communiqué à ses habitants; ils n'avaient connu ni la sévérité de la conquête normande, ni les bienfaits de la liberté saxonne. L'aristocratie féodale, dans sa forme la plus terrible, avec l'exaspération nationale et une noblesse absente, y prévalait; et quelle en fut la conséquence? Au lieu des réformes modérées, des victoires humaines, et du respect de la propriété, qui distinguèrent la révolution anglaise, on vit là les plus terribles horreurs de la licence populaire, et les plus cruelles sévérités de l'autorité militaire, des massacres généraux et des familles brûlées, des torrents de sang, et sur le champ de bataille et sur l'échafaud, la prise d'assaut des villes et la dévastation des provinces. Cromwell entreprit sérieusement d'extirper tous les catholiques irlandais, bien qu'ils fussent aussi nombreux que les pro-

---

[1] *Sketch Book*, par Washington Irving, I. 10.

testants; quarante mille hommes furent envoyés
comme soldats à des états étrangers, et leurs
femmes et leurs enfants transportés dans les plan-
tations des colonies; les lois les plus sévères et les
plus arbitraires promulguées contre ceux qui restaient dans le pays; les biens de tous ceux qui
avaient porté les armes contre le parlement, furent
confisqués, et un tiers enlevé à tous les propriétaires qui n'avaient pas servi dans les rangs populaires; une grande portion du peuple fut transpor-
tée d'une partie du pays dans une autre, et tout
Irlandais transplanté, qu'on trouvait hors de son
district, pouvait être mis à mort par la première
personne qui le rencontrait. L'effet de ces mesures
fut tel, que la moitié des terres environ, montant
à plus de sept millions d'acres, fut confisquée, et
donnée à des soldats révolutionnaires; même après
la restauration de Charles II, les deux tiers de ces
immenses possessions furent laissées entre les
mains des récents acquéreurs, et quoique le reste
fût nominalement rendu aux catholiques, il n'en
revint pas une parcelle aux propriétaires dépossédés [1].

En Écosse aussi, la lutte pour la liberté était à la
même époque, marquée par toutes les horreurs de
la licence populaire. Ni les institutions saxonnes, ni
les principes de liberté n'avaient pris un pied solide
dans cet état éloigné; et par conséquent, les nobles et

[1] Lingard, xi. 156. xii. 74. Hume, i. 379. Laing., *Écosse*, iii. 218, 219.

les paysans, que ne séparait aucune classe moyenne, se trouvaient engagés dans une collision furieuse à l'époque de la réforme. Comme on pouvait s'y attendre, les actes des révolutionnaires furent, dès l'origine, caractérisés par la violence et l'injustice; toutes les propriétés de l'église, qui se montaient à environ un tiers du royaume, furent confisquées et données aux barons du parti populaire; le sang coula par torrents sur l'échafaud; on refusait presque invariablement tout quartier sur le champ de bataille, et les actes des partis contraires ressemblaient plutôt à la sanguinaire vengeance de sauvages qu'à la conduite d'hommes luttant pour d'importants privilèges civils. La marche douce et humaine de la guerre civile en Angleterre, forme le contraste le plus frappant avec la cruauté des royalistes, ou la sévérité des réformés en Écosse. Les horreurs de l'insurrection de la Vendée furent devancées dans les massacres des partisans de Montrose, et les noyades de la Loire ne sont pas sans parallèle dans les atroces vengeances de la faction populaire [1].

Et ce ne fut pas une particularité du caractère national qui imprima ce trait honorable à la révolution anglaise. Les guerres civiles d'York et de Lancastre, moins d'un siècle et demi auparavant, avaient été signalées par un degré de féroce cruauté, avec lequel on trouverait à peine quelque chose à

---

[1] Chamber, *Révolution*, I. 642 II. p. 137. Laing., III. 329, 330, 335, 348.

comparer même dans les terribles annales de la révolution française ; des prisonniers étaient indistinctement massacrés de sang-froid, après que le combat était terminé ; un chef d'une des factions ne se fit pas scrupule d'assassiner de sa propre main, le jeune prince que la fortune avait fait tomber en son pouvoir ; et les ordres sauvages de ne point faire de quartier, que le gouvernement révolutionnaire de France envoyait à ses armées, mais que l'humanité des généraux refusait d'exécuter, furent suivis ponctuellement pendant plusieurs années, par des corps d'Anglais, les uns contre les autres [1].

Il faut donc attribuer l'esprit humain et modéré de la révolution anglaise aux circonstances au milieu desquelles la lutte commença dans ce pays, aux droits antérieurement acquis, aux privilèges long-temps exercés, à l'attachement pour les institutions, qui s'était transmis de génération en génération, à la modération que donne la possession de la liberté. Elle ne fut déshonorée par aucune innovation violente, parce qu'elle surgit au milieu d'un peuple attaché par une longue habitude à ses anciennes lois. Elle ne fut suivie d'aucune proscription, parce qu'elle fut conduite par la partie la plus intelligente de l'état, et qu'elle ne se trouva point abandonnée aux passions de la populace ; elle se distingua par une modération singulière dans l'usage du pouvoir, parce qu'elle fut dirigée par des hommes qui avaient

[1] Lacr., *Pr. Hist.* II. 88. Hume, III. 205, 210 Laing., III. 365.

depuis long-temps l'habitude de l'exercer; elle prononça peu de confiscations, parce qu'elle renfermait dans ses rangs une grande partie des richesses du royaume; la modération remarquable de l'opinion publique, qui depuis lors a toujours distingué l'Angleterre des états voisins, et excité autant d'attention parmi les étrangers [1] que parmi nous [2], est résultée de l'action continue des mêmes circonstances.

L'importance de ces circonstances sera mieux appréciée, et leur application à la révolution française mieux comprise, si l'on parcourt l'histoire passée de ce pays. De même que les autres provinces de l'empire romain, la Gaule, lors de l'irruption des barbares, était tombée au dernier degré de l'abâtardissement et de la dégradation. Dès le temps de Tacite, la décadence du courage militaire du peuple, était devenue manifeste, et avant la chute de l'empire, il était impossible de recruter les légions parmi ses habitants énervés. L'esclavage, comme un cancer, avait consumé les parties vitales de l'état; la richesse patricienne avait absorbé l'industrie plébéienne; la race des hommes libres, indépendants, avait disparu, et à leur place, avait surgi un essaim d'ignobles serfs, qui dépendaient de propriétaires absents; ces misérables habitants étaient opprimés de la manière la

---

[1] Lacret., *Hist. de France*, VIII. 59.
[2] Robertson, *Écosse*. III. 182. Burke, VI. 80.

plus cruelle par les gouverneurs romains ; ils étaient rigoureusement exclus de tout emploi de confiance, civil ou militaire. Tous les hommes libres de la province ne montaient qu'à cinq cent mille hommes, et la capitation du temps de Constantin montait, dit-on, à l'énorme somme de 225 francs pour chaque citoyen libre; sous ce despotisme de fer, la population déclina rapidement; les esclaves s'enfuyaient avec chaque nouvelle bande d'envahisseurs, pour grossir les rangs des conquérants barbares, et tandis que le nombre des habitants augmentait constamment parmi les nations libres de la Germanie, la race humaine disparaissait, pour ainsi dire, des provinces de l'empire romain [1].

Le caractère national, comme on devait s'y attendre, dégénéra rapidement sous l'influence combinée de ces malheureuses circonstances. Au sixième siècle, les habitants de la Gaule étaient regardés par les peuples du nord comme réunissant tous les vices de la nature humaine, la cruauté des barbares et la poltronnerie de l'opulence, les habitudes rampantes des esclaves et l'arrogance des tyrans, la fausseté des hommes civilisés et la brutalité des sauvages. Ils ne trouvaient pas, pour outrager un ennemi, d'injure plus forte que de l'appeler Romain [2].

Lorsque, vers la fin du quatrième siècle, les bar-

---

[1] Tacit., *Vit. Agric.* c. 11. Gibb., 1. 82, 85 ; 111. 65, 66. Turner, 1. 188. *Anglo-Saxons.* Sism., 1. 69, 74, 77, 84, 99, 108.
[2] Liutprand, 11. 481. Gibb., 1x. 143.

bares fondirent de tous côtés sur l'empire d'occident, ils trouvèrent toutes les terres entre les mains de quelques grandes familles, qui faisaient cultiver leurs vastes possessions par des esclaves. La province de la Gaule ne faisait point exception à cette situation déplorable, résultat naturel et inévitable de l'opulence corrompue. Toutefois leurs vainqueurs barbares ne s'emparèrent pas sur-le-champ de toutes les terres conquises. Les Burgondes et les Wisigoths en prirent les deux tiers; et quoiqu'on ne dise pas positivement quelle part s'attribuèrent les Franks, il est évident qu'ils occupèrent la plus grande partie des terres de la Gaule. On appela *allodiales* les terres qui restèrent entre les mains des propriétaires romains, et que l'on distingua pendant long-temps des domaines militaires dont elles étaient entourées; mais ce qui prouve abondamment l'état misérable d'oppression auquel étaient réduits les anciens habitants, c'est que l'amende pour le meurtre d'un Frank ordinaire était fixé à 200 *solidi*, et celle d'un propriétaire romain à 100. Peu à peu la distinction entre le barbare et le Romain devint encore plus marquée; les propriétés allodiales furent graduellement saisies par les chefs militaires, ou rangées sous leurs protection pour acheter la sécurité du propriétaire; les faibles descendants des Romains corrompus cédèrent aux énergiques efforts d'une barbare indépendance, et au onzième siècle, la propriété territoriale avait subi une révolution complète, excepté dans les provinces méridionales, et le nom de Gaule avait fait place à celui de France [1].

Les compagnons d'armes de Clovis, comme toutes les autres tribus germaines, étaient fortement attachés aux principes de liberté ; ils respectaient ses talents militaires et suivaient volontiers son drapeau victorieux ; mais en même temps, ils se regardaient comme ses égaux, plutôt que comme ses sujets, et ne craignaient pas de braver son ressentiment, lorsque le temps du commandement militaire était passé; on se rappelle le vase de Soissons, et comment un simple Frank répondit à l'exigence un peu péremptoire du souverain. La conquête de la Gaule répandit ces guerriers indépendants, dont quelques historiens ne portent le nombre qu'à six mille, sur toutes les vastes provinces de cette grande contrée, et leurs assemblées nationales au printemps donnèrent naissance aux célèbres champs de mai, longtemps vénérés comme berceau de la liberté française; mais bientôt on sentit la difficulté d'assembler un corps ainsi dispersé ; bientôt les nouveaux propriétaires furent complètement absorbés par les intérêts de leurs domaines, et n'obéirent plus qu'avec répugnance à la convocation du souverain; souvent même, ils s'en dispensaient, à tel point que les souverains cessèrent peu à peu, de les ap-

---

[1] Hallam,t. 144, 147, 149, 168. *Leges Salicœ*, c. 58. Sism., t. 82, 83. Gibb., v. 203. Guizot, *Hist. de Fr.* 72, 100.

peler, et les successeurs de Clovis se trouvèrent ainsi par degrés tout-à-fait indépendants des anciens fondateurs de leur monarchie [1].

Toutefois, dans un temps de barbarie, de grands talents militaires pouvaient seuls assurer la prépondérance au pouvoir du souverain; l'aisance et le luxe d'une cour étouffent bien vite la vigueur nécessaire pour le maintenir. Les maires du palais usurpèrent bientôt l'autorité royale, et une série de monarques, distingués par le sobriquet de rois fainéants, rendit le souverain méprisable même aux yeux d'un peuple dégénéré. Les victoires de Charles Martel, le génie de Charlemagne, retardèrent pour quelque temps la dégradation du trône; mais après eux, l'autorité royale déclina rapidement [2]. Les grands propriétaires usurpèrent partout les prérogatives de la couronne, et la France fut divisée en une multitude de souverainetés séparées, dont chacune était à peu près indépendante de la voisine; faisait la guerre et administrait la justice de sa propre autorité.

Rien n'est plus remarquable que la rapide et précoce dégénérescence des états barbares; ils ne sont pas plus tôt établis sur les territoires conquis, qu'ils adoptent les vices, et tombent dans la mollesse et l'apathie de leurs sujets; l'énergie du caractère barbare disparaît avec la nécessité qui l'a créée, et

---

[1] Dubos, *Hist. Crit.* II 301. Hallam, t. 153, 155.
[2] Hallam, 1. 31, 156.

au bout de quelques générations on ne distingue plus les descendants des vainqueurs de ceux des vaincus. L'histoire des premiers temps de la monarchie française, présente une éclatante manifestation de cette vérité; même pendant le règne de Charlemagne, on put déjà s'apercevoir de la faiblesse inhérente à un âge barbare; toute l'étendue de ses talents, toute l'expérience de ses armées ne purent que jeter un éclat passager sur son empire; les efforts de quelques milliers d'hommes énergiques restèrent impuissants au milieu de l'avilissement de plusieurs millions d'esclaves, et le conquérant du monde occidental eut, avant sa mort, la douleur de voir les progrès rapides de la décadence qui devait bientôt mener son empire à sa ruine. C'est la liberté publique et les lumières générales qui seules peuvent rendre la race humaine capable de résister à l'influence d'une trop rapide prospérité; qui peuvent continuer long-temps dans des siècles civilisés, l'énergie et le courage des temps barbares, et en favorisant l'incessante élévation de ces classes qui ont été formées à l'école de l'adversité, fournir un antidote plus durable à la corruption envahissante des temps de prospérité [1].

La faiblesse de l'empire apparut tout-à-coup à la mort du monarque victorieux; aussitôt, et comme par enchantement, tout l'édifice tomba en pièces; séparées en plusieurs états distincts, les différentes

[1] Sism., France, I. 400, 401. II. 279. Conde, II. 128

provinces de l'empire perdirent tous moyens d'appui mutuel, et des millions d'êtres pusillanimes cédèrent presque sans résistance aux ravages d'ennemis méprisables. Les Normands, les Huns, les Sarrasins, franchirent les frontières sur tous les points à la fois ; un essaim de sauvages barbares inonda les plaines de la Germanie, et menaça d'exterminer entièrement la population ; les hommes du nord remontaient le cours de tout fleuve navigable, et répandaient la flamme et la dévastation dans tout l'intérieur de la France. Riches et pauvres étaient également incapables de tenter le moindre effort pour éloigner le danger commun ; les villages étaient incendiés, des captif emmenés, les bestiaux tués, sans exciter la moindre tentative de résistance ; et tandis que les tribus invaincues de la Germanie s'unissaient hardiment sous Othon, pour repousser le terrible fléau de la cavalerie hongroise, les habitants dégénérés des provinces romaines étaient incapables de repousser les envahissements partiels des pirates normands [1].

La première circonstance qui rétablit le courage militaire des habitants de la France, après la décadence de la dynastie de Charlemagne, ce furent les guerres privées des nobles, et la fortification de tous les châteaux, amenée par la faiblesse du trône. C'est ainsi que les plus grands maux humains trouvent en eux leur remède, et que l'excès de la

[1] Hallam, i. 25. Sism., iii. 96, 97, 125, 168, 170, 255, 276.

misère en amène en définitive le soulagement. Privés de tout appui de la part du gouvernement et forcés de chercher en eux-mêmes leur propre défense, les propriétaires furent obligés d'armer leurs vassaux et de fortifier leurs châteaux, devenus leur seul refuge. L'habileté militaire revint avec l'usage des armes, le courage avec la confiance en son efficacité; une race d'hommes nouveaux fut dressée à la guerre dès l'enfance, et se sentit bientôt pleine de confiance dans la supériorité de sa bravoure. Dans l'intérieur des châteaux, le maniement des armes était la seule occupation, et le récit des exploits militaires, le seul amusement du siècle; les mots *chevalerie* et *courtoisie* attestent encore les vertus que l'on enseignait aux gentilshommes, et que l'on regardait comme particulières à ceux qui avaient été élevés dans les cours des barons. La misère et les souffrances de cette époque ont produit les traits les plus nobles des mœurs modernes. C'est des descendants avilis des rois carlovingiens qu'est sortie l'héroïque noblesse de France; ce sont des siècles de guerres et de rapines qui ont engendré le généreux courage des guerriers de notre temps, et c'est la dissolution de l'autorité royale, qui a créé l'orgueil et l'indépendance de la noblesse féodale [1].

Mais ces divisions intestines ne régénérèrent que les nobles ou propriétaires fonciers; les serfs, qui

[1] Sism., III. 378, 431

cultivaient la terre, les bourgeois qui habitaient les villes étaient retenus dans l'état le plus misérable et le plus abject; les Franks vivaient au fond de leurs châteaux, entourés de leurs vassaux armés, dans une solitaire indépendance; les Gaulois, sans armes et sans appui, travaillaient dans la campagne, exposés à la rapine et incapables de résistance. La jalousie de leurs supérieurs leur refusait l'usage des armes; la fatale supériorité des chevaliers dans l'art de la guerre, ôtait tout espoir de succès à la révolte. Souvent, durant le onzième siècle, la misère des paysans les poussa à des extrémités, et leur fit engager des luttes sanglantes avec les nobles, mais jamais ils ne réussirent, et toujours ils furent contraints de retourner à leurs charrues, accablés de souffrance, abattus par la défaite [1].

Le premier rayon qui brilla sur le continent de l'Europe à travers la sombre nuit du moyen-âge, partit des communes, « exécrable institution, disent les anciens historiens, qui encourage les esclaves à se rendre libres, et à oublier l'obéissance qu'ils doivent à leurs maîtres ». La première corporation que vit la France, se forma environ cinquante ans après la conquête des Normands, et le roi, Louis-le-Gros, les multiplia sur tous les points, pour les faire servir de contre-poids au pouvoir de la noblesse. Rouen et Falaise, les premières communes de Normandie, obtinrent leurs privilèges de Phi-

[1] Thierry, t. 161, 169, 170.

lippe-Auguste, vers l'an 1267. Avant cette époque, les états du duché étaient en entier composés de nobles et de membres du clergé. Mais les rois, sentant bientôt de quelle importance étaient pour eux ces communautés, qui pouvaient leur servir de boulevards contre les empiétements des nobles, rendirent une loi, suivant laquelle un esclave qui prenait la fuite, achetait une maison dans une commune et y demeurait une année sans être réclamé, obtenait sa liberté; coutume qui paraît avoir prévalu également en France, en Ecosse et en Angleterre. Cette cause, jointe à l'influence naturelle d'une protection mutuelle et d'un commerce étendu, fit que partout les communes devinrent le berceau de la liberté, bien que les nobles les regardassent avec un tel mépris, que, suivant le droit féodal, le supérieur ne pouvait marier sa pupille à un bourgeois ou vilain. Mais, malgré leur importance toujours croissante, les communes furent pendant plusieurs siècles incapables d'opposer une résistance efficace au pouvoir des nobles, par l'effet de leur infériorité dans le maniement des armes, distinction d'une importance incalculable dans un temps où la violence était universelle, et où l'on n'estimait rien que la profession militaire [1].

Les deux circonstances qui ont principalement entretenu l'amour de la liberté en Angleterre, fu-

---

[1] Hume, II. 111, 112. Hollinshed, III. 14. Ducange, *Voce commune*. Houard, *Lois des Français*, I. 250. Tytler, II. 501. M. Pherron, I. 367.

rent le pouvoir extraordinaire du souverain et l'esprit indépendant des communes, toutes deux, conséquences immédiates de la conquête des Normands. En France, ce fut précisément le contre-pied qui eut lieu; l'ascendant des nobles détruisit la dignité du trône, et la main de fer du pouvoir féodal étouffa l'énergie du peuple. Pendant plusieurs siècles, les diverses parties de la monarchie française ne furent unies que par la plus faible tenure; les ducs de Normandie, les comtes de Toulouse, les ducs de Bourgogne et de Bretagne ressemblaient plutôt à des souverains indépendants qu'à des vassaux, et le véritable domaine de la couronne, avant Louis xi, s'étendait rarement au-delà du voisinage de la capitale. Dans les moments de danger, lorsque les grands vassaux rassemblaient leurs troupes, le roi de France pouvait encore se trouver à la tête d'une puissante armée, mais avec la crainte perpétuelle que les forces de la monarchie ne vinssent à se dissoudre; les vassaux militaires se retiraient après que le temps de leur service était expiré, et après une campagne de quelques semaines, le chef d'une armée de cent mille hommes se voyait fréquemment insulté par la garnison d'une insignifiante forteresse [1].

Mais la circonstance la plus funeste à la liberté de la France, fut le privilège qui réservait exclusivement l'usage des armes aux hautes classes, et l'ab-

[1] Sism., vii. 112. Bar., Introd. 42.

sence totale dans les armées de cette classe moyenne qui ne constituait pas moins la force de l'armée anglaise que l'appui de la monarchie. Avant Charles VI, la jalousie des nobles n'avait jamais permis aux paysans de se former à l'exercice des armes, par suite de quoi ils n'avaient ni archers, ni infanterie disciplinée à opposer à leurs ennemis, et étaient obligés d'en aller chercher dans les montagnes de Gênes. Les défaites de Crécy et de Poitiers, de Morat et de Granson, furent la conséquence de cette infériorité; non pas que les guerriers de France fussent inférieurs en bravoure naturelle aux Anglais ou aux Suisses, mais parce que leurs armées, entièrement composées de chevaliers, n'avaient rien à opposer à une infanterie vigoureuse et bien disciplinée, qui, en tous temps a fait la principale force d'un peuple libre [1].

Les circonstances, qui éveillèrent les premières le véritable esprit démocratique en France, furent la misère et l'anarchie produites par les guerres anglaises. Durant ces luttes désastreuses, dans le cours desquelles les armées françaises furent si souvent anéanties, et la licence militaire avec toutes ses horreurs ravagea pendant plus d'un siècle le cœur du pays, la puissance des nobles fut un moment ébranlée, et l'excès de la misère éveilla le courage des paysans. Abandonné par ses protecteurs naturels, pillé par des bandes de soldats licencieux,

[1] Sism., XII. 81. Bar., I. 79, II. 217.

poussé au désespoir par la souffrance et excité par la perspective du butin, le peuple courut partout aux armes, et l'insurrection de la *Jacquerie* réalisa par anticipation les horreurs de la révolution française. L'effet du gouvernement despotique des siècles précédents devint alors évident : mus par d'autres passions que les barons anglais, qui combattaient eux-mêmes pour la liberté, les paysans français se précipitèrent tout-à-coup dans les excès de la licence populaire. On vit alors les traits bien connus de la guerre civile; la noblesse, détestée à cause de sa tyrannie, fut partout exposée à la violence de la rage populaire, et au lieu de trouver les égards dus à son ancienne dignité, elle devint par cela même l'objet des plus amères insultes. On poursuivait ses membres comme des bêtes fauves, et on les massacrait sans pitié; leurs châteaux furent incendiés; leurs femmes et leurs filles enlevées ou tuées, et les sauvages allèrent jusqu'à empaler leurs ennemis, à les faire rôtir sur un brasier. Mais ces efforts furent aussi impuissants qu'ils étaient féroces. Les nobles se combinèrent pour leur défense commune; les paysans, inhabiles à manier les armes, et dépourvus de discipline, ne purent soutenir le choc de la cavalerie féodale, et la licence du peuple fut réprimée, après que la moitié de la population de la France eut succombé sous l'épée ou le fléau de la peste qui suivit les guerres d'Édouard III [1].

[1] Froiss., c. 182, 183, 184. Sism., *France*, x. 643, 648; xi. 60. Hume, ii. 463.

Toutefois, la misère occasionnée par ces guerres excita un esprit qui survécut long-temps aux désastres au milieu desquels il était né; c'est souvent à l'école de l'adversité que les nations, comme les individus, se perfectionnent; et si l'on suit avec attention les causes qui ont amené les plus grands progrès dans notre état social, on trouvera souvent qu'il faut les faire remonter à ces longues périodes de souffrances. Avant la mort d'Edouard III, les soldats français, par une constante pratique, étaient devenus supérieurs aux soldats anglais; et le courage de la nation, qu'avaient énervé les siècles de servitude romaine, se releva au milieu des malheurs des discordes civiles. L'esprit de liberté se communiqua aux communes, qui seules offraient un refuge contre la violence [1], qui avaient grandi en importance durant les ravages des bandes, et qui, poussées par les opulentes cités des Flandres, menaçaient d'une ruine prochaine l'aristocratie de France et d'Angleterre.

La liberté de la France et des Flandres, pour nous servir d'une expression militaire, s'avança par front oblique: les riches cités des Pays-Bas commencèrent l'attaque; puis vinrent Paris, Rouen et Lyon; et toutes les villes du midi de la France étaient prêtes à se joindre aux troupes des confédérés aux premiers succès. La fermeté de Gand et la victoire de Bruges, propagèrent l'esprit démocratique dans tous les royaumes voisins; la noblesse de toute l'Eu-

[1] Froissart, VIII. 124 Sism., x. 849. Bar., I. 74.

rope prit l'alarme, et l'invasion des Flandres par la chevalerie de France, fut guidée par les mêmes principes et avait le même but que l'invasion de la France par les alliés en 1793; mais le temps n'était pas encore venu où les habitants des villes pourraient lutter avec succès contre les forces de l'aristocratie. Ce fut en vain que les bourgeois de Gand mirent en déroute leurs barons, et qu'ils assiégèrent avec 60,000 hommes les nobles de leur pays à Oudenarde. Les escadrons bardés de fer de la gendarmerie française rompirent facilement leurs rangs, et la victoire de Resebèque anéantit les libertés de la France pour quatre siècles. Les municipalités françaises, parmi lesquelles la fermentation avait déjà commencé, perdirent toute espérance, lorsque les bourgeois des Flandres furent vaincus, et se résignèrent sans résistance à un destin, qui dans la position des choses, semblait inévitable. Vingt mille citoyens armés attendaient le retour du monarque victorieux dans Paris; mais le déploiement de la force populaire arrivait trop tard pour protéger la liberté publique [1]; leurs chefs furent emprisonnés et exécutés, et l'érection de la Bastille en 1389 marqua le commencement d'une longue période de servitude, qui ne devait finir qu'à sa chute en 1789. Les luttes que le peuple engagea en France pendant le règne de Charles VI, de même que la révolution qui arriva quatre siècles plus tard, différèrent complètement de

[1] Bar., t. 74, 295. Sism. xi. 397, 400, 407.

caractère et de but d'avec les efforts que firent les Anglais pour défendre leurs libertés. Les barons normands arrachèrent la Grande-Charte à Runnymède; les paysans français tentèrent l'insurrection de la Jacquerie; les communes françaises seules, soutinrent la confédération de Gand. Dans le premier cas, les barons marchèrent à la tête de la classe populaire et stipulèrent pour eux et leurs inférieurs, les privilèges de la liberté ; dans le second, les nobles se joignirent à la couronne, et s'entendirent pour étouffer un esprit qui menaçait leurs privilèges exclusifs. La modération et l'humanité distinguaient les premiers; la cruauté et l'exaspération souillèrent la conduite des derniers, tant les commotions populaires ont été de bonne heure marquées dans les deux pays, par le caractère qui depuis les a toujours distinguées; tant la force des circonstances extérieures a partout et dans tous les temps, imprimé le même esprit aux efforts du peuple [1].

Diverses circonstances concoururent après cette cette période à retarder les progrès de la liberté publique, et à conserver en France cette haute puissance aristocratique qui, en dernier lieu, amena la révolution.

I. La monarchie française, pendant le temps de la féodalité, était plutôt une confédération d'états séparés, qu'un gouvernement unique. Les grands vassaux exerçaient tous les droits de la souveraineté,

[1] Bar., t. 74, 205.

sans aucun contrôle étranger : ceux de battre monnaie, de faire des guerres privées, et de juger sans appel dans les causes civiles ; ils étaient exempts de tous impôts publics, excepté des obligations féodales, et ne reconnaissaient aucun contrôle législatif ; aucune nécessité commune, la crainte d'aucun ennemi commun, ne forçait les grands vassaux à rechercher l'assistance populaire, ou à armer leurs subalternes contre le trône. L'immense pouvoir que la conquête donna à la couronne en Angleterre, courba tout d'un coup la turbulence des barons, établit une même loi pour tout le royaume, et engagea les nobles à armer leurs vassaux dans l'intérêt de leur propre sûreté. En France, la faiblesse du trône mit les grands vassaux en position d'usurper les pouvoirs de la souveraineté, brisa en plusieurs coutumes distinctes et provinciales la loi générale du pays, et fit réserver exclusivement l'usage des armes aux gentilshommes et à leurs gens ; ni des intérêts communs, ni la nécessité de défendre des privilèges communs, ni des dangers communs, ne rapprochaient ces membres désunis. La monarchie vieillit, sans que les sujets eussent éprouvé les sentiments, ou soutenu les intérêts, ou manié la puissance d'un peuple uni [1].

II. Les longues et sanglantes guerres avec l'Angleterre, qui durèrent presque sans interruption pendant cent vingt ans, furent fatales aux progrès

---

[1] Hallam, I. 227. Hume, II. 118.

de l'industrie commerciale et manufacturière de la France, et à l'esprit d'indépendance qu'elle engendre naturellement. L'influence de la guerre en Angleterre se manifesta principalement par une nouvelle activité dans l'industrie domestique, les perspectives de butin que présentèrent les expéditions du continent, et la solde élevée que l'on offrait pour exciter l'énergie de la yeomanry [1]. Les invasions anglaises en France excitaient des sentiments bien différents; on n'en attendait que défaite et déshonneur pour les nobles; pillage et dévastation pour les bourgeois, misère et famine pour les paysans. Après que la noblesse féodale eut péri à la bataille d'Azincourt, tous les liens de la société furent brisés; chaque château fut fortifié et devint la résidence d'un partisan, presque toujours aussi redoutable pour ses compatriotes que pour ses ennemis; partout la guerre et ses ravages; et les misérables paysans, chassés de leurs demeures et forcés de chercher protection derrière les remparts des villes, ne pouvaient s'aventurer dans les campagnes pour cultiver la terre, sans placer des védettes sur les clochers pour les avertir de l'approche du danger. Une chose qui prouve encore aujourd'hui la conséquence de ce défaut de sécurité, c'est l'absence totale de chaumières dans tout le nord et l'est

---

[1] Il paraît d'après Rymer, que le comte de Salisbury donnait un shilling par jour à chaque homme d'armes, et six pences (12 sous) à chaque archer ; somme équivalant à quinze shillings, et sept pences de notre monnaie (16 fr. 50). Rymer, t. 10, 392. Monstrelet, t. 303.

de la France, circonstance qui forme un contraste significatif avec les humbles, mais confortables demeures, qui partout s'élèvent au milieu des vertes campagnes de l'Angleterre. L'opulence commerciale, la source la plus sûre de la liberté dans les siècles civilisés, disparut durant ces luttes terribles ; l'industrie fut anéantie par la destruction de ses produits et l'incertitude complète de pouvoir recueillir et conserver le fruit de ses efforts ; la violence devint universelle, parce que seule elle conduisait aux distinctions. C'était en faisant de grands sacrifices pécuniaires que l'on obtenait des mercenaires des pays étrangers; les auxiliaires écossais arrêtèrent le cours du désastre à Crevant et à Verneuil; et la puissante monarchie militaire de France, fut forcée de chercher de l'appui dans les armes d'un peuple barbare. Pendant de telles calamités, il était impossible à la liberté de faire aucun progrès, et les malheureux habitants, contraints de défendre chaque année leur existence contre des ennemis extérieurs et domestiques, n'avaient ni le loisir de réfléchir sur les bienfaits de la liberté, ni les moyens d'acquérir les richesses qui pussent lui donner quelque prix [1].

III. Lorsque l'enthousiasme de la pucelle d'Orléans, la valeur des nobles, aidée par les troubles qui déchiraient le sein de l'Angleterre elle-même, eurent chassé ces envahisseurs détestés, les

[1] Hallam, I. 108. Villaret, XIV. 302. Sism. *France*, X. 543, 548

nombreuses bandes d'hommes armés qui se répandaient par tout le royaume, pillant et ruinant le peuple, appelèrent l'attention de l'autorité royale ; elle vit qu'il fallait un puissant effort pour remédier à ce mal. De là naquirent les compagnies d'ordonnance de Charles vii, le premier exemple qui fut vu dans l'Europe moderne d'une armée permanente. Ces compagnies, qui ne consistèrent d'abord qu'en seize mille hommes d'infanterie et neuf mille de cavalerie, donnèrent bientôt à la couronne une supériorité décidée vis-à-vis de la milice féodale. Constamment sous les armes et prêtes à marcher, elles pouvaient défier les armements lents et incertains des nobles. De ce moment, l'influence royale en France ne cessa de s'accroître ; une suite de circonstances heureuses réunit les principaux fiefs à la monarchie. Les forces des bourgeois, non plus que celles des barons, ne purent former un contrepoids. Les tumultueuses levées féodales, irrégulièrement appelées et très-imparfaitement disciplinées, ne pourront jamais soutenir long-temps la lutte contre un corps, même peu nombreux, de soldats réguliers qui auront acquis de la science dans l'usage des armes et resteront serrés autour de leur drapeau dans la bonne comme dans la mauvaise fortune. Mais à cette faiblesse inhérente aux armes féodales se joignait, pour la noblesse française, le manque total d'appui parmi le peuple. Les bourgeois, opprimés et insultés par eux, ne pouvaient sentir aucune sympathie pour leur cause. Les paysans, inaccoutumés à l'usage des armes et ulcérés par le souvenir de la rapine et de l'injure, étaient à la fois hors d'état de se liguer contre le trône et peu disposés à humilier un pouvoir de la protection duquel eux-mêmes avaient besoin. Il fut donc possible à l'autorité royale de devenir, en peu de temps, despotique, et Louis xi, avec une armée qui ne comptait que vingt-quatre mille hommes d'infanterie et quinze mille de cavalerie, fut maître absolu dans ses états.

IV. La situation de la France au milieu des grandes monarchies militaires de l'Europe rendit plausible l'entretien d'une armée permanente qui alla toujours s'augmentant, et perpétua la prépondérance acquise par le trône; après la corruption des mœurs féodales, opérée par les progrès du luxe, après le coup mortel porté à la vaillance chevaleresque des nobles par l'invention des armes à feu, il ne restait plus dans l'état une force capable de résister à la force royale. Les nobles accoururent en foule à Paris pour goûter les plaisirs de la capitale et se mêler aux pompes de la cour; les paysans, sans aucune notion de discipline, accablés par leurs supérieurs, ensevelis dans l'ignorance, perdirent jusqu'à la mémoire du nom de liberté. Les guerres avec l'Angleterre avaient cependant ranimé l'esprit militaire, non-seulement parmi les nobles, mais parmi le peuple; les évènements politiques qui suivirent donnèrent à l'esprit français sa direction nationale, et la France apparut bientôt comme une puissance toute conquérante. On vit le courage et l'énergie de la nation s'élancer rapidement dans cette ligne. On permit au souverain d'accroître des forces destinées à parcourir une si brillante carrière, et le peuple, enivré par les conquêtes de Charles VIII et de François 1er, n'arrêta sa pensée ni sur les désastres qui suivirent des succès passagers, ni sur l'ascendant que la guerre assurait au souverain. La soif de gloire militaire, entretenue par des triomphes répétés, devint la passion dominante de la nation ; les états-généraux qui, pendant un demi-siècle, avaient joui d'une autorité presque égale à celle des parlements anglais, furent graduellement écartés, et l'institution tomba en désuétude, non pas tant encore par les empiétements de la couronne que par la négligence de la nation ; lorsque la révolution commença, il y avait près de deux cents ans qu'on ne les avait assemblés et que la nation, éblouie par l'éclat des succès militaires, avait vu en silence tous les pouvoirs passer dans la main de ses rois.

V. Dès les premiers temps, la distinction entre le patricien et le plébéien, entre l'homme noble et l'homme de basse naissance avait été établie en France, et, par une coutume funeste, ce privilège s'étendait à tous les enfants, au lieu d'être restreint, comme en Angleterre, au fils aîné ; la conséquence fut une séparation absolue entre les deux ordres et l'existence d'une ligne de démarcation que ni le talent, ni les entreprises hardies, ni les succès brillants ne purent franchir. « C'est une chose terrible, dit Pascal, que de réfléchir à l'effet du rang; il donne à un enfant à peine né une considération qu'un demi-siècle de travail et de vertu ne saurait procurer à d'autres. » De toutes ces institutions qui se présentent dans l'histoire des premiers temps de la France, il n'en est point qui aient influé d'une manière aussi puissante sur le caractère de la révolution.

VI. La réforme, qui eut des conséquences si importantes pour les autres états, produisit peu d'effet en France, à cause du petit nombre de ceux qui adoptèrent ses doctrines; elle poussa, il est vrai, des racines assez profondes dans les villes maritimes et commerçantes de la côte occidentale, mais les paysans de l'intérieur étaient trop ignorants, les nobles de la capitale trop dissipés pour en embrasser les doctrines; la lutte entre le parti protestant et le parti catholique fut déshonorée par les plus atroces excès. Le massacre de la Saint-Barthélemy resta, jusqu'à l'époque de la révolution, la scène la plus horrible offerte par l'histoire. Quarante mille personnes furent, dit-on, égorgées, tant à Paris que dans les provinces, en exécution des ordres sanguinaires et perfides de la cour. Les huguenots, de leur côté, ne mettaient guère plus d'humanité dans leurs actes; leurs insurrections furent dès le début accompagnées d'une destruction générale des maisons, de la propriété, de la vie humaine; et les traits hideux d'une guerre servile déshonorèrent les premiers efforts de la liberté religieuse ; ce fut en vain que les talents de Coligny, la générosité de Henri, la sagesse de Sully soutinrent cette cause; leur parti était trop peu nombreux, comparé à la masse de la nation, leur influence sur l'esprit public trop faible, pour leur assurer des succès durables; et le monarque, qui avait été porté sur le trône par les efforts des protestants, fut obligé de consolider son pouvoir en embrassant la foi de ses adversaires. La France ne fut pas asservie parce qu'elle resta catholique, mais elle resta catholique parce qu'elle était asservie. Les semences de la liberté religieuse furent répandues à pleines mains et abondamment arrosées du sang des martyrs; mais le sol n'était pas préparé pour les recevoir, et leurs rejetons, quoique vigoureux, furent bientôt flétris par le souffle du despotisme. L'histoire des luttes de la réforme en France, comme celle de sa suppression totale en Espagne, prouve l'inutilité du combat entre une liberté partielle et une servitude générale, entre des lumières individuelles et l'ignorance publique, entre les efforts d'une civilisation qui se développe et la force d'un despotisme établi depuis long-temps. Le combat commença trop tôt pour les intérêts de la liberté, trop tard pour la réforme du pouvoir. La dernière étincelle de l'amour de l'indépendance s'éteignit le jour où La Rochelle fut prise, et deux siècles d'une oppression continue furent nécessaires pour préparer le peuple à apprécier la valeur de ces droits que ses ancêtres avaient enlevés aux huguenots.

Mais dans les temps modernes, l'influence du despotisme ne saurait étouffer à jamais les lumières de la raison. La presse est un antidote certain contre tous les dangers de ce genre et contre tous les abus, excepté ceux qui peuvent naître d'elle-même; son action sur le despotisme peut être lente, mais elle est progressive et finit enfin par devenir irrésistible; en vain les souverains de la France mirent leurs soins à dégrader les classes inférieures; en vain ils couvrirent la corruption du despotisme de l'éclat de la gloire militaire; en vain ils encouragèrent les savants, récompensèrent les artistes, s'efforcèrent de contenir l'élan du génie dans les limites étroites d'une ambition égoïste; la vigueur de la pensée, l'énergie de la civilisation brisèrent les liens de l'esclavage. Les classes moyennes, dans le progrès des temps, commencèrent à comprendre leur importance. Les privilèges féodaux parurent révoltants à des hommes éclairés, et les chaînes de l'ancienne servitude insupportables à ceux qui sentaient s'élever dans leur cœur le désir de la liberté. Ni l'embarras des finances, ni la corruption de la cour, ni les souffrances du peuple ne doivent être comptés parmi les causes principales de la révolution; car vous retrouverez tous ces maux au même degré dans d'autres pays où cependant la tranquillité règne. Ces causes furent surtout l'odieux orgueil de l'aristocratie et le pouvoir abusif exercé par les rois.

Le caractère extraordinaire de la révolution française naquit donc de l'excès du despotisme qui l'avait précédée et de l'énormité des changements qui devaient la suivre. Elle fut marquée par la violence et souillée par le sang, parce que dans son origine, elle sortit principalement des classes laborieuses et eut quelque chose des traits sauvages d'une révolte servile; elle bouleversa entièrement les institutions du pays, parce qu'elle entassa en quelques années des changements qui eussent dû s'accomplir en plusieurs siècles. La direction en tomba bientôt aux mains des plus dépravés d'entre le peuple, parce que les classes élevées dédaignèrent de la prendre. Elle conduisit à une spoliation générale de la propriété, parce qu'elle était fondée sur une insurrection universelle des pauvres contre les riches. La France eût agi avec moins de violence pendant la révolution, si elle eût agi déjà avec énergie auparavant; elle n'eût pas si impitoyablement tiré l'épée pour revendiquer ses droits, si elle n'eût été long-temps gouvernée par l'épée; elle n'eût pas laissé si long-temps debout la guillotine dressée par la populace, si la majorité de ses habitants n'eût pas gémi pendant des siècles avec cette populace sous le joug de l'aristocratie.

C'est dans les époques en apparence désastreuses, durant les souffrances des générations entières, que le caractère de l'homme s'est le plus amélioré, et que les fondements ont été posés pour les institutions les plus favorables au genre humain. Les guerres de l'heptarchie, la conquête des Normands, les querelles des deux roses, la grande Rébellion, semblent à la première vue, les périodes les plus affligeantes de nos annales, celles où les discordes civiles se montrèrent les plus furieuses, où les peuples souffrirent le plus de maux, et pourtant ces périodes sont justement celles où le caractère anglais a pris sa trempe particulière et où la prospérité de l'Angleterre a trouvé le plus de causes de développement. Le courage y naquit de l'excès du malheur, l'union nationale de l'oppression étrangère, l'émancipation du peuple des dissensions de l'aristocratie, la liberté générale du despotisme des rois; le caractère que nous possédons aujourd'hui comme nation, les droits et le bien-être dont jouit le peuple, la liberté dont nous pouvons nous enorgueillir, l'énergie qui nous soutient, sont dus en grande partie, aux orages régénérateurs qui dans les temps passés éclatèrent sur notre patrie. De même les époques les plus sombres des annales françaises, celles des successeurs de Charlemagne, de la lutte contre l'Angleterre, des guerres de religion, du despotisme des Bourbons, sont probablement celles où se sont formées les plus honorables qualités du caractère français, qui grefférent sur les habitudes passives de la servitude romaine, le généreux courage de la chevalerie moderne ; sur la soumission aveugle du serf féodal, la valeur impétueuse du patriote, qui dégagèrent de la collision des opinions, le pouvoir de la pensée, qui jetèrent au sein d'un despotisme corrupteur, les germes de la liberté. A travers toutes les horreurs de la révolution, on peut reconnaître l'effet de la même loi bienfaisante ; et on n'en rejettera point les annales, puisqu'au milieu des calamités qui s'y déroulent, elles ne cessent d'inspirer la confiance dans la sagesse qui gouverne ce monde, la haine contre les vices qui le désole.

CHAPITRE II.

DES CAUSES QUI PRÉDISPOSÈRENT EN FRANCE A LA RÉVOLUTION.

ARGUMENT.

Causes immédiates de la révolution.—Le développement des forces dans les basses classes produit par la prospérité générale de la France et par les entraves imposées aux classes moyennes. — Destruction du pouvoir des grands feudataires. — Esprit militaire du peuple. — Philosophie et littérature.—État du clergé.—Privilèges de la noblesse.—Impôt.—État des classes ouvrières.—Redevances féodales.—Administration de la justice.—Prérogative royale.—Corruption de la cour sous les derniers règnes.—Embarras des finances. — Guerre d'Amérique. — Discipline allemande. — Goût excessif pour les innovations autant parmi les nobles que parmi le peuple. —Caractère de Louis XVI.—Maurepas, son premier ministre, aidé par Turgot, Necker, Malesherbes.—Réformes proposées par ceux-ci.—Opposition des nobles.—Mort de Maurepas.—Dissolution du ministère.—La reine Marie Antoinette.—Vergennes ministre.— Plans financiers de Calonne.—Ils échouent. — Assemblée des notables. — Brienne archevêque de Toulouse, ministre.—Les états-généraux demandés.—Lutte inutile avec les parlements. —Énergie croissante du peuple.—Coup d'état de Brienne, il échoue; la convocation des états-généraux accordée. — Retour de Necker.— Il faut consentir au doublement du tiers. — Ouverture des états-généraux fixée au mois de mai 1789. — Discussion sur les changements projetés. — Élections.—Disposition du peuple.—Effets des concessions de Necker.—Opinion de Napoléon sur ce sujet.—Réflexion sur la différence entre l'amour de la liberté et l'amour du pouvoir.—Les classes élevées à la tête de la révolution.

« Le peuple, dit le plus grand des hommes d'état de la France, Sully, ne se révolte jamais par caprice ou par le simple désir du changement; quand il se soulève, c'est par impatience de souffrir. » Les évènements subséquents n'ont pas démenti la maxime, quoiqu'ils aient prouvé qu'elle demandait quelque modification. Si nous examinons la condition des basses classes en France avant la révolution, il ne nous paraîtra pas étonnant qu'une convulsion sociale ait eu lieu ; et si l'humanité trouve beaucoup à déplorer dans les calamités qui en furent les suites, elle trouvera à côté une cause de consolation dans les réformes qu'elle amena.

L'observation de Sully n'est vraie que par rapport au commencement des troubles révolutionnaires. Une nation toute entière ne passe jamais d'un état de tranquillité à un état de trouble, qu'après avoir gémi long-temps dans un état de souffrance continue ; pour que des troubles partiels s'agrandissent en une révolution générale, il faut que cet état ait été celui de la grande majorité des citoyens; mais une fois que les esprits des hommes sont enflés par le succès de la résistance, des causes temporaires suffisent pour amener innovations sur innovations, par exemple, le besoin de mouvement qui suit une forte excitation, les embarras qu'amène la suspension du crédit, l'audace qui naît du crime impuni. « Le peuple, disait Robespierre, ne peut pas plus se révolter sans avoir été opprimé, que l'Océan se soulever sans être battu par les vents. » « Il est vrai, lui répliquait Vergniaud, mais les vagues continuent à se briser sur le rivage, après que la fureur des vents s'est apaisée. »

Le mécontentement universel qui régnait en France avant la révolution, prouve assez que des causes cachées opéraient puissamment sur tous les ordres de l'état. Des malheurs passagers amènent des séditions passagères aussi ; des griefs partiels excitent un mécontentement partiel, mais des souffrances longues et anciennes produisent une résistance vaste et durable.

En France, à l'époque de la convocation des états-généraux, le désir du changement était universel, excepté dans une partie des ordres privilégiés. La cruauté des jacobins et les recherches de l'assemblée constituante, produisirent ensuite une très-grande division, et allumèrent les flammes de la guerre civile à Lyon et dans la Vendée ; mais au début, un cri universel en faveur de la liberté, s'élevait de Calais aux Pyrénées. Les nobles pour la plupart, nommèrent des membres disposés à soutenir les intérêts de leur ordre, le haut clergé fit de même, mais le tiers-état et les curés soutinrent unanimement la cause de l'indépendance ; les haines profondes que l'injustice produisit plus tard entre le clergé et les partisans de la révolution étaient inconnues alors. Le serment du Jeu de paume ne trouva point de soutiens plus fermes que dans les solitudes de la Vendée, et le premier corps qui se joignit au tiers-état, dans sa résistance contre le trône, fut celui des représentants du bas clergé de France.

Il est évident, suivant l'observation d'un philosophe moderne, que la marche de la civilation produit nécessairement une collision entre les classes aristocratiques et les classes populaires; dans toutes les sociétés avancées, le pouvoir fondé sur la conquête, les privilèges tirant leur origine des époques de barbarie, des prérogatives créées pour des temps d'anarchie, sont incompatibles avec les désirs que développent la tranquillité et l'opulence d'une existence civilisée. Les uns ou les autres doivent céder. Le pouvoir de la noblesse doit éteindre l'influence croissante des communes; ou les efforts de celles-ci modifier ce pouvoir. Mais les secousses d'une révolution ne sont point toujours nécessaires pour opérer ce changement. Il est possible qu'il s'accomplisse si graduellement que non-seulement il ne produise aucune convulsion, mais qu'on ne le ressente que par ses effets vivifiants et bienfaisants sur la société. C'est son irruption soudaine qui seule cause des catastrophes, et c'est la rapidité de la descente sur laquelle le fleuve se trouve lancé qui le change en cataracte.

Située au centre de la civilisation européenne, il était impossible que la France au dix-huitième siècle échappât à la tendance générale vers de libres institutions. Quelque despotique que pût être son gouvernement, quelque puissantes que fussent ses armées, quelque hautaine que fût sa noblesse, le progrès naturel de l'opulence, joint à l'action de l'esprit philosophique, répandit une disposition à l'examen et à la désobéissance dans la bourgeoisie. Le gouvernement lui-même, en supprimant par son autorité les guerres privées et assurant une sécurité suffisante aux progrès de l'industrie, avait accéléré le moment d'une réaction contre lui. Les bourgeois, après avoir goûté les douceurs du repos pendant plusieurs siècles et avoir acquis une part considérable dans les richesses, se sentaient indignés des barrières qui les empêchaient de monter aux rangs les plus élevés de la société. Ceux qui parmi eux se trouvaient être d'un caractère entreprenant, qui sentaient en eux-mêmes des facultés dignes des plus hautes charges, frémissaient de s'en voir exclus. Ceux qui se livraient à la culture des lettres, à l'étude des sciences, tout pleins de l'esprit de la liberté antique, comparaient la brillante destinée du talent aux temps de la Grèce et de Rome avec sa marche chargée d'entraves dans les temps modernes. Toutes les classes, excepté les classes privilégiées, étaient donc mécontentes du gouvernement. C'est qu'il n'est point dans les temps modernes d'institutions qui puissent rester stationnaires, excepté dans les contrées de l'Orient, où les souverains, en empêchant l'accroissement de la richesse, préviennent l'élévation des individus. Partout où il est permis aux classes inférieures d'améliorer leur condition, leur puissance expansive doit tôt au tard agir sur le gouvernement.

L'esclavage empêcha ce progrès d'être sensible dans l'antiquité. La civilisation n'était alors qu'un assemblage d'institutions municipales. La liberté n'était que le privilège exclusif des habitants des villes. Dans un tel état des choses, le progrès de l'opulence et la corruption des mœurs dans les hautes classes devaient détruire la liberté et réunir les hommes sous un despote unique. Les premiers âges des peuples anciens furent les âges les plus libres ; les derniers furent des temps d'asservissement. Rien ne se soulevait au-dessous des ordres supérieurs pour menacer de les renverser, parce que les classes d'où aurait dû partir ce mouvement étaient enchaînées dans les liens de l'esclavage. Insouciant de l'avenir, privé de toute propriété, incapable d'un effort unanime, le grand corps des classes laborieuses restait dans un état de servitude tranquille, n'inquiétant point les classes supérieures par son ambition, ne les soutenant point par sa force.

Dans les temps modernes, au contraire, l'émancipation des classes laborieuses par le christianisme et la diffusion des lumières par le moyen de la presse, leur ont ouvert la voie du progrès et de l'élévation. Les ressentiments populaires sont devenus plus redoutables dans les derniers périodes des sociétés, parce que c'est alors que la richesse accumulée pendant des siècles a rendu le peuple plus puissant. Les progrès de l'industrie et de l'aisance sont devenus ainsi favorables à la liberté, parce qu'ils ont augmenté la force des classes qui doivent l'aimer et la soutenir. La lutte des factions devient cruelle à ces époques où les mains qui ont serré les liens autour de ces classes ne veulent pas les détendre. Si elles y consentaient, si elles les relâchaient doucement, le changement devenu nécessaire s'appellerait réforme; mais si, au contraire, elles les tendent avec plus de force et qu'il ne reste plus au peuple d'autre ressource que de les briser dans sa fureur, ce changement se nomme révolution.

On peut aisément reconnaitre l'action des causes que nous venons d'énoncer, dans toutes les sociétés libres de nos temps modernes. La source principale de la prospérité s'y trouve toujours dans les basses classes. C'est leur tendance à s'élever, c'est leur énergie toujours croissante qui, lorsqu'elles sont contenues dans de justes bornes par l'autorité du gouvernement et l'influence de l'aristocratie, posent à la fois les fondements de la richesse et assure les progrès de la gloire nationale; demandez à l'homme exerçant une profession quelconque, quels sont les efforts auxquels il reconnaît le plus de puissance dans les luttes qu'il lui faut soutenir; ce sont ceux qui partent d'au-dessous de lui; il peut résister à ses égaux, triompher de ses supérieurs, ses inférieurs sont partout formidables. En général, ceux qui s'élèvent le plus dans toutes les professions, sont les enfants des classes moyennes ou tout-à-fait inférieures, des hommes que la pauvreté a endurcis aux privations, que la nécessité a contraints au travail, et qui ont acquis de bonne heure, à l'école de l'infortune, des qualités préférables à tous les dons que la richesse et le rang ont pu faire à leurs supérieurs. L'influence de ce principe est si universelle, ses effets sur le progrès et sur l'avenir de la société, sont d'une telle importance, qu'on peut le considérer comme le trait le plus distinctif entre les temps anciens et les temps modernes. La balance du pouvoir dans un pays libre se trouve totalement changée par l'accroissement prodigieux de l'importance des ordres inférieurs ; une source d'autorité et de vigueur en jaillit, capable de remédier à presque tous les désastres nationaux, excepté ceux qu'amènent leurs propres excès ; à ce pouvoir immense développé dans les rangs démocratiques, il faut des digues, si l'on veut maintenir l'équilibre de la société.

Si elles ne possèdent point quelques avantages particuliers pour contre-balancer l'énergie supérieure et les habitudes industrieuses du peuple, les hautes classes, dans un état opulent et avancé en civilisation, doivent nécessairement succomber sous ses efforts ; l'indolence égoïste de la richesse, l'orgueil du luxe et de la naissance, ne seront que de faibles obstacles à l'activité de la pauvreté, à l'abnégation dont la nécessité a fait une habitude à l'ambition du talent ; l'élévation successive des plus heureux ou des plus habiles entre le peuple, jusqu'aux rangs élevés de la société, ne saurait devenir un préservatif à ce danger, car rarement, l'énergie survit à cette nécessité qui l'a développée, et les richesses semblent surtout énerver les descendants immédiats de ceux qui ont été les artisans de leur propre fortune; le développement incessant des facultés chez ceux qui composent les classes inférieures, pourra bien, s'il est contenu dans de justes bornes et dirigé d'après les lois de la morale et de la religion, produire une quantité de talents suffisante pour soutenir la fortune de l'état, mais non pas pour maintenir l'ascendant d'une certaine classe dans son sein; et dans les luttes de l'ambition domestique, l'aristocratie ne trouvera qu'un faible appui dans les descendants de ceux que des spéculations heureuses ont enrichis ou des services récents anoblis.

L'effet corrupteur de la richesse sur le caractère national, la tendance à éteindre l'amour de la liberté si justement et si douloureusement déplorée par les écrivains de l'antiquité, se fait moins sentir dans les temps modernes, à cause de ce grand changement dans les classes inférieures; la corruption marche bien toujours sur les pas de l'opulence, et si ceux qui se sont élevés par leurs efforts peuvent lui résister, rarement elle manque de perdre leurs descendants; mais comme le mouvement ne s'arrête pas, et que sans cesse de nouveaux citoyens, partis d'en bas, entrent dans les rangs supérieurs, l'influence du principe énervant et corrupteur se trouve long-temps balancée; une dose suffisante de vigueur et d'énergie rajeunit ainsi l'aristocratie. C'est lorsque des barrières trop fortes empêchent l'homme du peuple d'arriver jusqu'aux sommités de l'échelle, ou encore lorsque la corruption s'étend jusqu'à ces rangs d'où il sort, qu'un siècle d'opulence et de prospérité est infailliblement suivi d'un siècle de dégénération et de décrépitude.

Mais l'immortalité ou la perfection n'est pas plus le partage des peuples ici-bas que des individus : l'élévation, l'instruction du peuple ont ouvert des sources d'où la jeunesse peut découler long-temps et circuler dans le corps social, mais elles n'ont ni purifié ses souillures, ni enlevé le germe de la mortalité. L'arbre de science a produit ses fruits accoutumés de bien et de mal. La différence de lumières parmi les masses, a ouvert une voie aussi vaste aux vices qu'aux vertus de notre nature. Le progrès des premiers est aussi certain et même quelquefois plus rapide chez les peuples éclairés que chez les peuples ignorants; le désir excessif de s'élever et de se distinguer, que le sentiment de ses connaissances donne à l'homme de la classe moyenne, peut devenir la cause d'une corruption aussi profonde, d'une mollesse aussi grande que la servile obéissance des sujets d'un prince absolu. Les distinctions sans lesquelles la société ne saurait subsister, paraissent insupportables dans ces époques d'ambition effrénée et dans la lutte qui s'ensuit; les boulevards de la liberté sont renversés, autant par ceux qui agissent au nom de la démocratie que par leurs adversaires. Quand la lutte est finie, on s'aperçoit trop souvent que l'équilibre sur lequel est fondée la liberté, s'est trouvé détruit par l'anéantissement de toutes les classes qui séparent le prince du paysan; alors les basses classes tombent rapidement et irréparablement dans une dégradation où les plonge leur incapacité évidente de se procurer leur propre bien-être. Suivant la condition de la société, l'âge de l'état, le degré de vertu publique qui y règne, ces luttes sociales sont le commencement ou le terme d'une ère de prospérité et de gloire; l'expansion d'une végétation qui grandit, ou la fièvre qui précède la corruption; la révolution qui renversa la tyrannie des Tarquins, ou les luttes désastreuses qui préparèrent, par l'extinction du pouvoir patricien, la servitude de l'empire.

Ces causes, quel que puisse être d'ailleurs leur dernier résultat, rendent une collision inévitable entre les classes patriciennes et plébéiennes dans tous les états modernes parvenus à une haute civilisation; les nobles sont naturellement attachés aux dignités et aux privilèges qu'ils ont hérités de leurs ancêtres. La bourgeoisie s'efforce aussi naturellement d'étendre les siens, toutes les fois que ses richesses et son importance croissantes la mettent en état d'y prétendre. Le peuple à son tour demande à grands cris une part dans ces franchises dont il voit jouir ses supérieurs. Ce fut dans les villes de l'Europe que la lutte commença d'abord, parce que la protection des murs et la force que sent en elle-même une multitude rassemblée, devaient enhardir les premiers désirs d'indépendance ; elle grandit ensuite en Angleterre, parce que la sécurité d'une situation insulaire et les efforts d'un peuple industrieux y avaient vivifié les germes de liberté ; la France l'éprouva après, parce qu'un gouvernement régulier et des armées puissantes lui avaient long-temps assuré le double bienfait de l'indépendance au dehors et de la tranquillité au dedans.

I. L'abaissement des grands vassaux de la couronne, la consolidation de la monarchie en un grand royaume sous les règnes de Louis xi, de François 1er, de Henri iv, furent certes pour beaucoup dans la révolution de 89. Ce résultat si peu prévu et si bizarre fut plutôt produit cependant par la protection que le gouvernement accorda au peuple, que par les vexations qu'il put lui faire souffrir. Si le pouvoir central eût été plus faible, si les priviléges des grands feudataires fussent restés intacts, la France se fût brisée en une quantité de principautés indépendantes, et toute unité de sentiment, par conséquent, toute énergie nationale, se fût perdue dans la division de tant d'intérêts distincts les uns des autres ; une révolution n'eût pas été plus possible là qu'en Silésie ou en Saxe, tandis que par la destruction du pouvoir des grands vassaux et la création d'une redoutable force militaire aux ordres du gouvernement, l'unité de la nation fut assurée, son indépendance garantie, son industrie protégée. Un demi-siècle avant la révolution, la France goûta tous les bienfaits de la tranquillité intérieure : aucunes dissensions intestines, aucunes invasions, ne troublèrent cette longue période de sécurité et de repos. Il y eut bien des guerres extérieures, mais elles ne firent que servir d'issue à l'ardeur du peuple et offrir une riche moisson de gloire nationale. Les pires effets de l'oppression aristocratique avaient cessé depuis long-temps avec les guerres privées. Durant cet intervalle de paix, la situation relative et les sentiments des diverses classes de la société subirent un changement absolu. La richesse s'accumula dans les classes bourgeoises; elle glissa insensiblement hors des mains des nobles avec le pouvoir qui la suit toujours, par suite des dépenses folles auxquelles le luxe et le jeu entraînèrent ceux-ci. Quand la révolution éclata, on put d'un coup-d'œil apprécier ce changement. Ce n'était plus la noblesse territoriale, conduite par ses chefs respectifs, qui déployait ses étendards; ni les bourgeois des villes qui soutenaient des luttes isolées pour la défense de leurs murailles; c'était la garde nationale qui volait aux armes de toutes parts, animée par un même sentiment, forte par la conviction d'un appui mutuel. Ceux qui la composaient n'attendirent pas que leurs seigneurs vinssent les conduire, que leurs magistrats entreprissent de les diriger. Agissant hardiment par eux-mêmes, ils se chargèrent de soutenir la cause de la démocratie contre tous les pouvoirs, auxquels jusqu'alors ils avaient obéi.

II. L'esprit militaire du peuple français et le courage naturel qu'une longue suite de triomphes avait développé, le rendaient susceptible de l'audace nécessaire pour commencer un conflit, de la force patiente non moins utile pour le soutenir; sans cela, la révolution n'eût pas même été tentée, ou du moins dès son commencement les forces militaires dont disposait le gouvernement l'eussent facilement étouffée. Dans plusieurs contrées, en Portugal, en Espagne, en Italie, les peuples ont perdu, pendant de longs intervalles de tranquillité, la fermeté nécessaire pour conquérir leur indépendance. Ils se plaignent de leurs oppresseurs; ils déplorent les humiliations qu'ils subissent; ils regrettent leurs libertés, mais ils n'ont pas le courage d'essayer de reconquérir leurs droits; si des officiers étrangers les guident, ils sont incapables d'aucun effort puissant et soutenu sur le champ de bataille. Pour les Français il en était tout autrement : les longues et désastreuses guerres avec les Anglais, les discordes religieuses du seizième siècle, les conflits perpétuels avec les autres puissances avaient doué le peuple d'un esprit militaire trop vif pour que rien pût l'éteindre. Dans tous les temps, d'ailleurs, les Français ont été la nation la plus guerrière de l'Europe, et cette disposition touche de bien près à celle qui fait aimer la liberté ; on peut voir, il est vrai, le courage militaire subsister sans celle-ci, mais celle-ci ne saurait subsister sans lui.

III. Quoique la réforme eût été enchaînée en France, la hardiesse de la pensée, l'esprit d'investigation ne rencontraient point d'entraves dans les régions du goût et de la philosophie; Louis xiv ne fit aucune tentative pour arrêter l'essor du génie littéraire de son siècle, et la vigueur intellectuelle que l'on déploya de son temps, sur des sujets généraux, n'a jamais été surpassée. Dans le combat des esprits qui eut lieu pendant la révolution, vous ne trouverez point de spéculations plus hardies que celles offertes par les ouvrages de Corneille et de Pascal ; il est impossible que l'esprit de recherche subsiste ainsi long-temps en toute liberté sans que la politique ne devienne le but de ses efforts. La politique, la religion, la condition de l'homme dans ce monde et dans l'autre, seront toujours les objets les plus intéressants pour la pensée. Ce mouvement s'opéra sous les faibles successeurs du grand roi. Dans les spéculations philosophiques du dix-huitième siècle, dans les écrits de Voltaire, de Rousseau, de Raynal, des encyclopédistes, les questions politiques furent agitées avec une hardiesse sans bornes. Par un étrange aveuglement, les autorités constituées, quelque despotiques qu'elles fussent d'ailleurs, ne se mirent point en devoir d'arrêter cet examen qui, ne se manifestant que dans des termes généraux, et s'appliquant seulement aux autres états, semblait n'avoir point d'effet immédiat sur la tranquillité du royaume. Fortes de l'appui de la noblesse et de l'armée, confiantes dans ce calme qui régnait depuis si long-temps au sein du pays, elles se croyaient au-dessus de toute atteinte et n'imaginaient pas que des rêveries sur le contrat social, sur les mœurs et l'esprit des nations, pussent avoir quelque danger pour elles. Une attaque directe contre la monarchie eût été immédiatement punie par l'emprisonnement à la Bastille, mais l'étude d'objets généraux n'excitait d'alarmes ni parmi la noblesse, ni dans le gouvernement. Cette illusion était si universelle, que les jeunes nobles s'amusaient eux-mêmes à former des spéculations sur l'égalité originaire et l'état primitif de l'homme, convaincus que ces spéculations leur étaient aussi peu applicables que les coutumes de la Tartarie ou d'Otahiti.

Doit-on s'étonner de ce que ces hommes n'aient pas su voir les signes des temps nouveaux ? ils s'avançaient vers une région où rien de ce qui les avait guidés jusqu'ici n'existait plus, où les lumières d'un ciel inconnu jusqu'alors, où des constellations qui frappaient les regards pour la première fois, devaient guider l'homme d'état. A en juger d'après le passé, nul danger ne devait être appréhendé, car tous les soulèvements d'une nature sérieuse arrivés autrefois, avaient toujours été conduits par une portion du moins de la noblesse. A en juger d'après ce que nous savons aujourd'hui, de ce qui était alors à venir, le point noir de l'orage qui devait envelopper le monde dans ses ténèbres, était déjà visible à l'horizon.

Les spéculations de ces éloquents philosophes se répandaient parmi la génération naissante; captivée par la nouveauté des idées énoncées, éblouie par la brillante éloquence avec laquelle elles étaient développées, séduite par les exemples tirés de l'antiquité, que l'on présentait à son émulation, la jeunesse embrassa vivement des principes non-seulement libres, mais républicains. L'injustice de l'oppression féodale et des exclusions aristocratiques produisit une réaction violente dans l'esprit public. Dans les classes moyennes particulièrement, qui portaient avec plus d'impatience le poids des chaînes de la servitude, et qui désiraient plus fortement l'emancipation, parce qu'elles sentaient bien qu'elles seraient les premières à en profiter, la passion pour la liberté antique était poussée au plus haut degré. Madame Roland, fille d'un graveur, et conséquemment placée à l'un des degrés les plus modestes de l'état social, pleurait à neuf ans, de n'être pas une citoyenne de Rome, et prenait les vies de Plutarque, au lieu de son livre d'heures, quand elle allait assister à la messe.

On peut deviner quelles idées ont dominé l'esprit

public pendant une révolution, d'après le genre d'éloquence adopté et les allusions employées par les meneurs. En Angleterre, pendant la grande rébellion, le langage universellement employé par les chefs populaires, était celui d'un sombre fanatisme; leurs images étaient toutes tirées de l'Ancien Testament. Le fanatisme était alors le seul levier à l'aide duquel on pût soulever le grand corps du peuple; en France, la religion ne fut pas une seule fois mentionnée par le parti populaire; si on y fit des allusions, ce furent des allusions dérisoires; les images classiques, l'invocation adressée à la liberté grecque ou romaine, à l'esprit de l'antiquité, furent les grands véhicules auxquels on eut recours; les mœurs de Brutus, de Caton, de Scipion, étaient constamment sur les lèvres des orateurs; l'assemblée nationale ne retentissait jamais d'applaudissements si tumultueux, que lorsque le souvenir des héros de la Grèce ou de Rome était rappelé. Le peuple ne fut jamais saisi d'un zèle si ardent, que lorsqu'on le sommait de suivre l'exemple donné par les patriotes des anciennes républiques. Dans les moments d'extrême danger, lorsque la mort immédiate était devant ses yeux, c'étaient encore ces images éclatantes qu'on lui offrait; et il est impossible de lire sans émotion l'expression de ces sentiments puisés à la source de l'antiquité, que les premiers chefs du peuple devenus ses victimes, conservent encore à leurs derniers moments.

IV. Le clergé éprouva en France, le sort de tous ceux qui, dans un siècle plein de lumières, tentent d'enchaîner l'esprit humain; la résistance contre lui, devint générale, et dans la ferveur de l'opposition, on rejeta indifféremment ce qu'il y avait de mauvais et de bon dans ses doctrines. C'est la conséquence ordinaire des tentatives faites pour contraindre la croyance publique à recevoir des doctrines absurdes et incroyables. Aussi long-temps que les esprits restent dans un état d'inactivité et de torpeur, ils embrassent sans difficulté tout ce que leur enseignent leurs guides spirituels ; mais quand le besoin d'investigation s'éveille, que la lumière de la raison éclate, la réaction dans le sens opposé met le fanatisme de l'incrédulité à la place de celui de la superstition. Les réformateurs religieux, aussi bien que les réformateurs politiques, se contentent rarement de corriger ce qui est réellement défectueux dans l'objet de leurs améliorations. Dans la première ardeur de l'innovation, ils détruisent le tout parce qu'une partie est corrompue ; il en fut ainsi pour l'église catholique de France, elle avait été soutenue par les plus grands caractères, ornée par les plus beaux talents, qui pour la plupart enseignaient les croyances les plus simples et les plus bienfaisantes ; et cependant la nature irrationnelle de quelques-unes de ces doctrines finit par lui attirer l'animadversion générale. Quelle que soit la force de la superstition, le pouvoir de la raison finit toujours par l'emporter sur elle, il faut enchaîner celui-ci, si l'on veut faire supporter l'autre.

Aussi les recherches philosophiques en France furent accompagnées à un degré extraordinaire, non-seulement de liberté, mais d'irréligion; les écrits de Raynal, de Voltaire, de Diderot, de Rousseau, sont trop bien connus, pour qu'il y ait besoin d'insister sur cette vérité; de tels ouvrages ne sont pas éternellement nuisibles à la cause de la religion, et le christianisme, purifié dans la fournaise des imperfections humaines qui s'y étaient jointes, reparaît bientôt dans sa simplicité primitive et avec des forces nouvelles. Cette réaction a déjà commencé, et une philosophie calme que ne troublent plus les railleries d'un siècle incrédule, a dévoilé, dans la capitale de la France, aux yeux d'une multitude saisie d'admiration, les bienfaits des institutions religieuses, tels qu'ils sont consignés dans l'histoire; mais l'effet immédiat de ces mêmes ouvrages fut destructeur au dernier degré; en accoutumant les hommes à tourner en ridicule ce qu'ils révéraient le plus, en les poussant à rejeter les principes et la foi de leurs ancêtres, ils préparèrent la dissolution générale, non-seulement des liens de la religion, mais de ceux de la société; il n'en coûte plus guère à ceux qui ont rejeté toute autorité dans l'ordre religieux, pour la rejeter aussi dans l'ordre civil.

Dans le sein du clergé même, existaient des germes profondément enracinés de mécontentement et de haine; ils venaient de l'exclusion odieuse qui empêchait les plébéiens d'arriver aux grandes dignités cléricales ; dans quelques cas extraordinaires, le talent, sans les avantages du sang, avait suffi à élever un membre du clergé ; mais, sauf ces exceptions, les dignitaires de l'église étaient tirés de la même classe que les maréchaux et tous les dignitaires militaires et civils. Tandis que les évêques roulaient sur l'or et l'argent, s'épanouissaient au soleil de la faveur, le plus grand nombre des curés à qui tous les devoirs pratiques du prêtre chrétien tombaient en partage, travaillaient dans une vertueuse obscurité, à peine élevés, par le rang et par le bien-être, au-dessus des paysans qui composaient leurs troupeaux. Le total des revenus de l'église produits par les dîmes était de 130,000,000 de fr., dont 42,000,000 seulement étaient dans les mains du clergé des paroisses ; le nombre des ecclésiastiques était de 80,000. Ces revenus, tout considérables qu'ils paraissent, étaient peu de chose, comparés à l'étendue des possessions territoriales de ce corps, étendue qui embrassait presque la moitié du sol de la France. Les nobles et les prêtres possédaient les deux tiers du royaume, l'autre tiers était dans les mains du tiers-état, sur lequel tombait en bien plus grande proportion que sur les deux autres ordres le fardeau des impôts. La simple piété, la charité modeste de ces prêtres des campagnes, tandis qu'elles les rendaient chers à leurs paroissiens, formaient un contraste frappant avec les habitudes mondaines et la vie dissipée des membres du haut clergé ; leurs énormes richesses excitaient à la fois l'envie de leur ordre et des classes populaires qui ne voyaient dans l'oisiveté au sein de laquelle s'écoulait leur vie, aucune raison justificative de l'éclat de leur fortune. De là, l'indignation universelle qui se révéla en 1789 contre les vices et la corruption de ces hommes, et la facilité avec laquelle, dès les premiers jour de la révolution, leurs propriétés leur furent enlevées pour remédier aux embarras des finances [1].

V. L'insulte est, de toutes les vexations, celle qui se pardonne le moins ; l'orgueil de la noblesse paraissait plus difficile à supporter que tous les privilèges. « Quelque nombreux et quelque graves que fussent les griefs de la nation française, dit le plus habile des écrivains royalistes, Rivarol, ce ne furent pas eux qui amenèrent la révolution. Ce ne sont ni les taxes, ni les lettres de cachet, ni les autres abus de l'autorité qui ont irrité cette nation ; c'est *le prestige* de la noblesse qui l'a surtout soulevée : fait qui prouve que ce furent les boutiquiers, les négociants, les hommes de lettres, tous ceux enfin qui se sentaient jaloux de la noblesse, qui ameutèrent contre elle les artisans dans les villes, les paysans dans les campagnes. En effet, il peut paraître extraordinaire qu'une nation dise à

---

[1] Rivarol, 85. De Staël, I. 15.

un enfant, seulement parce qu'il possède un parchemin : « Vous serez un jour, à votre choix, prélat, maréchal, ambassadeur », tandis qu'elle n'a rien à offrir à une multitude d'autres enfants. » Les hommes doués de grands talents ou enrichis par leurs spéculations trouvaient en effet cette distinction si insupportable, que la coutume s'était établie, parmi eux, d'acheter des lettres de noblesse toutes les fois qu'il leur était possible de le faire; mais de là naissaient de nouvelles difficultés et un nouveau danger pour la monarchie. La richesse ou le talent, qui obtenaient des titres, ne pouvaient y ajouter l'éclat que répand l'antiquité : ils ne pouvaient se donner des noms historiques ou effacer la tache d'une basse naissance. De là une distinction entre les familles anciennes et les familles récemment anoblies, et une division dans l'aristocratie qui l'empêcha d'adopter en commun les mesures nécessaires à sa sûreté. Les grandes familles étaient plus irritées contre les *parvenus* que contre les classes inférieures; de celles-ci elles ne redoutaient rien : les autres étaient placés dans une situation trop voisine de leur domaine exclusif.

La distinction entre patricien et plébéien était poussée en France à un point qu'on se figurera difficilement dans ce pays de liberté. Toutes les personnes étaient ou nobles, ou roturières; point de classes mitoyennes, point de nuances dans les distinctions. D'un côté, cent cinquante mille individus; de l'autre, toute la masse du peuple français. Tous les emplois importants dans l'église, dans l'armée, à la cour, au barreau, dans la diplomatie, étaient exclusivement exercés par les premiers. Un tel système, chez un peuple florissant et éclairé, suffit à lui seul pour amener une révolution. Les hommes d'argent n'endureront pas longtemps l'insolence de l'aristocratie; les hommes de talent finiront par dédaigner le patronage des grands et les caresses capricieuses que leur prodigue l'engouement de ceux-ci, quand un public est formé et que les moyens existent d'arriver à la réputation sans l'appui de la noblesse. Le talent incline, en général, du côté opposé au gouvernement; cette tendance est marquée dans tous les pays libres et particulièrement en Angleterre, surtout dans les temps récents; elle naît de l'indépendance de pensée qui accompagne généralement le talent, et elle est comme un contre-poids donné par la nature à la trop grande influence que pourrait acquérir le gouvernement. Avant la révolution, elle s'était déjà hautement déclarée en France; les classes industrieuses, les hommes distingués par le talent ou par la richesse étaient unanimes dans leur haine contre la noblesse; le cri universel était pour la liberté et l'égalité, demandes presque inconnues dans la révolution anglaise. L'égalité de rang, l'abolition des priviléges, l'admission de tous à tous les offices étaient universellement réclamées, parce que les privilèges, l'exclusion des emplois et l'inégalité avaient été les maux sous lesquels avait le plus gémi cette vanité qui forme un des traits principaux du caractère français. Le soulèvement était moins contre le trône que contre la noblesse, contre ce poids accablant de la tyrannie féodale, incompatible avec l'esprit du siècle, et légué par la conquête des barbares.

VI. Le système des impôts, en France, formait un autre grief à cause de l'injustice avec laquelle ils étaient répartis : les deux ordres privilégiés étaient exempts des charges les plus oppressives, privilège fondé sur cette fiction féodale, que l'un défendait l'état par l'épée, tandis que l'autre intercédait pour lui par la prière. Un tel motif devenait particulièrement insoutenable après un long espace de tranquillité durant lequel les nobles n'avaient paru occupés que des plaisirs frivoles de la cour, la plupart des prélats que d'imiter les vices des nobles; aussi l'augmentation réelle que l'exemption de deux classes si opulentes ajoutait au fardeau imposé au peuple, quoique grande sans doute, n'était pas ce qui l'irritait le plus. L'odieux d'une telle loi gisait surtout dans son injustice.

Observons cependant qu'on s'est livré à beaucoup d'exagérations sur ce sujet, et que l'exemption des ordres privilégiés a été dépeinte comme bien plus importante et bien plus absolue qu'elle ne l'était réellement. Certes ils ne contribuaient pas à l'égal du reste de la nation, mais tous deux payaient beaucoup. Pour le service public, ils étaient soumis sans aucune distinction aux impôts indirects qui, en France comme dans les autres contrées, forment une partie si considérable du revenu de l'état. La noblesse payait encore la capitation et le vingtième qui, réunis, montaient quelquefois à cinq francs sur vingt-cinq. Le clergé, dans les provinces réunies par conquête à la couronne et qui forment environ un huitième du territoire et un sixième de la richesse du royaume, payait aussi la capitation et le vingtième, et si dans les anciennes provinces il n'était pas soumis à la première de ces taxes, c'est qu'il s'en était racheté par une somme de 24,000,000 de francs; il ne payait pas le vingtième, mais il faisait des dons gratuits et était soumis à d'autres charges dont le total se montait à un chiffre peu différent de celui qu'eût produit cette taxe. Le vrai motif de plainte, très-bien fondé d'ailleurs, était l'exemption des deux ordres, de la taille; taxe de l'espèce la plus odieuse et la plus impolitique, directement imposée sur le produit de la terre, et dont tout le poids, portant uniquement sur le tiers-état, avait fini par produire cette opinion générale, que le clergé et la noblesse étaient libres de toutes charges [1].

Les taxes en France étaient non-seulement lourdes, mais inégalement réparties, même entre les classes qui en supportaient le plus, et spéciale-

---

[1] Burke's, *Considérations*, *Works*, v, 222, 223. Duc de Gaete, ii. 311.

ment oppressive pour les cultivateurs du sol; la taille et le vingtième, pesant exclusivement sur le travail de l'agriculteur, et suivant ses profits, ne montaient pas, avec quelques autres charges plus faibles, moins de 171,000,000 de fr. On a calculé que sous l'empire d'un tel impôt, en supposant le produit d'un acre divisé en douze parts, sept de ces parts environ étaient pour le roi, quatre pour le propriétaire et qu'une seulement restait au fermier; tandis qu'en Angleterre, à la même époque, la part du cultivateur était de six livres sur dix, c'est-à-dire de trois quarts du produit au lieu du douzième, comme en France. Près d'un tiers de ce dernier royaume était alors entre les mains des petits propriétaires qui souffraient cruellement de la rigueur de l'impôt [1].

Les impôts sur la consommation montaient à 260,000,000 de fr., et le revenu total à 469,000,000 de fr.; mais cet immense fardeau était imposé sans aucun égard à la justice et à l'égalité par rapport aux diverses provinces; quelques-unes avaient obtenu des exemptions beaucoup trop considérables; d'autres, pour avoir montré un esprit de résistance, étaient écrasées sous des charges tout-à-fait disproportionnées; elles pouvaient encore, ces charges, s'augmenter à tout moment de la manière la plus vexatoire. La fixation des taxes dépendait des intendants des provinces, contre la volonté desquels, il n'y avait, par le fait, point d'appel, et qui exer-

---

[1] Arthur Young, 1. 332, 874, 875. Rapp. du Com. de l'imp., Pièces J., n. 1.

çaient souvent leurs pouvoirs de la façon la plus arbitraire. Des commissions royales avaient été établies pour prendre connaissance des questions concernant les revenus, dont la décision eût dû appartenir aux tribunaux ordinaires. Plusieurs de ces questions étaient jugées par le roi dans son conseil ; et de ces deux espèces de juridiction, il n'y avait pas de justice à attendre.

VII. Après avoir réfléchi au poids des taxes sous lesquelles ils gémissaient, on ne sera pas étonné que les cultivateurs en France fussent dans un état misérable. M. Young calcula en 1789, que le laboureur français, toute proportion gardée d'ailleurs, pour le prix des vivres, était de 76 pour cent plus pauvre que le laboureur anglais, c'est-à-dire qu'il avait 76 pour cent de moins dans les nécessités et dans les commodités de la vie, le travail agricole étant en France de 76 pour cent au-dessous du travail agricole en Angleterre ; il s'ensuit que toutes les classes qui y prenaient part, qui en vivaient, et ces classes peuvent être, on le sait, regardées comme les plus nombreuses, étaient dans la même proportion moins à leur aise, moins bien nourries, moins bien logées, moins bien vêtues que les mêmes classes de l'autre côté du détroit ; donc, à très-peu d'exceptions près, les paysans étaient dans la situation la plus indigente; leurs demeures étaient sombres, incommodes, presque dépourvues de meubles, leurs vêtements ressemblaient à des haillons; leur nourriture était de l'espèce la plus grossière; leur misère, dit M. Young, me rappela la cuisine de l'Irlande. Cette condition n'était pas plus heureuse dans les districts où la petite propriété dominait; au contraire, là se rencontrait la population la plus misérable et en même temps la plus nombreuse, et ce fait n'est nullement surprenant, rien ne peut plus sûrement amener une population excessive, que la division excessive des terres jointes à un gouvernement oppressif, que le moyen de subsister sans le moyen de jouir. La loi qui ordonne à l'homme de multiplier, se trouvera alors favorisée, sans qu'à côté s'élève aucune des limites nécessaires pour prévenir ses excès.

VIII. A côté de cette plaie de l'indigence des cultivateurs, la France en avait une autre qui l'accompagne presque toujours, la non résidence dans les campagnes, des grands propriétaires territoriaux; c'était un mal très-grave entraînant après lui, comme cela est immanquable, le mécontentement des vassaux et leur négligence dans la culture des terres. Les grands propriétaires accouraient tous à Paris pour y trouver le plaisir, la dissipation ou de l'avancement, et à l'exception de la Vendée, où un système de conduite tout différent était observé, les campagnes étaient à peine visitées par les seigneurs. La conséquence naturelle était qu'aucun lien d'affection, aucun intérêt commun n'unissait le seigneur et les vassaux. Le premier regardait les seconds comme des bêtes de somme, du labeur desquelles il devait extraire le plus grand profit possible ; les seconds le regardaient à leur tour comme un tyran, connu seulement par ses visites vexatoires et par les demandes insatiables de ses baillis. Négligés ainsi par leurs protecteurs naturels, ne recevant d'eux ni bienfaits, ni encouragement, les classes inférieures se pénétraient partout d'un esprit de rancune et de haine, et étaient prêtes à se joindre aux premiers incendiaires qui leur promettraient le pillage des châteaux et le partage de la la grande propriété. Qu'existait-il en effet en France de ces grandes et bienfaisantes entreprises si communes en Angleterre, qui unissent l'aristocratie territoriale aux fermiers, par l'amélioration qu'en éprouvent les biens de la première, et l'emploi qu'elles offrent à l'industrie des derniers. Nul perfectionnement dans l'agriculture, aucune avance de capitaux ne venaient des propriétaires du sol ; les routes, les ports, les canaux, les ponts étaient exclusivement entrepris et achevés par le gouvernement, et l'influence naturellement produite par la protection accordée à l'industrie et par l'émission de capitaux considérables, n'existait point pour la noblesse française ; dans la seule Vendée, les seigneurs avaient conservé une simplicité de mœurs primitive, et dépensaient sur les lieux mêmes avec une profusion toute rustique, les revenus de leurs terres. Aussi fut-ce dans la seule Vendée qu'on vit les vassaux se lever pour eux à l'heure du danger, et soutenir contre les forces républicaines une guerre difficile et glorieuse.

IX. Les redevances locales, les services imposés par la loi aux vassaux envers les seigneurs étaient oppressifs et odieux. Presque tous les paysans en France étaient plongés dans l'ignorance la plus profonde; on n'en trouvait pas un sur cinquante qui sût lire, et ceux d'une province ne se doutaient pas de ce qui se passait dans la province voisine. A cinquante milles de distance de Paris, ils ignoraient les évènements qui se succédaient dans cette ville pendant l'époque la plus active de la révolution. Ils se levèrent à l'instigation des démagogues des villes pour brûler les châteaux de leurs seigneurs; mais ils ne portèrent jamais leurs idées au-delà du cercle étroit de ce qu'ils pouvaient voir et sentir par eux-mêmes. Il n'existait pour eux ni réunions publiques, ni presse périodique qui pût propager les flammes de la révolte; cependant l'esprit de résistance se montra universel chez eux de Calais à Bayonne. Certes, il fallait une cause universelle de souffrances pour produire un mécontentement si général, une haine si unanime et si implacable. Nous pouvons la chercher surtout dans les droits féodaux qui gênaient, contrariaient, empêchaient quelquefois les opérations les plus importantes de l'agriculture. Le gibier de l'espèce la plus destructive, tel que les sangliers et les cerfs, pouvait prendre à son gré ses ébats dans de vastes districts appelés *capitaineries*, sans nul enclos qui protégeât les blés. Le tort qu'ils faisaient aux fermiers dans quatre paroisses seulement de Montereau, montait à 184,000 fr. par an. De nombreux édits défendaient le sarclage dans la crainte que les perdrix n'en fussent troublées, le fauchage du foin, de peur que leurs œufs ne fussent détruits, et mille autres travaux aussi nécessaires. Les plaintes pour l'infraction de ces édits étaient portées devant les cours *manoriales* où prévalaient toutes sortes de chicanes, de fraudes, de mesures oppressives. Rien n'est plus énergique que les expressions employées dans les cahiers des assemblées provinciales pour dépeindre la dureté de ces services féodaux. A toute mutation de la propriété soit en ligne directe, soit en ligne collatérale, les redevances étaient imposées. Il en était de même pour toutes les ventes. Les paysans étaient obligés de venir moudre leur blé au moulin du seigneur, cuire leur pain à son four, presser leurs raisins à son pressoir. Les corvées, ou l'obligation de réparer les chemins, fondées sur la coutume, sur les décrets, sur la servitude, étaient exigées avec la dernière rigueur. Dans plusieurs endroits, l'usage même des moulins à bras n'était pas libre, et il fallait que le paysan achetât du seigneur le droit d'écraser le grain entre deux pierres. Il serait trop long de vouloir faire l'énumération complète des services féodaux. Avant que la révolution n'éclatât, déjà l'on avait entendu souvent retentir les plaintes soulevées par tant d'injustices. Les corvées entre autres ruinaient annuellement un grand nombre de fermiers. Pour combler une vallée de la Lorraine, il n'y en eut pas moins de trois cents réduits à la misère. Les enrôlements pour la milice étaient aussi un grave sujet de murmure, et les cahiers des provinces les qualifiaient d'injustice sans égale. Les Français s'aperçurent cependant bientôt qu'ils avaient fait un mauvais marché en l'échangeant contre la terrible conscription de Napoléon.

En énumérant ces griefs du peuple, il ne faut point oublier que ce qu'il y avait peut-être de plus terrible en eux c'était la forme sous laquelle on la subissait. Le peuple écossais, dit Walter Scott, était jadis soumis à des redevances nombreuses, qui maintenant se trouvent réunies et résumées dans le mot emphatique de *rente*. Cette réflexion est applicable aux paysans français. En général, leur condition était celle de métayers. Ils recevaient la terre, la maison et les instruments de labourage, du seigneur, et partageaient avec lui le produit brut après que le collecteur des taxes avait été satisfait. Les services féodaux n'étaient autre chose qu'un paiement de la rente en nature; sorte de débouché pour la récolte universel et inévitable dans tous les districts ruraux où la culture est parvenue à un certain degré de perfection, mais où cependant un marché n'est point encore ouvert pour ses produits, soit à cause de l'éloignement des grandes villes, soit à cause du manque de communications intérieures. Le paysan espérait, lorsque les services et les dîmes furent abolis au commencement de la révolution, que leur total formerait un profit net ajouté à son gain; mais il s'aperçut bientôt que ce total n'augmentait que le revenu du propriétaire, et que sa condition n'était nullement améliorée. Sans doute, cette multitude d'exigences, dont on l'écrasait sous le régime de la féodalité, était vexatoire au plus haut degré; mais il est permis de douter que le poids de ces charges ait diminué par leur condensation en une seule redevance, et si les terreurs que peuvent causer les mots de rentes et de taxes n'égalent pas celle qu'inspirait le catalogue entier des obligations féodales.

X. L'administration de la justice en France était remplie d'abus, ainsi qu'il arrive dans tous les pays où l'opinion publique n'a pas toute l'importance qui lui est due, et où les juges sont à l'abri de son contrôle. Ceux-ci se montraient souvent pleins de partialité ou empressés à se vendre. De riches présents, la protection de la cour, les sourires d'une jolie femme, des promesses d'avancement pour leurs parents, influaient fréquemment sur leurs décisions. L'opinion générale, qui ne se trouvait pas toujours fondée, était que dans les cours provinciales, obtenir justice pouvait se regarder comme à peu près impossible. Les décisions des parlements n'étaient guère moins attaquées. Ces corps nombreux, animés d'un esprit de résistance si puissant, n'étaient pas, malgré leurs retentissantes professions de patriotisme, exempts de corruption. Et d'ailleurs, la diversité des coutumes introduisait dans leurs arrêts une variété d'opinions qui les rendait souvent contradictoires entre eux. Mais quoique, comme toutes les institutions de la monarchie, les parlements eussent grandement besoin de réforme, il y avait des particularités d'une haute valeur dans leur constitution, qui en avaient fait l'asile de la liberté durant la corruption et le despotisme des règnes précédents. Ils avaient cette excellence fondamentale, qu'ils étaient indépendants. La vénalité des charges de judicature, si révoltante au premier abord, avait eu pourtant cet heureux résultat. Ils étaient ainsi magistrats à vie, souvent même héréditaires. Quoique nommés par le roi, ils étaient à peu près hors du centre de son pouvoir. Plus celui-ci voulait le leur faire sentir, plus ils profitaient de leur situation pour manifester leur esprit d'indépendance. Ils composaient des corps politiques permanents, et ce principe d'unité et de durée qu'il y avait en eux, les rendait tout-à-fait propres à garder et à défendre les lois. Aussi, les soutinrent-ils constamment contre tous les changements de l'opinion et toutes les menaces du pouvoir. Ils sauvèrent ce dépôt sacré pendant les règnes de princes arbitraires, au milieu des luttes de factions non moins arbitraires que ceux-ci. Ils étaient les grands protecteurs de la propriété privée; leurs décisions, quoique variant avec les coutumes des diverses provinces, étaient en général sages et équitables. Enfin, ils opposèrent certainement la digue la plus puissante aux vices et aux excès de la royauté; l'esprit de liberté qui produisit la révolution prit naissance dans la conduite courageuse de ces assemblées, durant une lutte de près d'un demi-siècle, contre les ordonnances émanées du trône, et l'une des plus fortes preuves de la démence qui s'empara du parti démocratique, est l'acte par lequel, dès qu'il eut conquis l'autorité suprême, il détruisit ces assemblées vénérables qui, pendant si long-temps, avaient servi seules de boulevard contre l'invasion du despotisme.

XI. La prérogative royale, par une suite d'usurpations heureuses, avait pris une étendue incompatible avec la vraie liberté. Le droit le plus essentiel des citoyens, celui de délibérer sur les lois et d'accorder des subsides, était tombé en désuétude; depuis près de deux siècles, les rois, de leur propre autorité, publiaient des ordonnances ayant force de loi. Le droit d'approuver ou, comme on l'appelait, d'enregistrer ces ordonnances, avait passé du peuple aux parlements, mais leurs délibérations pouvaient être suspendues par un lit de justice, c'est-à-dire par l'intervention personnelle du souverain, et aussi, par l'exil et par des emprisonnements arbitraires. Les règlements que le roi ne pouvait faire légalement qu'avec son conseil étaient souvent adoptés sans leur intervention, et cet abus était devenu tout-à-fait habituel dans plusieurs branches du gouvernement. Des taxes étaient ainsi imposées sans le consentement de la nation ou de ses représentants; celles qu'avait jadis créées une autorité légitime continuaient après le terme qui avait été fixé à leur durée, ou étaient portées à un taux bien au-delà de celui auquel elles montaient dans l'origine. Des commissions criminelles, composées de personnes nommées arbitrairement par le roi, faisaient souvent trembler les particuliers pour leur liberté personnelle et pour leur vie; des lettres de cachet, sans accusation et procès préalables, pouvaient les plonger dans un cachot pour le reste de leur vie. Des dettes énormes, et dont l'intérêt annuel absorbait plus de la moitié des revenus de l'état, avaient été contractées et perçues sans l'assentiment national. Les créanciers du gouvernement, tenus dans une ignorance complète de l'état des finances, et de la sécurité qu'il pouvait leur offrir pour le paiement, devenaient chaque jour plus inquiets; les dépenses personnelles des rois s'étaient considérablement élevées sous les règnes de Louis XIV et de Louis XV, et rien ne les distinguait des dépenses publiques; les salaires de tous les hauts fonctionnaires civils, comme aussi des officiers de l'armée étaient regardés comme excessifs, d'autant plus que les devoirs imposés par ses offices étaient ou négligés, ou remplis seulement par des délégués.

XII. La corruption des mœurs souillait depuis long-temps le trône et la cour, et empoisonnait la source des faveurs, des bienfaits et des grâces. La maîtresse d'un roi ou un courtisan habile dans l'intrigue disposaient ouvertement des plus hautes places de l'armée, de l'église, de l'administration civile. Depuis les empereurs romains on n'avait point vu de débauches aussi effrontées que celles qui déshonorèrent la régence du duc d'Orléans et le règne de Louis xv; les mémoires secrets de l'époque prouvent avec une déplorable évidence, que les romans licencieux, alors publiés en France, offraient un tableau fidèle des mœurs du temps, et que les scènes de *Faublas*, des *Liaisons dangereuses*, des *Contes* de Crébillon, n'étaient nullement chargées. L'on vit plus d'une fois des femmes d'un haut rang choisir leurs amants dans les classes moyennes de la société, et ne pas hésiter à les faire mettre à la Bastille, quand elles commençaient à se lasser de leur fidélité. Telle était la dissolution des mœurs, que 500,000,000 de la dette publique avaient servi à des dépenses trop honteuses pour être mises au jour; dépenses qui, sous Louis xv, s'élevèrent dix fois plus haut qu'elles ne s'étaient élevées sous Louis xiv.

Le règne de Louis xv est, sous ce rapport, le

plus déplorable de toute l'histoire de France. Si nous voulons connaître les personnages alors au timon des affaires, il nous faut fouiller dans les antichambres du duc de Choiseul ou dans les boudoirs de Mme de Pompadour et de Mme du Barri. La société toute entière semblait se désorganiser ; des hommes d'état prétendaient faire figure comme hommes de lettres; des hommes de lettres ambitionnaient la réputation d'hommes d'état; les grands seigneurs voulaient être banquiers, les fermiers-généraux grands seigneurs. Les modes étaient aussi ridicules que les arts étaient défigurés ; des bergères en paniers ornaient les panneaux des salons où l'on voyait des colonels occupés à des ouvrages de femme. Tout se trouvait faussé dans le sens public comme dans les mœurs, signe assuré d'un bouleversement prochain. La société était parvenue à cet âge de décrépitude dont Rome offrit le spectacle à l'époque de l'invasion des barbares, et qui se reproduisit à Constantinople dans le Bas-Empire; seulement, au lieu de faire des vers dans les cloîtres on en faisait dans les antichambres : une brillante épigramme illustrait plus un général qu'une bataille gagnée.

Mais un trait particulier à ce siècle, c'est le contraste entre les habitudes frivoles et corrompues des hautes classes, et les sentiments de plus en plus nobles et généreux que le progrès des lumières et de la civilisation, inspirait aux classes moyennes.

Madame Roland, fille d'un simple bourgeois, a peint énergiquement l'indignation et le dégoût avec lesquels ces classes animées d'une ambition croissante et de la conscience du talent, contemplaient la frivolité et les vices de la noblesse. « Dès l'enfance, dit-elle, je me sentais étonnée qu'un tel état de choses, n'occasionnât pas la ruine immédiate, ne provoquât pas la colère vengeresse du ciel. »

L'effet de cette dissolution générale de tous les principes, était sensible dans tous les usages et dans la littérature ; c'est alors qu'on la vit infectée de tant d'œuvres pleines de dépravation, et qui ont fait sa honte ; de là est sortie cette licence universelle, qui, s'étendant avec les progrès de l'irréligion, est enfin poussée si loin, qu'à Paris les naissances illégitimes seront bientôt égales aux autres, et que déjà sur trois enfants, il faut compter un enfant naturel.

XIII. L'embarras dans les finances fut la cause immédiate de la révolution ; il força le roi à convoquer les états-généraux comme le seul moyen d'éviter la banqueroute. Les ministres eurent d'abord recours à des palliatifs, à des expédients temporaires, et firent tous leurs efforts pour prévenir le désastre ; mais l'accroissement des dépenses provenant du poids annuel de la dette publique, les rendit inutiles.

Le déficit annuel était d'environ 189,000,000 de francs ; aucunes mesures n'avaient été prises pour la liquidation ou la réduction de la dette ; il est vrai qu'une partie des charges consistaient en rentes viagères ; mais l'état d'épuisement du trésor était tel, que, pour satisfaire à ces demandes momentanées il fallait trouver des ressources extraordinaires. Rien, en définitive, ne parut praticable que la convocation des états-généraux; tous les partis en attendaient quelque soulagement, parce qu'on prévoyait qu'ils feraient la vente d'une partie des biens de l'église; ainsi l'occasion évidente et immédiate de la révolution fut l'imprévoyante prodigalité des règnes précédents.

XIV. Lorsque les esprits étaient déjà dans un état violent de fermentation, l'imprudente politique avec laquelle la France s'engagea dans la guerre d'Amérique, fut comme l'étincelle qui devait mettre le feu à la traînée de poudre préparée dès long-temps. Poussé par la jalousie contre le gouvernement anglais, par le désir d'accroître ses embarras en aidant ses colonies révoltées, Louis XVI prit la dangereuse résolution d'entrer dans cette querelle soutenue au nom de l'indépendance ; il en arriva naturellement, que les soldats français envoyés au-delà de l'Atlantique pour défendre la cause américaine, revinrent comme enivrés par les idées de patriotisme, de résistance, de liberté. Ces idées inconnues d'eux jusqu'alors, leur devinrent familières ; ils passèrent aisément du rôle de défenseurs de l'indépendance dans un pays ami à celui de défenseurs de leurs propres droits; et la victoire remportée dans une lutte où succomba le pouvoir royal, les remplit bien vite d'admiration pour les institutions républicaines; le triomphe des colonies d'Amérique ébranla ainsi les bases du despotisme dans l'ancien monde, et le trône de Louis XVI chancela par les efforts même qu'il avait faits pour renverser celui du monarque de l'Angleterre. Du reste, sa correspondance secrète a prouvé, qu'il n'était point d'abord favorable à cette guerre, et que lorsqu'il donna enfin l'ordre de l'entreprendre, il céda contre son propre jugement à l'entraînement de l'opinion publique, qui lui parut enfin irrésistible.

Les premiers meneurs de la révolution furent des hommes qui s'étaient signalés dans la guerre d'Amérique; le marquis de Lafayette et beaucoup d'autres jeunes seigneurs d'un caractère et d'un esprit distingués, revinrent de l'autre côté de l'Atlantique, remplis d'une vive admiration pour le gouvernement républicain, et d'un vif désir de l'offrir en exemple à leurs concitoyens. Tous les amis de la liberté furent transportés de joie du triomphe de l'indépendance dans le Nouveau-Monde, et leurs sentiments gagnèrent rapidement un peuple enthousiaste qui avait tant de sujets de plaintes autrement légitimes que ceux des patriotes qui venaient de briser leurs fers.

XV. Tandis que des causes si nombreuses com-

mençaient à préparer une explosion, les mesure[s]
peu judicieuses adoptées par le gouvernement, alié[-]
naient l'armée; les abus introduits dans la paie de[s]
troupes et dans les fournitures, étaient devenu[s]
excessifs, sans appeler la réforme, tandis que l'in[-]
troduction de la discipline allemande avec ses for[-]
malités inutiles et ses sévères punitions, mécon[-]
tentait et rebutait les soldats. Ces nouveaux règle[-]
ments soulevaient en eux tant d'indignation qu'il[s]
pleuraient de chagrin en voyant leurs compagnon[s]
punis de quelque faute légère par des coups de pl[at]
de sabre. Cependant, autant les jeunes nobles s'en[-]
thousiasmaient pour les usages anglais et la libert[é]
américaine, autant les officiers de l'armée conce[-]
vaient une admiration extravagante pour la disci[-]
pline prussienne. Il est difficile de dire quel genr[e]
d'innovation fut à cette époque, plus fatal à [la]
France. Il y avait aussi un règlement imprudent [et]
hors de saison, adopté en 1781, qui déclarait [la]
noblesse de la naissance nécessaire pour obten[ir]
une commission dans l'armée; cent ans de nobless[e]
étaient indispensables pour faire un officier. Ce r[è-]
glement irrita la bourgeoisie sans raffermir la fid[é-]
lité de l'armée, et il était tellement contraire à l'e[s-]
prit du siècle, qu'il ne put jamais être observé[.]
pour mettre le comble au mal, les gardes françaises[,]
par leur séjour permanent dans la capitale et leu[r]
commerce avec les classes les plus dépravées qu'el[le]
renferme, étaient à la fois poussées à l'insubordina[-]

tion, et pénétrées de tous les sentiments et de toutes les passions populaires ; aussi donnèrent-elles les premières l'exemple de la défection lorsque la révolution éclata ; preuve mémorable pour les siècles suivants du danger qu'il y a à confier la sûreté de l'état à un corps, que sa communication continuelle avec la populace infecte nécessairement de tous ses vices, et à préférer des gardes à belle apparence, mais au fond corrompues, à des défenseurs plus fidèles sous un aspect plus grossier.

XVI. Les causes que nous venons d'énumérer avaient sans doute fortement prédisposé la France à une révolution ; mais la cause la plus agissante et la plus énergique fut l'esprit d'innovation qui, comme une maladie véritable, s'étendit à ce moment de crise par tout le royaume, alluma dans toutes les classes la passion du changement, sans leur en laisser prévoir les effets nécessaires, et produisit enfin des maux beaucoup plus grands que ceux qu'il prétendait détruire.

Le bien absolu n'existe point dans les affaires humaines ; les meilleurs principes, si vous les poussez à l'excès, deviennent funestes ; les meilleures qualités tournent en vices ; la générosité touche à l'extravagance ; la charité même peut conduire à la haine ; l'inflexibilité de la justice n'est séparée de la cruauté que par une bien faible limite. Il en est dans l'ordre politique comme dans l'ordre moral. Si le calme du despotisme ressemble à l'immobilité de la mer Morte, la fièvre de la liberté et de l'innovation rappelle les tempêtes de l'Océan. On dirait qu'à des temps marqués par des causes impénétrables à la sagesse humaine, une frénésie universelle s'empare des hommes. La raison, l'expérience, la prudence se taisent à la fois, et ceux-là mêmes qui doivent périr des premiers dans l'orage, sont les premiers à exciter sa fureur.

Nulle part la vérité de cette observation n'a été plus sensible qu'en France dans les années qui précédèrent la révolution. Pendant le règne de Louis xv, personne ne prévoyait la catastrophe déjà si imminente, et les plus ardents à propager les idées novatrices étaient ceux dont elle devait dévorer la fortune et la vie. Les jeunes nobles applaudissaient aux écrits de Raynal, de Voltaire, de Rousseau, répétaient tous leurs arguments contre les privilèges exclusifs et le système féodal, sans prévoir qu'ils seraient les premières victimes de ces opinions. Long-temps avant que le tiers-état n'eût adopté les maximes de la liberté et de l'égalité, elles circulaient dans la noblesse française; mais elles étaient si bien déguisées sous le nom spécieux de philanthropie que personne n'en apercevait les conséquences. « Et réellement, dit M. de Ségur, qui eût pu prévoir le torrent de passions et de crimes prêt à être déchaîné sur le genre humain, dans un moment où tous les écrits, toutes les pensées, toutes les actions semblaient avoir pour unique but l'extirpation des abus, la propagation de la morale, le soulagement du peuple, l'abolition des traces d'esclavage encore subsistantes. C'est ainsi que les plus terribles convulsions se préparent par le monde. La nuit est sereine, le coucher du soleil a été beau, et cependant un ouragan affreux est sur le point d'éclater. »

L'amour de l'innovation, qui avait toujours été croissant pendant les dernières années du règne de Louis xv, acquit une force irrésistible sous son successeur; il embrassa tous les sujets, se répandit dans toutes les classes, bouleversa toutes les intelligences. L'imitation extravagante des usages anglais, appelée anglomanie, était plus qu'un simple esprit de la mode, c'était l'effort d'une disposition inquiète et mécontente d'elle-même, et tourmentée au fond d'un désir secret d'adopter les institutions d'un pays libre, dont, en attendant, elle copiait les bizarreries.

Mais après la guerre d'Amérique, l'admiration, depuis si long-temps acquise aux Anglais, passa à leurs ennemis; l'ancienne rivalité contre eux unie à l'enthousiasme républicain força le gouvernement à prendre dans la lutte une part à laquelle il répugnait. L'exaltation était portée à un degré tel, que des nobles du plus haut rang, des princes et des ducs sollicitèrent avec un zèle impatient des commissions dans les régiments destinés à aider les insurgés. Il eût été bientôt difficile de dire qui, du gouvernement, des nobles ou du peuple, s'empressait le plus pour leur défense. Rousseau avait entrevu dans cette impulsion universelle le commencement d'une nouvelle ère dans les destinées de l'humanité, de l'ère des révolutions, tandis que les gouvernements de France, d'Espagne, de Russie, n'y voyaient qu'un moyen d'abaisser la puissance maritime de l'Angleterre.

L'enthousiasme républicain grandit encore avec les succès de la guerre d'Amérique, et gagna jusqu'aux courtisans les plus rapprochés du trône. Un tonnerre d'applaudissements retentissait dans le théâtre de Versailles lorsqu'on y entendait prononcer ces vers célèbres de Voltaire :

> Je suis fils de Brutus, et je porte en mon cœur
> La liberté gravée et les rois en horreurs.

Il était aisé de voir à de tels signes que l'ère des révolutions ne commençait pas seulement pour le Nouveau-Monde. Les philosophes français employaient toutes les espèces de flatteries pour se faire des partisans parmi la jeune noblesse; la profession des opinions libérales était devenue un passe-port non moins indispensable pour être admis dans les salons à la mode, que pour gagner la faveur du peuple; et ces sentiments n'étaient pas limités à la France, ils se propageaient même dans les cours étrangères par l'extrême intérêt que l'on prenait à la guerre d'Amérique. A Saint-Pétersbourg, M. de Ségur vit sa décoration de Cincinnatus inspirer plus d'envie que celles qu'il avait obtenues des monarques européens. Aux éloges extravagants dont les empereurs, les rois, les nobles comblaient alors les philosophes et leurs systèmes de liberté, il semble qu'ils eussent conçu eux-mêmes l'idée d'établir un nouvel ordre de choses; ce ne fut qu'après avoir concouru à élever l'édifice qu'ils essayèrent de le renverser, oubliant que l'esprit humain, comme le temps, avance toujours et ne recule jamais. Ils furent étonnés quand ils virent que les hommes avaient assez de discernement pour leur appliquer les principes qu'eux-mêmes n'avaient pas fait difficulté de proclamer. La Fayette avait été salué par eux comme un héros, comme une divinité quand il soutenait la cause de l'indépendance au-delà de l'Atlantique; mais ils le flétrirent du nom de rebelle, dès qu'il essaya de faire triompher la même cause dans une contrée européenne.

Tant de causes n'opérèrent pas tout-à-coup et toutes à la fois; l'action de quelques-unes d'entre elles remontait fort loin. Pendant le règne de Louis xv, le mécontentement du peuple s'était accru par degrés et déjà les esprits clairvoyants prédisaient que le règne de son successeur serait plein d'agitation et de trouble. « J'ai eu grand peine, disait Louis xv lui-même, à me dégager des querelles avec les parlements; mais que mon successeur prenne garde à eux, car il est probable qu'ils mettront son trône en danger. » Dans le fait, pendant la dernière partie du dix-huitième siècle et surtout depuis la paix de 1763, des murmures sourds grondaient constamment au sein de la nation; excités d'abord par une portion de la noblesse qu'entraînait la force de l'opinion, ou qu'éblouissait la faveur populaire, augmentés ensuite par les fautes innombrables du gouvernement, par les mœurs efféminées et corrompues de la cour.

De tous les monarques qui avaient occupé le trône de France, Louis XVI était le moins capable de provoquer une révolution et le moins capable aussi de l'arrêter. Ferme dans ses principes, irréprochable dans ses mœurs, animés de sentiments humains, d'intentions bienfaisantes, il possédait toutes les qualités qui suffisent à orner un trône pacifique ou à rendre un homme digne d'estime et d'amour dans la vie privée; mais il n'avait ni le génie qui prévient, ni la fermeté qui comprime les révolutions. Plusieurs de ses qualités pouvaient adoucir le mécontentement du peuple, aucune ne pouvait en triompher absolument. Le peuple était fatigué du pouvoir arbitraire de ses monarques; le peuple était choqué des prodigalités scandaleuses de la cour; Louis était à la fois innocent dans ses mœurs, économe dans sa dépense; le peuple demandait une réforme dans l'administration; Louis plaçait sa plus belle gloire dans l'accomplissement de ce vœu du peuple. Tel était son désir de le réaliser, qu'il fit placer une boîte à l'entrée de son palais, afin que toutes les personnes qui auraient quelque idée d'amélioration à suggérer pussent par cette voie la lui communiquer. Mais pour opérer de grands changements dans la société, il ne suffit pas de faire des concessions à un parti, il faut encore contenir sa violence et retenir aussi celui qui lui est opposé. Le monarque français avait ainsi à remplir la tâche difficile ou de contraindre la nation à endurer des abus, ou de forcer l'aristocratie à consentir à des innovations; l'un ou l'autre de ces objets demandait plus de fermeté qu'il n'en possédait. L'irrésolution était son grand défaut, et dans les circonstances difficiles, sa volonté vacillant entre la noblesse et le peuple n'aboutissait qu'à aliéner de lui les deux partis; le premier, parce qu'il se méfiait de sa constance à le soutenir; le second, parce qu'il doutait de sa sincérité. Son règne, depuis son avènement au trône jusqu'à la réunion des états-généraux, offre une série d'améliorations qui ne suffirent point à calmer l'effervescence publique, de concessions qui ne firent qu'enflammer l'ambition des classes inférieures; si bien que l'on peut dire avec vérité, que les réformes créées par lui, lui furent plus funestes que le maintien des abus ne l'aurait été à un autre souverain.

Le choix qu'il fit d'abord de Maurepas pour premier ministre fut, sous tous les rapports, funeste à son règne. Ce vieillard, sans être dépourvu de bonnes qualités, n'était nullement fait pour remplir le rôle d'un ministre dans des temps difficiles ; il accoutuma le roi à des demi-mesures et à un système de temporisation, et contribua à développer en lui cette irrésolution funeste qui ne formait déjà que trop le trait dominant de son caractère. Exilé pendant près de vingt ans de la cour pour quelques vers satiriques contre Mme de Pompadour, il revint au pouvoir sans principe dominant que celui de s'y maintenir. Frivole dans toutes ses idées de gouvernement, il ne formait ses opinions sur les hommes et sur leurs actions ni d'après leur conduite, ni d'après leur utilité, mais seulement d'après leur tendance à le soutenir dans la faveur royale. Ses idées étaient en arrière d'un demi-siècle ; c'était un vieux courtisan de Versailles et non un ministre de la France. Le roi lui confia la nomination de ses collègues, et les choix qu'il fit furent moins déterminés par un système arrêté d'avance que par l'exigence ou l'inclination du moment.

Turgot, Malesherbes et Necker furent successivement appelés au ministère d'après le désir du roi et placés à la tête des départements que leur profession et leurs connaissances spéciales les mettaient à même de mieux diriger. La puissance croissante de l'opinion publique rendait évidente la nécessité de certaines réformes, et ces grands hommes furent choisis pour donner quelque consistance à des plans d'amélioration. Malesherbes était d'une ancienne famille recommandable dans la robe et avait hérité des vertus de ses ancêtres sans hériter de leurs préjugés. Son caractère était aussi généreux que son esprit était indépendant ; l'oppression lui paraissait aussi illégale qu'impolitique. Sa première condition, en acceptant les fonctions de ministre de l'intérieur, fut que le roi s'engagerait à ne point signer d'autres lettres de cachet que celles qu'il lui présenterait. Il était chaud partisan de la liberté de la presse ; d'ailleurs, d'un accès facile, d'habitudes simples et retirées, peu fait pour briller à la cour, mais éminemment capable de suggérer de sages résolutions dans le cabinet. Il prétendait, non pas *étendre*, mais *restaurer* les droits de la nation, obtenir pour les accusés la liberté de se choisir des avocats, pour les protestants la liberté de conscience, pour tous la liberté individuelle. Dans ces vues, il plaida en faveur de l'abolition de la torture, du rétablissement de l'édit de Nantes, de la suppression des lettres de cachet et de la censure. Turgot, doué de plus vastes facultés et d'un caractère plus ferme, Turgot dont Malesherbes lui-même disait : « Il a la tête de Bacon et le cœur de l'Hospital », visait à des réformes encore plus étendues. Profondément versé dans la science politique et dans toutes sortes de connaissances, également estimé pour ses grands talents et pour la pureté de ses mœurs, ardent à concevoir des améliorations en théorie et cependant capable, comme le démontra son administration du Limousin, de l'attention la plus minutieuse aux détails de la pratique, il eût eu, plus que tout autre homme, la qualité pour empêcher, à l'aide d'améliorations salutaires et prudentes, l'explosion de la révolution. Il travailla incessamment à effectuer ce que celle-ci finit par accomplir, la suppression de toutes les servitudes et de tous les privilèges exclusifs; il proposa de délivrer les travaux agricoles du fardeau des corvées, la communication intérieure des barrières des provinces, le commerce intérieur du poids des taxes, de soumettre également toutes les classes aux impôts, d'accoutumer le peuple par degrés et par le moyen de parlements provinciaux à l'exercice de ses droits, et de préparer ainsi le rétablissement des états-généraux.

Necker, Genevois de naissance et banquier de profession, fut choisi pour administrer les finances à cause du vaste crédit dont il jouissait, et de son habileté reconnue dans ces matières. On espérait qu'il trouverait quelque expédient pour procurer de l'argent à la cour et pour faire cesser l'embarras financier dont gémissait le gouvernement; mais comme il était fortement attaché aux idées de liberté, sa première pensée fut de faire servir cet embarras à l'émancipation du peuple. Son système était de se mettre hardiment en face des dépenses publiques, de ne pas faire un secret au monde de la disproportion entre les dépenses et les recettes, et de faire enfin cesser cette disproportion par un rigoureux système d'économie. Il proposait de subvenir aux besoins publics, dans les temps ordinaires, par des impôts ; dans les moments d'urgence, par des emprunts ; de familiariser le peuple avec les premiers en obtenant le consentement des parlement provinciaux, de l'amener aux seconds en donnant la plus grande publicité aux dépenses. Ainsi, les deux parties de son système étaient également favorables aux progrès de l'indépendance : les taxes en conduisant aux états-généraux, les emprunts en contraignant à rendre les comptes publics. Les premières créaient un organe légal pour l'influence populaire, les seconds offraient une pâture à l'opinion publique. Le caractère de Necker, comme homme privé, était inattaquable ; possesseur de richesses immenses, il en faisait un noble usage ; généreux sans orgueil et sans prodigalité, il eût fait un citoyen accompli sans une vanité secrète qui, en le portant plus tard à tout sacrifier à son grand amour de la popularité, attira des malheurs inouis sur le royaume.

Ces hommes éminents, avec leurs talents supérieurs, leurs intentions sincères, leur inflexible probité, ne purent parvenir à effectuer les réformes qu'ils avaient tant à cœur d'introduire. Les classes les plus influentes de la société étaient tellement intéressées à la conservation des abus, la noblesse intriguait avec tant d'ardeur pour obtenir le renvoi des ministres qui osaient proposer leur abolition, la voix publique était encore si faiblement entendue dans les limites du palais, que le roi fut contraint de renoncer à ses conseillers. Turgot s'était attiré la haine des courtisans par ses réformes, des parlements par l'abolition des corvées, de Maurepas par son ascendant sur le monarque. Assiégé de toutes parts, Louis XVI contre son propre sentiment renvoya ce vertueux ministre, laissant en même temps échapper ces mots : « Qu'il n'y avait que lui et Turgot qui aimassent le peuple. » Necker ne tarda pas à éprouver le sort de son collègue ; ses plans économiques avaient alarmé la cour, et le projet d'assemblées provinciales avait excité la jalousie des parlements qui voulaient concentrer dans leurs seules mains l'action puissante provenant du droit de résistance. Maurepas mourut bientôt après, et le roi tomba malheureusement sous l'influence de conseils bien différents de ceux qui l'avaient guidé au commencement de son règne.

La reine Marie-Antoinette devint, pour ainsi dire, le premier ministre de son mari, et hérita de tout l'ascendant dont avait joui son vieux prédécesseur. Jeune, belle, douée d'une âme haute et ambitieuse, on ne dut pas s'étonner de la voir obtenir cet ascendant qu'elle conserva jusqu'à la chute du trône. Son caractère était fait pour briller plutôt dans le malheur que dans la prospérité. Dans les cruelles épreuves de ses dernières années elle déploya un courage et une magnanimité dignes de la fille de Marie-Thérèse, mais durant la première partie de son règne elle mêla l'amour des plaisirs à celui du pouvoir, et, au lieu de se préparer par la réflexion et par des mesures fermes à conjurer les orages qui s'approchaient, elle n'usa guère de son influence que pour soutenir des hommes aussi funestes à son propre bonheur qu'à la stabilité du trône ; elle était peu instruite, ne lisait guère que des romans, et, dans ses jours prospères, avait une aversion marquée pour toute espèce d'affaires ou d'occupation sérieuse. Maurepas, qui avait conçu de bonne heure une extrême méfiance des ministres courtisans, eut du moins toujours le mérite de placer à la tête des diverses branches de l'administration des hommes populaires ; et s'il n'eut point assez de fermeté pour les y maintenir contre l'attaque des classes privilégiées, du moins leurs idées conservèrent assez de faveur pour empêcher le mal d'augmenter ; mais après sa mort le ministère, tout composé de courtisans, ne tenta même pas de réprimer les abus. Plusieurs de ceux qui avaient été abolis, tels que les corvées et les monopoles, furent rétablis, et le peuple, s'apercevant que les changements annoncés étaient abandonnés, exprima hautement son mécontentement. Dès lors la révolution devint inévitable ; le retour aux abus, après qu'on a laissé s'introduire le goût des réformes, est trop intolérable dans un siècle de lumières.

Un malheureux incident survint, qui, quoique frivole en lui-même, mérite l'attention par l'excitation nouvelle et violente qu'il donna à ce flot de l'indignation publique, dont le trône était menacé. Un collier de diamants d'une valeur immense, appartenant à un joaillier de Paris, était depuis longtemps désiré par la reine, quoiqu'elle eût eu la vertu de le refuser, quand le roi, à l'époque de la naissance du dauphin, voulut lui en faire présent. Le 15 août 1785, une lettre fut remise à Louis XVI, dans laquelle le cardinal de Rohan, grand aumônier, assurait au propriétaire du collier qu'il avait été remis à la reine; assertion dont la fausseté fut depuis démontrée; le cardinal fut arrêté, et l'affaire donna lieu à un procès qui eut un retentissement extraordinaire, et qui se termina par la punition de madame Delamotte, principale délinquante en cette affaire; mais quoique la reine, aux yeux de tous les gens raisonnables, eût fini par être justifiée, cette intrigue n'en ranima pas moins toutes les vieilles histoires sur l'extravagante prodigalité de la cour, que l'aumônier des dernières années avait commencé à faire oublier, et l'abbé de Talleyrand de Périgord, alors fort jeune, mais déjà doué d'une pénétration infaillible, disait en en parlant : « Soyez attentif à cette misérable affaire du collier, je ne serais nullement surpris qu'elle renversât le trône.

Vergennes fut l'homme choisi par la cour pour revenir aux anciens errements, et il plaça Calonne aux finances; hardi, inconsidéré, entreprenant, celui-ci était sous tous les rapports, l'opposé du prudent Genevois; doué d'une puissance d'application extraordinaire, et d'une conversation brillante, fertile en ressources, il avait tout ce qu'il fallait pour créer des expédients capables de satisfaire aux exigences du moment, et pour leur donner une apparence plausible qui gagnât le suffrage des esprits superficiels. Son système était d'encourager l'industrie par le luxe, d'étouffer le mécontentement par la prodigalité. L'économie de Necker l'avait perdu auprès des courtisans; l'extravagance de Calonne le fit haïr de la nation; mais si celle-ci qui payait les dépenses, voyait clairement à quel point ses mesures étaient trompeuses, les courtisans qui en profitaient ne prétendaient pas pour cela y renoncer, et les défendaient avec véhémence; à toutes les demandes de la reine, il répondait: si c'est possible, c'est fait; si c'est impossible, cela se fera [1]. Comme au temps de Louis XIV, il croyait que la dignité de la France résidait uniquement dans la splendeur de la cour [2]. La reine était séduite par la splendeur de ses fêtes; les nobles, par les pensions considérables qu'il accordait; les capitalistes eux-mêmes étaient trompés par l'exactitude avec laquelle il satisfaisait aux engagements publics et croyaient ses ressources inépuisables, tandis qu'au fond il n'en était ainsi que de

[1] Weber, *Mémoires*, t. 130.
[2] Mém. de Necker, t. 501.

sa disposition à emprunter. Ils ne s'apercevaient pas que, comme il arrive d'ordinaire avec un ministre prodigue, son exactitude à acquitter les dettes anciennes venait de ce qu'il en contractait incessamment de nouvelles, et que l'impuissance où en dernier résultat se trouverait le gouvernement de répondre à ses engagements, viendrait de la même cause, qui pendant un temps limité avait soutenu son crédit; il continua son système d'emprunts après la conclusion de la guerre d'Amérique, et ce crédit que les sages mesures de Necker avaient obtenu, se trouva enfin épuisé; alors il devint nécessaire d'avoir recours aux taxes, et dans ce but les *notables*, ou la principale noblesse du royaume, furent convoqués; mais le ministre qui avait basé sa popularité sur l'argent qu'il donnait, la vit s'évanouir dès qu'il vint en demander à son tour.

Composés uniquement des classes privilégiées qui avaient été accoutumées à recevoir des dons de la couronne, et non pas à lui en faire, les notables se montrèrent peu disposés à subvenir aux besoins publics. L'état des finances excita les plus sérieuses alarmes; il paraît que depuis la retraite de Necker en 1781, le gouvernement avait emprunté 1,646,000,000 de fr., et que le déficit annuel était au moins de 140,000,000 de fr. Cette découverte fut le signal de la disgrâce de Calonne. Les conséquences de son extravagance tombèrent d'abord sur lui, et il fut renvoyé n'emportant les regrets que de quelques-unes de ses créatures.

Joignant la témérité à l'ignorance, l'archevêque de Toulouse employa, en congédiant les notables, ces expressions frappantes qui devaient avoir des conséquences si importantes et si fatales. « Puisqu'un seul sentiment doit animer les trois ordres, chacun d'eux devrait avoir aux états-généraux, un nombre égal de représentants. Les deux premiers tendront à s'unir; mais le tiers-état, sûr de posséder à lui seul un nombre de suffrages égal à celui de la noblesse et du clergé pris ensemble, ne pourra rien craindre pour ses intérêts; il est juste d'ailleurs, que cette partie des sujets de Sa Majesté, si intéressante, si nombreuse, si digne de protection, trouve au moins dans le nombre des votes, un contre-poids à opposer aux avantages que la naissance et la richesse assurent aux deux autres ordres; dans cette vue, Sa Majesté règlera désormais le vote des états-généraux, non par ordres séparés, mais par têtes. » Tels furent les projets ouvertement annoncés par celui qu'on venait de décorer du titre de premier ministre. Tandis qu'ils circulaient parmi la nation, Malesherbes qui avait été rappelé au ministère, travaillait à convaincre le cabinet que la seule base solide d'une représentation nationale, était la propriété, véritable principe des gouvernements représentatifs, et qui seuls peuvent les rendre durables dans leur existence, et bienfaisants dans leurs effets; mais ce principe devait être dédaigné dans la première ferveur de l'innovation, et même aujourd'hui, on est loin de le comprendre autant que l'exigerait sa haute importance.

Brienne, archevêque de Toulouse, qui venait d'être nommé premier ministre, s'était montré l'antagoniste de Calonne dans l'assemblée des notables; mais on s'aperçut bientôt qu'il ne savait pas mieux diriger, et qu'il avait encore moins d'habileté dans le maniement des affaires. Il était actif, sans être ferme, téméraire, sans être persévérant; la reine avait été séduite par ses talents de conversation et ses réparties brillantes; mais il ne possédait aucune des qualités solides, nécessaires au ministre, dans un pareil moment surtout. Son caractère était un mélange de scepticisme et de jésuitisme. Sans avoir rien perdu des principes inculqués aux casuistes de l'école, il s'était, au grand scandale de l'église, jeté dans les bras des philosophes et des athées. Ses talents, sa conduite n'avaient pas plus de valeur que son caractère. Hardi, quand il commençait à concevoir ses plans, mais faible dans leur exécution, il perdait toutes choses par l'hésitation de sa conduite et son manque de considération.

L'assemblée des notables manqua à la fois de générosité et de soumission; elle approuva les assemblées provinciales, fixa certaines règles pour le commerce des blés, prononça la suppression des corvées, puis se sépara. Ses membres répandirent par toute la France la connaissance qu'ils venaient d'acquérir de l'embarras des finances, des fautes des ministres, de la prodigalité de la cour. L'esprit de résistance et de haine en prit de nouvelles forces. Les parlements demandèrent hautement qu'on leur soumît un état des recettes et des dépenses, et plusieurs officiers de l'armée déclarèrent qu'ils n'obéiraient point au roi, s'il les requérait contre les défenseurs du peuple ; ainsi le signal de la révolution fut donné par les parlements et par les classes privilégiées. Cependant, lorsque tout le monde félicitait le roi sur la convocation des notables comme un remède souverain trouvé aux maux de l'état, le vieux maréchal Ségur fut d'une opinion opposée. Tous les esprits, dit-il au roi, sont en fermentation ; les notables pourraient bien n'être que la graine des états-généraux ; et qui pourrait aujourd'hui en calculer les résultats ?

La fermentation produite par de telles suggestions, parties de si haut, ne connut bientôt plus de limites. C'est surtout dans les parlements que l'effervescence était extrême. « Vous demandez, dit l'abbé Sabatier, conseiller au parlement de Paris, à ses collègues assemblés, vous demandez des états de recettes et de dépenses ; ce sont des états-généraux qu'il vous faut. » Cette saillie, jetée au sein d'une nation déjà extraordinairement excitée, contribua puissamment à la révolution, en donnant un objet sensible et défini aux vœux du peuple. Celui qui l'avait prononcée fut envoyé en prison ; mais l'enthousiasme public n'en devint que plus vif, et bientôt une circonstance naquit qui amena les choses à une crise décisive.

Brienne se vit obligé par l'épuisement des finances de proposer deux nouvelles taxes, l'une sur le timbre, l'autre sur les biens fonciers ; mais le parlement, animé par l'approbation du public, encouragé par la voix presque unanime de la nation, refusa de les enregistrer. Le roi l'exila immédiatement à Troyes, d'où il fut rappelé peu de temps après, à condition que les édits seraient enregistrés. Mais ce n'était là que le commencement de la lutte. Les besoins croissants de la couronne rendirent de nouveaux impôts indispensables. Un emprunt de 440,000,000 de francs dépendait de leur acceptation ; le parlement le repoussa plus énergiquement encore que le premier, et le roi dut avoir recours à un lit de justice, où il fit procéder à l'enregistrement de sa propre autorité. En même temps, pour apaiser le public, il déclara les protestants réintégrés dans leurs droits, annonça la publication annuelle des comptes du gouvernement, et la convocation des états-généraux dans cinq ans.

Mais l'agitation était trop grande pour être calmée par ces concessions. Le parlement persista dans ses refus ; il fallut de nouveau avoir recours à des mesures de sévérité ; quelques membres et le duc d'Orléans furent immédiatement exilés. Le parlement répondit à cette persécution en publiant un arrêt par lequel il protestait contre les lettres de cachet et demandait le rappel de ses membres. Le roi annula l'arrêt; le parlement le confirma. Dans ces débats, il était soutenu par la magistrature toute entière. L'impulsion était devenue universelle, l'amour de l'indépendance avait acquis une force inexprimable. Toutes les classes participaient à l'enthousiasme ainsi répandu. Plusieurs d'entre les nobles et d'entre le clergé se joignirent au parlement et au tiers-état pour demander les états-généraux. Se plaçant à la tête du mouvement et sacrifiant à la nation ses propres prérogatives, le parlement de Paris déclara solennellement qu'il n'avait point le droit d'enregistrer les édits bursaux et demanda la convocation régulière d'une assemblée nationale. Cet acte courageux fut suivi d'un decret qui proclamait ses membres inamovibles, et frappait d'illégalité les actes de quiconque prendrait leur place. Le roi avait eu beau exiler Fretau et Sabatier aux îles d'Hyères et le duc d'Orléans à Villers-Cotterets, cette imprudente mesure était plutôt capable de redoubler que de calmer l'effervescence de la nation, et la révolution était évidemment devenue inévitable, puisque toutes les classes, d'une voix unanime, demandaient les états-généraux.

Brienne, voyant que l'opposition du parlement était systématique et se renouvelait à chaque demande de subside, tenta une mesure générale qui

devait mettre fin à toute résistance pour l'avenir.
Il ne s'agissait rien moins que de dépouiller le parlement de toutes celles de ses attributions qui sortaient de l'ordre judiciaire. Lamoignon, homme d'un caractère intrépide, fut choisi pour exécuter cette tâche difficile. Il l'accomplit, mais la cour s'était trompée en calculant la résistance qu'elle éprouverait. Une nouvelle organisation des parlements fut essayée. En un même jour on exila toute la magistrature ; le garde des sceaux dépouilla le parlement de Paris de ses pouvoirs politiques pour en revêtir une cour plénière composée des partisans de la cour, et quant aux pouvoirs judiciaires, il les confia aux bailliages. Le parlement de Paris ayant protesté, le roi fit arrêter deux de ses membres, d'Espréménil et Goeslard, dans le sein même de l'assemblée. Trois jours après, un lit de justice fut tenu pour l'enregistrement des édits. Lorsqu'on entra dans la salle pour arrêter d'Espréménil, personne ne voulut le désigner aux gardes ; nous sommes tous autant de d'Espréménils, criait-on de toutes parts, et lui et son collègue se remirent d'eux-mêmes aux mains des satellites royaux. Cependant la cour du Châtelet protesta contre les mesures illégales prises par la couronne. Des troubles éclatèrent à la fois dans le Dauphiné, dans la Flandre, en Bretagne, en Provence, dans le Languedoc et dans le Béarn. Le ministère, au lieu de la résistance organisée et régulière du parlement, rencontra l'oppo-

sition plus impétueuse et plus menaçante du peuple encouragé par les hautes classes. La noblesse, le peuple, les assemblées provinciales, le clergé, tous s'unissaient dans une même demande. Brienne, toujours pressé par la pénurie du trésor, convoqua une assemblée du clergé, et la première chose que fit cette assemblée fut de voter une adresse au roi pour demander l'abolition de la cour plenière, et la convocation immédiate des états-généraux, comme le seul moyen de rétablir le crédit public, et de terminer le déplorable conflit de l'autorité royale et de l'autorité judiciaire.

Poussé dans ses derniers retranchements, Brienne se décida enfin à convoquer les états-généraux comme l'unique ressource qui lui restât, mais cette résolution le perdit. Appelé au timon des affaires pour remédier aux embarras du gouvernement, il n'avait su que l'enfoncer dans de plus grandes difficultés; il avait trouvé la cour tourmentée seulement par des contestations pécuniaires, il la laissait engagée dans une lutte plus sérieuse dont l'objet était le pouvoir; il avait rendu inévitable ce qu'elle regardait comme le pire remède à ses embarras, la convocation des états-généraux. La cause immédiate de sa disgrâce fut la suspension du paiement des rentes sur l'état, ce qui équivalait à une déclaration de banqueroute nationale. Son administration a été très-décriée, parce que ce fut sous elle que les désastres publics commencèrent; mais il aurait possédé les talents de Sully ou la sagacité de Richelieu que le résultat eût été le même; on en était arrivé à ce point que les besoins publics exigeaient absolument un secours d'argent, et qu'il était impossible de l'obtenir autrement qu'en faisant droit aux griefs publics.

La cour, attaquée ainsi de toutes parts, prit donc enfin la résolution hardie de convoquer les états-généraux dans l'espoir que le tiers-état défendrait le trône contre l'aristocratie judiciaire, de même que ses ancêtres l'avaient défendu contre l'aristocratie féodale. Passant tout-à-coup d'un extrême à l'autre, non-seulement elle pressa la convocation des états et prescrivit le mode de leur réunion, mais elle invita les corps savants et les écrivains populaires à donner leur avis sur ce sujet: et, en même temps que le clergé réuni déclarait officiellement qu'il était nécessaire d'accélérer le moment de la convocation, le roi la fixait à une date beaucoup plus rapprochée que personne n'aurait osé le prévoir.

Aussi, la plus violente fermentation se déclara dans l'esprit public. La régénération sociale fut à l'ordre du jour; les âmes ardentes et philanthropiques furent séduites par l'aspect brillant d'une félicité sans bornes dont l'ère semblait s'ouvrir pour la nation; les âmes égoïstes tressaillaient à l'idée que la confusion générale favoriserait les élévations individuelles; des milliers de pamphlets politiques inondèrent le pays; les thèses politiques furent désormais les seules soutenues dans toutes les sociétés; mais, quoique toutes les classes eussent été unanimes dans le désir de la convocation et le fussent encore dans leur joie de ce qu'elle était accordée, elles différaient extrêmement quant aux mesures qu'elles croyaient devoir être prises pour assurer le bien public, et déjà l'on pouvait entrevoir les germes de ces divisions qui bientôt allaient inonder la monarchie de sang. La haute noblesse prétendait maintenir la distinction des trois ordres et conserver ses priviléges exclusifs; le parti philosophique, d'où sortirent plus tard les girondins, regardait la république fédérale des États-Unis comme un modèle de gouvernement, tandis que le peu d'observateurs prudents que l'enthousiasme général avait laissés au milieu de la nation, répétaient en vain qu'au moment de s'embarquer sur la mer ténébreuse et inconnue de l'innovation, la constitution anglaise était le seul port dans lequel on dût se flatter de trouver un sûr asile.

En conséquence du changement accompli dans les desseins du roi et dans l'administration, la convocation des états-généraux fut fixée, le mois d'août 1788, pour le 1er mai suivant 1789; Necker fut rappelé, le parlement rétabli, la cour plénière abolie; on satisfit aux demandes des provinces, et toutes choses se préparèrent pour l'élection des députés aux états.

Cette grande victoire avait été remportée par les efforts réunis de toutes les classes ; les nobles avaient soutenu le tiers-état, le clergé, presque unanimement, s'était rangé de leur avis. Mais, comme il arrive d'ordinaire, la division suivit le succès; chacun des corps qui avaient demandé les états-généraux avait été mu par des vues différentes. Les parlements s'étaient flattés d'y avoir la haute main comme dans la réunion de 1614; les nobles croyaient trouver là une occasion de regagner leur influence depuis long-temps perdue; le tiers-état comptait y saisir celle de s'élever à un rôle politique. Ces vues discordantes furent respectivement défendues par les adhérents de chacune des classes, et elles se trouvèrent engagées dans un conflit les unes avec les autres.

Les communes soutinrent avec véhémence que l'accroissement numérique de leur corps, et la considération qu'il avait acquise depuis la dernière assemblée de 1614, rendait indispensable une augmentation dans le nombre de leurs représentants; que plusieurs villes, jadis sans importance, mais qui depuis deux siècles étaient devenues riches et influentes, se trouvaient dénuées du droit d'élire des députés; qu'une assemblée nationale ne serait jamais assise sur une base sûre tant qu'elle reposerait sur un droit d'élection si mal réparti; que les lumières de l'époque rendaient impossible le maintien des distinctions féodales, et que le seul moyen d'empêcher une révolution était d'accorder à temps les justes demandes du peuple. D'un autre côté, le parlement de Paris, les nobles et tous les privilégiés répondaient qu'il fallait prévenir les innovations en s'attachant à la pratique de la constitution; que la sagesse humaine ne pouvait prévoir l'effet d'une addition considérable aux représentants du peuple, et que si une telle déviation à l'usage établi, eût pu jamais être utile, ce n'était pas du moins dans un moment d'excitation publique excessive, quand le but des vrais et sages politiques devrait être plutôt de modérer, que d'accroître l'ambition des ordres inférieurs.

Un pamphlet écrit alors par l'abbé Sièyes, sous le titre : *Qu'est-ce que le tiers-état*, eut une puissante influence sur les futures destinées du pays. « Le tiers-état, y disait-il, est la nation française, moins la noblesse et le clergé. » Chaque jour l'opinion publique se déclarait plus hautement en faveur des prétentions du tiers-état; en même temps des espérances extravagantes commençaient à se répandre, et des plans chimériques à être publiés.

Lorsque Necker reprit la direction des finances, il ne trouva que 250,000 fr. dans le trésor ; mais dès le lendemain il lui fut fait des offres de prêts considérables, et les fonds publics montèrent en un jour de 30 pour cent. Les créanciers de l'état n'imaginaient pas alors d'autres causes de banqueroute que la perfidie ou l'extravagance des rois ; il leur restait à apprendre les dangers bien autrement grands que l'on court en se livrant à la violence et l'inconstance du peuple. Necker rappela immédiatement toutes les personnes exilées pour des motifs politiques, et fit tous ses efforts pour réparer les malheurs individuels, mais il était trop tard, lorsqu'il reçut la nouvelle de sa nomination, ses premières paroles furent: « Oh! que ne puis-je révoquer les quinze mois de l'archevêque de Toulouse! En effet, durant ce temps si court, mais si plein d'évènements, le moment des heureuses concessions s'était passé; maintenant chacune de celles qu'on faisait, n'était qu'un aliment ajouté à la flamme [1].

Necker, emporté par le torrent des opinions démocratiques, avait secrètement résolu de doubler le nombre des représentants du tiers-état; mais pour tâter l'opinion publique et rejeter sur d'autres la responsabilité d'une si grande innovation, il convoqua les notables: ceux-ci rejetèrent la proposition. Ils sentirent le danger d'ajouter tout-à-coup un si grand poids au pouvoir d'un corps déjà si ambitieux, à la veille d'une crise politique menaçante. Un seul bureau présidé par Monsieur, depuis Louis XVIII, vota en faveur de la mesure; ce fut le vote même de ce prince qui la fit adopter par le bureau. Lorsqu'on rapporta cela à Louis XVI, il dit aussitôt: qu'ils y ajoutent le mien, je le donne de bon cœur. Necker voyant

[1] De Stael, t. 157, 159.

qu'elle ne pouvait réussir ainsi, et craignant, dit-on, que le peuple irrité par un refus, n'envoyât à l'assemblée un nombre de députés plus grand même que celui qui avait été demandé, décida le conseil du roi à ordonner le doublement du tiers; en même temps il fit admettre les curés dans le corps du clergé; mesure qui eut pour résultat l'irruption du parti populaire dans cet ordre [1].

Les élections commencèrent bientôt après, et, comme on devait s'y attendre, elle furent presque toutes favorables au parti populaire; les autorités constituées les dirigèrent avec une grande négligence; aucunes tentatives ne furent faites par la cour pour influencer les choix du peuple. L'importance dont était la qualité de ceux qui exerçaient le droit d'élection ne fut pas comprise, et, au bout de peu de jours, toute personne décemment vêtue, put voter

[1] Rien de plus instructif que de passer en revue les arguments, par lesquels ce ministre capable et plein de bonnes intentions, mais aveuglé, soutint cette mesure si décisive pour la victoire du parti populaire. Il appuya son opinion sur l'unanimité qu'avaient manifestée à cet égard toutes les villes et municipalités du royaume dans leurs pétitions au souverain, sur l'accord de tous les écrivains qui avaient donné leur avis, et les récentes décisions des parlements. Tout espoir d'une heureuse issue, serait perdu, dit-il, si cela devait dépendre de l'harmonie entre trois ordres essentiellement divisés d'intérêts et de principes. Pour mettre fin à l'injustice des privilèges pécuniaires, et maintenir un juste équilibre entre le tiers-état et les autres ordres, il faut lui donner une double représentation; sans cela il y aurait toujours une majorité de deux contre un; tandis que s'ils sont forcés de consulter les intérêts communs, ils n'adopteront que les lois qui imposent le moins de fardeau à la communauté, et obligeront ainsi le tiers-état d'accepter les impôts qui lui paraissent maintenant trop onéreux. Nous attribuons beaucoup d'importance à ce dernier ordre. Le tiers-état, de sa nature et par ses occupations, *sera toujours étranger aux passions politiques.* Son intelligence et la bonté de son caractère, sont une suffisante garantie contre toutes les craintes qu'on pourrait concevoir à son sujet. (*Mém. de Necker,* I. 175, 100. Labaume, II. 326, 327.)

sans qu'aucune question préalable lui fût adressée. Plus de trois millions d'électeurs concoururent ainsi à la formation de l'assemblée. L'action des parlements sur eux, fut presque aussi nulle que celle de la cour; la noblesse choisit bien dans ses rangs quelques personnages populaires, mais la masse de ses représentants était fermement attachée aux privilèges de la classe, et aussi hostile au tiers-état qu'à l'oligarchie des grandes familles dont la cour était composée. Le bas clergé nomma des députés attachés à la cause de la liberté; les prélats firent choix de ceux sur lesquels ils pouvaient le plus compter pour soutenir la hiérarchie; enfin le tiers-état envoya un corps nombreux de représentants, fermes dans leur désir d'indépendance, et pleins d'un zèle ardent pour accroître l'influence de leur ordre.

La fermentation des esprits devenait chaque jour plus inquiétante et plus forte. Déjà le parlement, les nobles, le haut clergé, qui s'étaient mis à la tête du mouvement, se voyaient menacés par les armes qu'eux-mêmes avaient mis aux mains du peuple, et commençaient à regretter leur conduite imprudente. En Bretagne, les nobles, mécontents du doublement du tiers contre lequel ils avaient fortement protesté, se retirèrent des assemblées d'électeurs et ne nommèrent point de députés; défection dont les suites furent plus tard des plus funestes à l'ordre entier; les éléments même contribuaient à irriter le mécontentement général, et semblaient avoir déclaré la guerre à la monarchie chancelante. Un orage affreux dévasta plusieurs provinces en juillet 1788, et produisit une assez forte diminution dans les récoltes, pour faire redouter la famine; tandis que la rigueur de l'hiver qui suivit, surpassa tout ce qu'on avait éprouvé depuis le célèbre hiver de 1709. La charité de Fénélon qui avait immortalisé cette époque désastreuse, fut alors imitée par le clergé de Paris; mais si grands que fussent ses bienfaits, ils ne pouvaient suffire aux besoins d'une masse énorme d'indigents, grossie encore par l'affluence des êtres les plus dissolus et les plus abandonnés, accourus là de toutes les parties du royaume; ces misérables s'assemblaient autour du trône comme les oiseaux de mer autour d'un vaisseau naufragé, et au moindre tumulte ils se montraient déjà dans les rues en nombre redoutable; ils étaient tous dans un état de denuement complet, et devaient pour la plupart leur subsistance à la charité des ecclésiastiques qu'ils massacrèrent depuis de sang-froid dans la prison des Carmes.

L'effet des mesures de Necker est ainsi apprécié par celui de tous les hommes qui gagna le plus à la révolution, par Napoléon Bonaparte : « Les concessions de Necker furent celles d'un homme ignorant des premiers principes du gouvernement. Ce fut lui qui bouleversa la monarchie et qui conduisit Louis XVI à l'échafaud; Marat, Danton, Robespierre firent moins de mal à la France. La révolution fut consommée par eux, mais elle fut amenée par lui. Des réformateurs comme M. Necker peuvent causer les plus grands ravages : les esprits méditatifs lisent leurs écrits ; la populace est emportée par eux ; le bonheur public est dans toutes les bouches, et bientôt le peuple se trouve sans pain ; il se révolte, et la société est dissoute. Necker fut l'auteur de tous les maux qui désolèrent la France pendant la révolution ; et tout le sang qu'elle fit répandre, retombe sur sa tête. »

Après avoir fait la part des opinions despotiques qui caractérisaient si fortement l'empereur des Français, il est impossible de nier la vérité que contiennent ces observations. En admettant qu'une lutte fût inévitable, reste la question de savoir s'il était à propos d'augmenter si extraordinairement dans un moment de crise le nombre et par conséquent l'influence des députés du peuple. Le résultat a prouvé que non. On avait cédé dans un but de conciliation ; on ne fit qu'aliéner davantage les esprits. On espérait attacher ainsi davantage le peuple au trône ; on ne réussit qu'à lui donner la puissance nécessaire pour le renverser.

On a dit souvent que des concessions faites à temps étaient le seul moyen de prévenir une révolution ; cette observation juste dans un sens, est erronée dans un autre ; et ce n'est qu'en concevant bien la distinction qui existe entre les deux objets de l'ambition populaire, que l'on peut trouver les moyens d'apaiser les mécontentements de la multitude sans ébranler les bases de la société.

Vous trouvez d'abord dans le peuple l'amour de la liberté ou la haine des entraves injustes, de l'oppression, de l'outrage. Ce principe est parfaitement innocent et peut produire les plus heureux effets. Toute concession tendant à le développer en le satisfaisant, est comparativement bonne dans tous les temps et dans tous les lieux.

Mais un autre principe existe, fort dans tous les temps, redoutable surtout dans les moments de crise, c'est l'ambition démocratique, le désir d'exercer les pouvoirs de la souveraineté, de participer au gouvernement de l'état, la volonté non plus seulement de se livrer à l'industrie sans entraves, mais de jouir de l'autorité sans contrôle.

Le premier principe ne produit des troubles que là où des maux réels existent; il permet à la tranquillité de se rétablir dès qu'un remède à ces maux a été trouvé; le second cause souvent des convulsions que n'expliquent aucuns motifs réels de plainte, ou si de tels motifs ont existé, même après qu'ils sont détruits, l'agitation continue.

Dans les moments de tourmente politique, l'homme d'état, plein de la pensée que nous venons de développer, doit s'attacher à détruire toutes les causes réelles de mécontentement, et en même temps résister avec une inébranlable fermeté aux rapides empiètements de l'ambition populaire. Toutes les restrictions sur la liberté personnelle, l'industrie, les propriétés ; toutes les taxes oppressives, toutes les distinctions odieuses doivent disparaître ; toutes les persécutions, dont le résultat serait d'enflammer les passions et de convertir un démagogue en martyr, doivent être évitées. Si des punitions sont nécessaires, il faut choisir les plus douces que le cas puisse permettre. La peine de mort doit particulièrement être évitée, à moins qu'il ne s'agisse de crimes que l'opinion publique elle-même a désignés comme dignes de cette peine. Mais tant de choses une fois accordées aux idées de justice et de liberté, toutes tentatives, tendant à accroître la puissance du peuple, doivent ensuite être repoussées, et il ne faut rien concéder de ce qui tendrait à éveiller la passion de la démocratie.

Tant que Necker et Turgot ne travaillèrent qu'à soulager les souffrances réelles du peuple, tant qu'ils ne cherchèrent qu'à rétablir les finances, à faire rentrer l'orgueil et les privilèges des nobles dans de justes limites, à émanciper l'industrie, à rendre l'administration de la justice plus intègre, leurs travaux furent bienfaisants, et ils firent tout ce qu'il était humainement possible de faire pour mettre un terme aux abus et détourner les malheurs dont le pays était menacé ; mais lorsque, cédant à la clameur publique, ils firent d'inutiles concessions à l'ambition démocratique, lorsqu'ils s'écartèrent avec la plus imprudente rapidité des institutions anciennes pour acquérir une popularité passagère, ils encoururent le blâme de la postérité et devinrent responsables de tous les désastres qui suivirent.

L'emploi sage et prudent du pouvoir politique est une des dernières conquêtes de l'esprit humain, et ne peut s'acquérir qu'après plusieurs siècles de prospérité pour l'industrie et d'un heureux usage de la liberté ; jamais on ne peut, avec sûreté, y faire participer la grande masse du peuple, et moins encore lorsqu'elle ne fait que sortir des fers de la servitude. Ce n'est pas qu'un certain mélange de l'esprit démocratique, ou du second des principes que nous avons mentionnés plus haut, ne soit bon pour le premier, l'amour de la liberté individuelle, de même qu'un certain degré de chaleur est nécessaire pour entretenir la vie animale, mais si le feu n'est point retenu dans des bornes inflexibles, il consumera tout ce qui se trouvera à sa portée, non moins dans l'ordre de la vie politique que dans celui de la vie matérielle.

Toujours, les effets des deux principes sont aisés à distinguer ; l'un tend à agir sur des objets d'une importance pratique et à corriger des abus éprouvés, l'autre vise à des innovations chimériques ; l'un inspire la plainte du mal qu'on a souffert, l'autre le désir de ce qui peut être obtenu. Assurément c'est le vœu de la nature que le pouvoir du peuple prenne de l'accroissement à mesure que la civilisation marche ; mais ce n'est pas elle qui demande qu'un tel accroissement soit acquis au prix de convulsions qui finissent par mettre la liberté même en danger, et qui sont immanquables, quand l'extension accordée à l'influence des classes inférieures a été subite; car l'effet immédiat d'un tel changement est de troubler l'esprit des hommes et d'encourager l'émission des idées les plus chimériques et les plus extravagantes des plus ambitieux et des plus désespérés d'entre eux. Ce fut le résultat que produisit en France le doublement du tiers.

« Une révolution, dit Mme de Staël, ne saurait réussir dans un grand état si elle n'a été commencée par l'aristocratie. Le peuple peut ensuite s'en emparer et la diriger, mais ce n'est pas lui qui peut frapper les premiers coups. Quand je rappelle que ce furent les parlements, les nobles, le clergé qui tentèrent d'abord de prescrire des limites à l'autorité royale, je suis loin de vouloir faire entendre que leurs desseins fussent coupables; un sincère enthousiasme animait alors les Français de toutes les classes, et, parmi la noblesse, les plus généreux et les plus éclairés souhaitaient ardemment que l'opinion publique conquît l'influence qui lui était due; mais cependant, ces privilégiés qui commencèrent la révolution peuvent-ils ensuite être bien venus à blâmer ceux qui ne firent que la continuer ? Les uns disent qu'ils ne voulaient pousser les innovations que jusqu'à telles limites, les autres diront qu'ils voulaient faire quelques pas de plus ; mais, qui peut régler ainsi le mouvement d'un grand peuple lorsqu'une fois la première impulsion lui a été donnée ? » Une lourde responsabilité pèse ainsi sur une des hautes classes qui, dans des périodes de troubles, soutiennent les prétentions du peuple à un soudain accroissement de pouvoir, au lieu de diriger ses vœux vers ce qui lui serait vraiment salutaire, la réforme des abus. Il est difficile de dire qui mérite le plus la réprobation, ou de l'orgueilleux aristocrate qui résiste à toutes les tentatives d'amélioration qui pourraient être réalisées sans danger, ou du démagogue qui pousse à augmenter le pouvoir de la multitude quand ce pouvoir menace déjà la société. Le véritable patriote diffère également de tous deux ; il n'examine, pour embrasser un parti, que le repos et le bien-être que ce parti garantit à son pays ; si la liberté est en danger, il se range du côté du peuple ; si l'ordre est menacé, il n'hésite point à défendre le trône.

CHAPITRE III.

ASSEMBLÉE CONSTITUANTE.

ARGUMENT.

État avancé des sciences en France au moment de la révolution. — Imprudentes innovations de l'assemblée constituante. — Ouverture des États-Généraux.—Discours du roi et de Necker. — Idées de celui-ci sur la révolution. — Vues du tiers-état, des nobles, des prélats, du roi. — Doublement du tiers. — Violente opposition à cette mesure de la part des nobles et du clergé. — Remarquable prophétie de Beauregard. — Composition du tiers-état. — Presque point d'homme de lettres, de philosophes, de grands propriétaires.—Des légistes en foule.—Efforts des nobles et de la cour pour diriger les états.—Le tiers-état demande que les trois ordres ne fassent qu'une seule assemblée. — Violent conflit à ce sujet entre lui et les nobles. — Le tiers-état prend le nom d'assemblée nationale. — Effroi des nobles. — Enthousiasme de la nation. — Necker propose une constitution mixte comme la constitution anglaise. — Serment du Jeu de Paume. — La majorité du clergé se joint au tiers-état. — Séance royale du 23 juin. — Le duc d'Orléans et quarante-sept nobles se joignent au tiers-état. — Le roi cède et enjoint au reste de la noblesse de les imiter. — Excessive effervescence de la capitale. — Révolte des gardes françaises. — Mesures rigoureuses auxquelles se décide la cour. — Renvoi des ministres. — Préparatifs militaires. — Consternation dans la capitale. — Les troupes se révoltent et sont rappelées à Versailles. — Tumulte effrayant à Paris. — Prise de la Bastille ; cruauté de la populace. — Le roi, à la nouvelle de la prise de la Bastille, cède et va visiter les Parisiens.—Commencement de l'émigration.—Rappel de Necker. — Fuite des ministres. — Excès de la populace. — Conséquences du triomphe populaire de la garde nationale. — La noblesse renonce aux droits féodaux. — L'anarchie règne dans toute la France et la famine à Paris. — Droits de l'homme. — Formation de la constitution. — Question du veto. — État des finances. — Banquet à Versailles. — Insurrection à Paris. — État de l'assemblée et de la cour. — La populace envahit Versailles, entoure le palais, est sur le point d'égorger le roi et la reine. — Conduite héroïque de cette dernière.— Le roi vient habiter Paris.— Changements immenses introduits par l'assemblée constituante. — Fautes des deux côtés. — Réflexions générales sur les causes qui précipitèrent la révolution

Les plus hautes branches de la science, dit Platon, ne sont pas utiles à tous, mais seulement à quelques-uns. L'ignorance générale n'est point le plus grand mal qu'il y ait à redouter; une masse de connaissances indigestes est bien plus dangereuse. Une science incomplète, dit Bacon, rend les hommes irréligieux; en s'élargissant, elle les ramène à la piété. Dans les axiomes posés par ces grands hommes, nous pouvons trouver les raisons des malheurs de la révolution française.

La science ne s'était jamais élevée aussi haut qu'en France au commencement du dix-huitième siècle. Les secrets les plus cachés de l'astronomie avaient été pénétrés à l'aide des calculs mathématiques ; et dans cette tâche glorieuse les profondes recherches des astronomes français n'avaient laissé que Newton au-dessus d'eux, tandis que le génie des chimistes et des naturalistes, avait exploré les plus mystérieuses opérations de la nature, et lu, dans les débris de la vie animale, l'ordre primitif de la création. Que manquait-il donc encore à ce peuple pour qu'il pût jouir d'une juste liberté et exercer les droits des hommes libres? L'esprit religieux, le calme dans la pensée, la modération dans l'opinion, et l'absence de ces qualités rendit les autres inutiles.

L'histoire n'offre point d'exemple d'une époque où toute espèce d'innovation ait été si témérairement adoptée, où l'ambition ait reçu un culte si aveugle, où l'expérience des siècles ait été aussi dédaignée, et le caprice du moment aussi sottement adoré, où l'on ait aussi scandaleusement violé les droits de la propriété et versé le sang innocent; et si nous cherchons la cause de si terribles désordres, nous trouvons qu'ils vinrent surtout de l'orgueil produit par des connaissances imparfaites, d'analogies historiques mal comprises, d'exemples de l'antiquité mal appliqués, de plans de perfection follement conçus. Le danger d'une telle manière d'agir était connu cependant; les Annales de Tacite, les discours de Machiavel, les essais de Bacon, y avaient assez insisté, l'avaient assez démontré, mais leurs leçons, ainsi que toutes les autres qu'offrait l'expérience, furent rejetées, et le premier politique de village, après avoir rêvé à ces matières pendant quelques mois, se crut le droit de se proclamer supérieur aux plus puissants esprits qui en eussent traité.

Ce qu'il y a d'effrayant, lorsque les questions politiques sont livrées à tous, c'est la multitude de ceux qui peuvent y penser, comparée au petit nombre de ceux qui savent y réfléchir raisonnablement. Tout homme peut parler sur ces questions; mais sur dix hommes, il n'en est peut-être pas un qui les comprenne; tout homme se flatte de connaître l'histoire; mais pour apprécier les enseignements qu'elle donne, la moitié de la vie consacrée à l'étudier, n'est pas trop; malheureusement la connaissance même de la difficulté du sujet et des vastes lumières qu'il exige, n'est acquise que bien tard par l'esprit humain; presque toujours les plus hardis en fait de gouvernement, sont ceux qui ont le moins de capacité réelle pour gouverner. Quant à ceux qui seraient les plus dignes de saisir le timon des affaires, ils se montrent de tous, les moins désireux de s'en emparer.

Le 5 mai 1789 fut le jour de l'ouverture des états, et par conséquent le premier jour de la révolution.

Le soir précédent, une cérémonie religieuse avait eu lieu; le roi, sa famille, ses ministres, les députés des trois ordres, s'étaient rendus processionnellement de l'église de Notre-Dame à celle de Saint-Louis pour y entendre la messe; la vue des ordres assemblés et la réflexion qu'une coutume nationale tombée en désuétude depuis si long-temps, était sur le point de revivre, remplit la multitude d'enthousiasme. Le temps était serein; l'air noble et bienveillant du roi, les gracieuses manières de la reine, la pompe et l'éclat de la cérémonie, les espérances qu'elle éveillait, d'autant plus vastes qu'elles étaient encore vagues; tout contribuait à exalter les esprits; mais ceux qui conservaient alors le pouvoir de réfléchir, observèrent avec peine que les formes de l'étiquette féodale avaient été conservées avec le plus grand soin, et ils augurèrent mal d'une assemblée qui commençait sous les auspices de telles distinctions, germes assurés de discordes. Le clergé en grand costume, revêtu de longues robes violettes, marchait d'abord ; la noblesse suivait en habits noirs avec des vestes d'or, des cravates de dentelle, des chapeaux ornés de plumes blanches; le tiers-état vêtu de noir aussi, mais avec des manteaux courts, des cravates de mousseline et des chapeaux sans plumes, venait le dernier; mais si son humble costume affligeait les amis de la liberté, ils pouvaient se consoler en comptant son nombre supérieur à celui des deux autres ordres.

Parmi les députés, il n'y en avait pas qui eussent encore acquis une grande réputation populaire. Un seul attirait l'attention générale ; né de parents nobles, il avait épousé la cause du peuple sans perdre l'orgueil aristocratique qu'il tenait de son origine; ses talents, universellement connus, son intégrité, non moins généralement suspecte, le rendaient l'objet d'une attention mêlée d'inquiétude; des traits rudes et désagréables, une profusion de cheveux noirs, un air d'autorité, attiraient la curiosité de ceux mêmes qui ne le connaissaient pas. Son nom était Mirabeau; sa destinée devait être de conduire le premier l'assemblée. On observa que le duc d'Orléans, qui marchait le dernier comme étant du plus haut rang parmi les nobles, affecta de rester en arrière et fut environné par la masse compacte du tiers-état qui suivait immédiatement.

Deux dames d'un haut rang contemplaient ce spectacle du haut d'une galerie, avec des sentiments opposés. L'une était Mme de Montmorin, femme du ministre des affaires étrangères; l'autre était Mme de Staël, l'illustre fille de M. Necker; celle-ci saluait avec enthousiasme l'avenir de bonheur et de prospérité qui lui semblait s'ouvrir pour le peuple sous les auspices de son père. « Vous avez tort de vous réjouir, lui dit Mme de Montmorin, cet évènement présage de grands désastres à la France et à nous-mêmes. » Ses pressentiments n'étaient, par rapport à elle surtout, que trop bien fondés. Elle périt sur l'échafaud avec un de ses fils; un autre fut noyé; son mari fut égorgé dans les massacres de septembre; sa fille aînée finit ses jours en prison, et la dernière mourut de chagrin avant d'avoir atteint l'âge de trente ans.

Le lendemain, l'assemblée fut ouverte avec une pompe extraordinaire; des galeries disposées en amphithéâtre contenaient une brillante réunion de spectateurs. Les députés furent introduits, et prirent leurs places d'après l'ordre observé dans la dernière convocation de 1614 : le clergé à droite, la noblesse à gauche, le tiers-état en face du trône; de vifs applaudissements saluèrent l'entrée des personnages les plus populaires, surtout de ceux qui étaient connus pour avoir contribué à la convocation des états; M. Necker, en particulier, reçut les témoignages les plus flatteurs. Après que les ministres et les députés eurent pris leurs places, le roi parut, suivi de la reine, des princes et d'une cour resplendissante; il monta sur le trône au milieu des plus bruyants applaudissements, et au même instant les trois ordres se levèrent et se couvrirent. Ce n'était plus le temps où le tiers-état restait découvert et ne parlait qu'à genoux.

« Messieurs, dit le monarque avec émotion, le jour si long-temps désiré par mon cœur est enfin arrivé. Je me vois environné des représentants d'une nation que ma première gloire est de gouverner. Une longue période de temps s'est écoulée depuis la dernière convocation des états-généraux, et quoique depuis long-temps on regardât cette institution comme tombée en désuétude, je n'ai point hésité à la rétablir, dès que j'ai cru que le royaume pouvait y puiser de nouvelles forces et une nouvelle prospérité... » Il termina par ces paroles : « Tout ce qu'on peut attendre de la plus vive sollicitude pour le bien public, tout ce qu'on peut espérer d'un roi, qui est le plus véritable ami de son peuple, vous pouvez l'attendre de moi. Puisse l'unanimité régner parmi nous, et cette époque devenir à jamais mémorable dans les annales de la prospérité de la France ! » Ce discours excita d'abord des sentiments de reconnaissance, mais, en y réfléchissant, les députés observèrent que rien de positif n'y avait été proposé, et que tout ce qu'on pouvait tirer du discours, en le résumant, c'est que le gouvernement avait besoin d'argent et que l'esprit public était dans un état d'agitation inquiétant. On attendait avec anxiété ce que dirait M. Necker, qu'on regardait comme chargé d'expliquer les vrais sentiments de la cour ; mais sa harangue, d'ailleurs assez longue, sembla plutôt dictée par le financier prudent et circonspect que par l'homme d'état heureux d'avoir contribué à ouvrir une nouvelle ère politique.

Dans le fait, malgré ses grands talents, le ministre genevois s'était mépris sur les signes de l'époque; poussé par l'état de pénurie du trésor, son attention s'était exclusivement fixée sur les moyens de le remplir. Il persistait à considérer la crise comme financière, quand dans le fait elle était sociale; comme venant des embarras du gouvernement, quand elle avait réellement pour cause l'importance croissante du peuple. Il espérait adapter ses mesures aux exigences publiques, sans se compromettre ou briser avec aucun parti. Il reconnaissait qu'on ne pouvait plus maintenir l'ancien système du gouvernement, mais il espérait que les divisions des partis politiques le mettraient à même de réparer la machine sans la détruire. En agissant ainsi, il perdit la confiance de tous. Les mesures conciliatrices sont admirables quand elles sont fondées sur des réformes qui font disparaître le mal; elles sont ruineuses, quand elles tendent à maintenir la balance égale entre des jalousies mutuelles, ou qu'elles entraînent des concessions aveugles à des menaces populaires, et qu'elles irritent tout le monde sans contenter personne [1].

[1] Mignet, t. 55.

La liberté et l'égalité étaient les idées dominantes dans l'esprit de tout le tiers-état, et de cette nombreuse partie du clergé qui, sortie de ses rangs, avait les mêmes intérêts que lui. L'égalité était le grand objet de leur ambition, parce que les distinctions de rang étaient le mal qui avait causé leur mécontentement. Ce n'était pas tant la liberté absolue qu'ils convoitaient, que l'égalité de gêne, et le rappel de toutes ces lois, qui faisaient peser le joug sur les basses classes. Ils auraient mieux aimé la servitude en commun avec les classes privilégiées, que la liberté accompagnée de ces privilèges qui mettaient une infranchissable barrière entre eux. L'amour des distinctions, comme l'observa plus tard Napoléon, est le principe dirigeant en France; on demandait l'égalité, parce qu'elle promettait d'enlever le fardeau qui pesait sur l'impatiente ambition des classes moyennes et inférieures [1].

La majeure partie des nobles désiraient naturellement conserver les privilèges dont ils avaient hérité de leurs ancêtres, et qu'ils regardaient comme essentiels à l'existence du gouvernement dans les temps modernes. Leurs intérêts en ceci, comme dans tous les autres cas, décidaient de leurs inclinations, et ils étaient résolus à repousser toutes les innovations qui menaçaient de détruire les avantages exclusifs dont ils jouissaient. Le haut clergé

---

[1] Rivarol, 37, 48. Lacr., 1. 32. Napol., dans la Duchesse d'Abrantès, vii. 269, 270.

partageait les sentiments des nobles familles dont il sortait; mais la nombreuse portion des simples prêtres, qui étaient indignés de se voir exclus de toutes les dignités ou de toutes les fonctions largement rétribuées, partageait les sentiments du tiers-état, avec lequel ils se trouvaient immédiatement en contact, et l'on pouvait s'attendre à les voir se joindre à lui dans toutes les luttes sérieuses [1].

Comme corps, le clergé avait appuyé tous les efforts du peuple pour l'établissement de ses libertés. La plupart de ses membres, qui étaient d'humbles curés, dépourvus de toute propriété, garantissaient suffisamment que les choses se passeraient ainsi. Il avait poussé à la convocation des états-généraux; le clergé de Rheims, l'archevêque en tête, avait demandé, dans ses instructions à ses représentants, l'établissement d'un code national, contenant les lois fondamentales de la monarchie, l'assemblée générale des états-généraux, le droit de s'imposer lui-même, l'établissement de la liberté personnelle, la sûreté de la propriété, la responsabilité des ministres, l'admissibilité de tous les citoyens à tous les emplois, un nouveau code civil et militaire, l'uniformité des poids et mesures, et l'abolition de la traite. Toutes les autres instructions du clergé à ses représentants contenaient plus ou moins les mêmes sentiments. Ce fut à une époque postérieure de la révolution, et par suite de la

---

[1] Riv., 8. Lacr., vii. 9, 10, 11.

perfidie et de l'injustice avec laquelle il fut attaqué, que ce grand corps devint l'ennemi invétéré du parti démocrate [1].

M. Necker avait adopté deux principes très-généralement reçus à cette époque, mais dont l'expérience a depuis amplement montré la fausseté, savoir, que l'opinion publique est toujours du côté de la sagesse et de la vertu, et qu'il pouvait à son gré en diriger les mouvements [2]. Le principe, *vox populi, vox Dei*, douteux dans tous les temps, est complètement déplacé dans des temps d'agitations, où les passions sont déchaînées, et l'ambition des esprits inquiets éveillée par la possibilité de réussir. L'opinion publique sans doute finit toujours par incliner du côté de la raison; mais dans la violence des oscillations qu'elle éprouve avant d'arriver là, tout l'édifice social peut être renversé. Le marin qui prévoit l'approche d'une tempête, peut prédire avec certitude que sa fureur finira par s'apaiser, mais il ne saurait assurer qu'auparavant son vaisseau ne sera pas englouti sous les ondes.

Procédant d'après ce principe, M. Necker adopta la mesure que nous venons de rapporter, et qui produisit des conséquences plus désastreuses qu'aucune de celles qui aient été prises pendant toute la révolution, le doublement des membres du tiers-état [3].

[1] Chateaubriand, xix. 344. Burke, v. 99
[2] Lacr., vii. 8, 9. De Staël, i. 280.
[3] Rivarol, 7. Lacr., vii. 9. Mign., i. 23.

Cette mesure décisive ne fut pas prise sans la plus violente opposition des classes privilégiées. Elles prévirent sur-le-champ que ce grand accroissement des membres du tiers-état ferait plus que doubler son influence dans l'assemblée ; et le plus violent mécontentement fut excité dans toutes les parties de la France par une concession aussi inattendue. Les évêques et les autres dignitaires de l'église furent saisis d'une vive inquiétude en voyant le nombre des curés et des membres du bas clergé qui les accompagnaient comme membres des états-généraux. Il était évident, d'après leur conversation, leurs habitudes et leurs manières, qu'ils partageaient les idées et les vœux du tiers-état, avec lequel ils vivaient en constante communication, et que l'injuste exclusion des classes moyennes de toutes les dignités de l'église, avait excité autant de mécontentement dans les rangs ecclésiastiques, que les odieux privilèges de la noblesse dans ceux du peuple [1]. Leur réunion subséquente donna au parti populaire une incontestable supériorité dans l'assemblée. C'est par l'union de l'autel et du trône que les institutions acquièrent de la stabilité ; c'est leur séparation qui amena leur renversement en France.

Mais ce ne fut pas seulement par le doublement du tiers-état que Necker prépara le renversement de la monarchie. Des effets non moins funestes résultèrent de l'insouciance extraordinaire que l'on

[1] Riv., D. Th., I. 29. Lacr., VII. 9

montra dans la formation des assemblées électorales. Le roi avait invité tous les citoyens, dans des termes pleins d'une touchante bienveillance, à concourir au choix des représentants [1], et l'on n'imposa aucune restriction relativement aux personnes qui devaient faire partie des assemblées primaires. Il était dit simplement qu'on eût à choisir les électeurs, et que le choix des représentants se portât sur les délégués ainsi désignés; le nombre ne devait jamais excéder deux cents dans chaque bailliage. Plus de deux millions de Français furent ainsi admis à participer au choix des représentants; car les électeurs n'étaient rien autre chose que des délégués, qui, dans chaque circonstance, obéissaient aux mandats de leurs constituants. Finalement, ce corps immense fut investi de l'important privilège de tracer à ses constituants des cahiers ou instructions sur la conduite qu'ils devaient tenir dans toutes les grandes

---

[1] La circulaire qui convoquait les Etats-Généraux portait :
Nous avons besoin du concours de nos fidèles sujets, pour nous aider à surmonter les difficultés résultant de l'état de nos finances, et à établir conformément à notre désir le plus ardent, un ordre durable dans les parties du gouvernement qui touchent au bonheur public. Nous désirons que les trois états confèrent ensemble sur les matières qui seront soumises à leur examen : ils nous feront connaître les vœux et les griefs du peuple de telle sorte, que par une confiance et un échange de bons offices mutuels entre le roi et le peuple, il soit remédié aux maux publics aussi promptement que possible. Dans ce but nous enjoignons et commandons qu'immédiatement après le reçu de cette lettre, vous procédiez à l'élection de députés des trois ordres, dignes de confiance par leurs vertus et l'esprit dont ils sont animés ; que les députés soient munis de pouvoirs et d'instructions suffisants pour les mettre à même de pourvoir à tous les intérêts de l'état, et d'introduire tous les remèdes réclamés pour la réforme des abus, et l'établissement d'un ordre fixe et durable dans toutes les parties du gouvernement, dignes des paternelles affections du roi et des résolutions d'une si noble assemblée. (Calonne. 318; Labaume, II. 338.)

questions qui leur seraient soumises [1]. Ces cahiers étaient des mandats absolus, que les représentants s'engageaient par un serment solennel à observer fidèlement et à soutenir de toute leur puissance [2].

Et ce ne fut pas tout. Non content d'établir un système électoral, qui allait presque jusqu'au suffrage universel, et de permettre à ces nombreux électeurs de lier leurs représentants *à priori* par des mandats absolus, sur toutes les questions qui pouvaient se présenter, Necker n'imposa aucune exclusion pour les personnes qui pouvaient aspirer à l'élection. La fortune, l'âge, le mariage, n'étaient nullement exigés des candidats. Tout Français, âgé de vingt et un ans, domicilié dans un canton, qui payait l'impôt le plus léger, était déclaré éligible. Les conséquences d'une telle extension furent désastreuses à l'extrême. Des jeunes gens, à peine échappés de l'école; des hommes de lois, incapables de gagner leur existence dans leurs villages; des curés, à peine au-dessus de leur troupeau par la fortune ou les lumières; des médecins sans malades, des avocats sans causes, les hommes ardents, les nécessiteux, les ambitieux, les débauchés, arrivèrent de tous côtés pour coopérer à la reconstruction de la monarchie. Un bien petit nombre de membres possédaient réellement quelque fortune;

---

[1] La collection de ces cahiers en 68 volumes in folio, est le monument le plus intéressant et le plus authentique des griefs qui amenèrent la révolution. Un abrégé de cette collection a été publié par Prudhomme en 3 vol. in 8.; un autre par Grille, en 2 vol. in 8.

[2] Lab., II. 338, 339.

il y en avait bien moins encore qui possédassent quelque instruction. Les seules choses capables d'imposer un frein aux passions humaines, l'instruction, l'âge, la propriété et les enfants, manquaient à la grande majorité de l'assemblée ; elle se composait presque entièrement d'impétueux jeunes gens qui se croyaient déjà des Cicérons, des Brutus, ou des Démosthènes, ou qui étaient bien décidés à faire leur fortune. Ils étaient le produit du suffrage universel, et soumis aux mandats les plus rigoureux par un corps électoral, nombreux et ignorant. Et cependant toutes les classes en France, à quelques individus près, attendaient d'un tel corps la délivrance des maux ou des dificultés dont on était assiégé, et une complète régénération de la société. Le roi, les ministres, et les courtisans, se croyaient déjà débarrassés de l'opposition insolente des parlements, et attendaient une obéissance plus facile et plus prompte d'une réunion d'hommes qu'on croyait aussi peu propres à se combiner que le tiers-état ; les nobles voyaient déjà l'ordre rétabli dans les finances, les embarras du trésor public levés par la confiscation des biens du clergé ; le tiers-état se croyait délivré de toute espèce de contrainte, et s'attendait à trouver une félicité sans bornes dans le nouvel état de société qui approchait. Quand toutes les classes de la société nourrissent des espérances aussi chimériques, et que tant d'intérêts discordants produisent, pour ainsi dire, un cahos d'unanimité, on peut généralement conclure, que l'esprit public est frappé d'un aveuglement universel, et que de grandes calamités nationales sont imminentes [1].

Les évêques sonnèrent l'alarme dans les termes les plus véhéments, à la vue de ce sinistre état de choses. Le torrent des opinions irréligieuses dont la France avait été récemment inondée, avait fait naître, dans la partie réfléchie de la société, la conviction générale qu'on était menacé de quelque catastrophe prochaine. L'ex-jésuite Beauregard, en prêchant le carême devant la cour, prononça d'une voix emphatique, ces remarquables paroles, que les évènements postérieurs rendirent prophétiques : « Oui, les temples, ô Seigneur, seront détruits ! ton culte aboli, ton nom blasphémé; mais qu'entends-je, grand Dieu ! aux saints accords qui retentissaient à ta louange sous la voûte sacrée, vont succéder des chants profanes et licencieux; les rits infâmes de Vénus remplaceront le culte du Très-Haut; et elle-même s'asseoira sur le trône du Saint des Saints, pour recevoir l'encens de ses nouveaux adorateurs [2] ». Qui aurait alors imaginé que cela se réaliserait à la lettre quatre ans après dans l'enceinte de Notre-Dame de Paris?

Le tiers-état comptait parmi ses membres la plupart des talents, et presque tous les hommes énergiques de France. Les membres les plus dis-

[1] Lab., II. 337, 350, 351.
[2] Lacr., VII. 11.

tingués du barreau, du commerce et de la profession médicale, beaucoup des plus capables du clergé, et presque tous les délégués des villes se trouvaient dans ses rangs.

La masse de la nation, même à Paris, regardait les états-généraux comme un moyen de diminuer les impôts; la noblesse espérait que ce serait le moyen de rétablir les finances, et de mettre un terme à la désagréable parcimonie des dernières années; les citoyens, qu'ils feraient tomber les fers qui les enchaînaient; les possesseurs de rentes, qui avaient tant souffert d'une violation de la foi publique, qu'ils y trouveraient un sûr rempart contre la banqueroute nationale, évènement que l'étendue du déficit leur faisait craindre sérieusement. Toutes les classes étaient unanimes en faveur d'un changement, dont toutes devaient également souffrir [1].

Tous ceux qui avaient conscience de leurs talents, et qui les voyaient injustement dédaignés, qui aspiraient à une position que l'ordre social existant les empêchait d'obtenir, ou qui avaient acquis la fortune sans la considération, se joignirent aux mécontents; à eux, vinrent s'ajouter les esprits inquiets, que la perspective des troubles produit toujours sur la scène, les hommes ardents ou perdus de dettes, qui souffraient de l'état actuel de la société, et qui croyaient qu'un changement améliorerait leur condition. Une partie des nobles adhé-

[1] Dumont, I. 38.

raient aussi à leurs principes; à leur tête étaient le duc d'Orléans, qui mettait au service de la nation une fortune de prince, un cœur égoïste et des habitudes dépravées, mais qui n'avait pas la fermeté nécessaire pour diriger la faction qu'avaient créée ses prodigalités, et le marquis de Lafayette, qui s'était imbu de l'esprit républicain parmi les dangers de la guerre d'Amérique, et rapportait dans l'ancien monde, les ardents désirs de liberté qu'avait éveillés l'indépendance du nouveau. Les comtes de Clermont-Tonnerre et de Lally-Tollendal étaient aussi attachés aux mêmes principes, ainsi que le duc de Larochefoucault, le duc de Liancourt, le marquis de Crillon, et le vicomte de Montmorency; noms depuis long-temps célèbres dans les annales de la gloire française, et dont quelques-uns étaient destinés à acquérir une fatale célébrité par les malheurs de ceux qui les portaient [1]. Redoutable union du rang, du talent et de l'énergie ! de ce que l'aristocratie pouvait fournir de généreux, et le tiers-état d'éminent; de l'enthousiasme philosophique et de l'audace plébéienne; de la vigueur des capacités naissantes et du poids de l'antique splendeur !

Deux circonstances furent surtout remarquables dans la composition de l'assemblée constituante, et contribuèrent beaucoup à influencer ses futurs procédés.

La première fut l'exclusion presque totale des

[1] Lacr., vii. 13, 15. Dumont, 58. Th., 1. 41.

talents littéraires et philosophiques, et l'extraordinaire prépondérance de la profession d'avocat. A l'exception de Bailly et d'une ou deux célébrités, on ne voyait aucun nom marquant parmi ses membres. D'un autre côté, le tiers-état ne comptait pas moins de deux cent soixante-dix-neuf avocats, sortis des cours des provinces [1]. Cette classe ne correspond pas exactement aux jurisconsultes d'Angleterre qui, s'ils ne jouissent pas en général d'une grande fortune, possèdent du moins du talent et de l'instruction; c'étaient des plaideurs de petites juridictions locales, des avocats de campagne, des notaires, des orateurs de justices municipales, fomentateurs de petites guerres et de procès de village. « Du moment, dit Burke, que j'eus la liste de leurs noms, je prévis distinctement tout ce qui devait arriver [2]. » Ce fait n'est pas surprenant quand on considère, d'un côté, combien peu d'électeurs étaient capables d'apprécier le mérite des savants ou des littérateurs dans un pays où l'on ne trouvait pas un habitant, sur cinquante, qui sût lire [3]; et, de l'autre, combien les nécessités de la vie mettaient les hommes en contact avec ce corps remuant et entreprenant qui vivait de leurs divisions. L'absence des philosophes n'est pas beaucoup à regretter, attendu que rarement ils font d'habiles hommes d'état pratiques; mais la multitude des avocats fut une chose

[1] Lacr., vii. 15. v. 93.
[2] Burke, *Fr. Rév. Works*, vi. 117.
[3] Young's *Travels*, i. 384.

des plus déplorables, parce qu'ils avaient du talent sans fortune, et le désir de se distinguer sans les principes qui doivent le régler. Les plus odieux caractères de la révolution, Robespierre, Danton et leurs associés, sortaient de cette classe.

La seconde fut le nombre bien supérieur des membres du tiers-état, qui étaient des hommes sans fortune ni considération, qui s'étaient fait nommer pour faire leur fortune au milieu des convulsions qu'on prévoyait. Les principaux membres de la banque et du commerce faisaient, à la vérité, partie de ce corps, et se glorifiaient d'être considérés comme ses chefs; mais leur nombre n'était pas considérable, comparé à celui de leurs frères nécessiteux, et leurs talents n'étaient pas suffisants pour les mettre à même de conserver l'ascendant. Lorsque la lutte commença, ils furent promptement supplantés par les aventuriers criards et remuants qui ne voulaient que la confusion publique. La France, dans cette occasion, subit le châtiment de ses injustes et odieuses distinctions féodales; elle manquait de cette classe, si bien connue en Angleterre, qui, appartenant nominalement aux communes, est liée à la chambre des pairs par la similitude de position et la communauté d'intérêt; qui forme l'anneau entre l'aristocratie et le peuple, et modère l'orgueil de la première par sa fermeté, et la turbulence du second par son autorité [1].

[1] Lacret., VIII. 20. L'assemblée constituante se composait de 1128 membres

Le parti aristocratique, s'apercevant avec effroi que le tiers-état formait la moitié de tous les députés de la France, n'épargna aucun effort pour s'assurer l'appui des nobles et du clergé. Il était évident que tout dépendait de la fidélité de ceux-ci ; un comité des chefs se réunit à l'hôtel de la comtesse de Polignac ; le plan qu'ils se tracèrent fut de tout empêcher en ne concédant rien, de contrôler Paris par le moyen de l'armée, le tiers-état par l'influence de la noblesse, et le clergé par des espérances d'avancement. Tout fut réglé d'après les précédents de la dernière réunion des états-généraux ; ils oubliaient dont les deux tiers environ étaient des hommes sans propriété. Voici en quelles catégories ils étaient divisés :

CLERGÉ.		NOBLES.		TIERS-ÉTAT.	
Archevêques et évêques	48	Princes du sang Magistrats	28	1 Ecclésiastiques Gentilshommes	2 12
Abbés et chanoines	38	Gentilshommes	241	Maires	18
Curés	220			Magistrats	62
			279	Avocats	279
	295			Médecins	18
				Marchands, fermiers, etc.	176
		Nobles et Clergé	583	Tiers-État	584

Après que les trois ordres furent réunis, voici comment les partis se divisèrent :

CENTRE DROIT, ROYALISTES.		CENTRE GAUCHE, DÉMOCRATE.		CENTRE OU INDÉCIS.	
Archevêques et évêques	59	Prince du sang Avocats	160	1 Clergé Nobles	140 20
Abbés et chanoines	38	Curés	80	Magistrats	8
Curés	40	Gentilshommes	58	Avocats	101
Nobles	180	Marchands, fermiers	30	Tiers-état	210
Magistrats	10				
Avocats	18		528		
Fermiers	40				
	322				

Ainsi le côté gauche, qui en dernier lieu domina complètement l'assemblée et la France, formait dans le principe moins d'un tiers de ses membres.

que près de deux siècles s'étaient écoulés depuis, et que 1789 n'était pas 1614 [1].

Pour arriver à maintenir ce système, ou même à établir une sorte de liberté régulière, il était indispensable que les différents ordres se réunissent à part l'un de l'autre et que chacun eût un vote négatif pour les mesures proposées par l'autre, parce que le grand nombre des membres du tiers-état, qui étaient tous unis, leur assurait une prépondérance décisive sur les autres ordres, dont une portion considérable, spécialement le clergé, était déjà disposée à se joindre à la cause populaire. En conséquence, le plan de Necker était de former les états en deux chambres, l'une composée des nobles et du clergé, l'autre du tiers-état, en imitation de la chambre des lords et des communes en Angleterre [2]. Si l'on s'était fermement tenu à ce plan, ou s'il avait été praticable dans l'état agité de la société, que de calamités auraient été épargnées à la France et à l'Europe!

Le lendemain de l'ouverture des états-généraux, la noblesse et le clergé se constituèrent dans leurs chambres respectives, pendant que le tiers-état, à qui l'on avait, à cause de son nombre, assigné la grande salle générale de réunion, s'y assembla et attendit, ou fit semblant d'attendre, les autres ordres. La lutte se trouva dès lors engagée ouvertement; les

[1] Mign., 1. 56, 57.
[2] Mig., 1. 33.

députés du tiers-état alléguèrent, qu'ils ne pourraient procéder à la vérification de leurs pouvoirs, tant qu'ils ne seraient pas rejoints par tous les états, tandis que le clergé et les nobles avaient déjà vérifié les leurs dans leur chambre à part et étaient prêts à entamer les affaires. Pendant plusieurs semaines, ils se réunirent tous les jours dans la grande salle, et attendirent vainement l'accession des autres ordres. Ils ne tentèrent rien, mais se fièrent simplement à la force d'inertie pour amener forcément la soumission de leurs adversaires [1].

Il devint bientôt évident que cet état de choses ne pouvait durer long-temps. Le refus des communes de se constituer arrêtait complètement toutes les affaires, tandis que la gêne urgente des finances, et l'anarchie toujours croissante du royaume, réclamaient hautement des mesures immédiates. En attendant, la fermeté du tiers-état occasionnait la plus grande agitation dans Paris, et des masses de peuple se rendaient tous les jours à Versailles, pour encourager les membres dans leur énergique résistance aux mesures de la cour [2].

Dans ce conflit, l'avantage était évidemment du côté du tiers-état. La situation des finances exigeait absolument que les états-généraux commençassent leurs travaux; on ne pouvait donc craindre leur dissolution. D'un autre côté, en restant simplement

[1] Lacr., VII. 29. Mig., t. 37. Th., I. 45, 46, 49.
[2] Th., I. 50, 53.

dans un état d'inactivité, ils ne faisaient rien qui pût en apparence justifier des mesures de rigueur, et il y avait toute raison de croire qu'ils finiraient par fatiguer leurs antagonistes. L'opinion publique, qui, dans les discordes civiles, se range d'abord toujours du côté de la résistance, donnait de jour en jour un appui plus puissant à leur cause. L'agitation de la capitale intimidait le parti de la cour, et les divisions qui régnaient dans ses rangs rendaient à chaque instant plus improbable qu'il pût soutenir la lutte. Les membres du tiers-état étaient unanimes, tandis qu'une portion considérable de la noblesse et la majorité du clergé penchaient secrètement pour eux [1].

Pendant la discussion de cet important sujet, le clergé qui désirait opérer la réunion des ordres sans céder ouvertement au tiers-état, envoya une députation conduite par l'archevêque d'Aix, pour lui faire un pathétique appel sur la misère du peuple de la campagne, et il finit par proposer que des députés du tiers-état se réunissent avec quelques membres du clergé et de la noblesse, pour conférer sur les moyens d'adoucir ses souffrances. Le tiers-état qui ne voulait rien céder, et qui ne savait cependant comment refuser une telle proposition, sans se compromettre avec le peuple, était fort embarrassé de répondre, lorsqu'un jeune homme, inconnu à l'assemblée, se leva et dit : « Allez dire à

[1] Mig., I. 37. Lacr., vii. 30. Th., I 52, 53.

vos collègues que s'ils sont si impatients de soulager les souffrances du peuple, ils viennent dans cette salle se réunir avec leurs amis; dites-leur de ne pas retarder nos opérations par des délais affectés; dites-leur qu'il est inutile d'employer des stratagèmes comme celui-ci pour nous engager à rien changer à notre ferme résolution ; qu'en dignes imitateurs de leur maître, ils renoncent plutôt au luxe qui consume les fonds de l'indigence; qu'ils renvoient ces insolents laquais qui les suivent ; qu'ils vendent leurs superbes équipages, et convertissent ces viles superfluités en aliments pour le pauvre. » A ce discours qui exprimait si clairement les passions du moment, un murmure confus d'applaudissements s'éleva dans toute l'assemblée ; chacun demanda quel était le jeune député qui avait si heureusement exprimé le sentiment public. Plus tard son nom fit trembler tout le monde en France, c'était MAXIMILIEN ROBESPIERRE [1].

Dans ce moment critique, les mesures de la cour ne furent pas soutenues avec la fermeté que les circonstances exigeaient. Necker n'eut pas assez de résolution pour exécuter le seul plan qui pût sauver l'état, celui de réunir le clergé et les nobles en une chambre, et le tiers-état en une autre ; il n'osa pas le proposer au tiers, parce que cela aurait compromis sa popularité, ni l'imposer au roi, parce

---

[1] Dumont, 61. Th., I. 48., 49.

qu'il avait peu de chance d'être adopté de ce côté. La couronne n'était pas encore suffisamment humiliée pour descendre aux restrictions d'une monarchie limitée; c'est ainsi qu'en voulant éviter de rompre avec l'un ou l'autre parti, il perdit la confiance de tous deux, et poursuivit son sytéme de temporisation, le plus funeste de tous dans des temps de convulsions civiles [1].

Ce n'est pas la circonstance la moins remarquable de cette époque si pleine d'évènements, que les hautes classes de la noblesse étaient à peu près unanimes dans le refus de se réunir avec le clergé en une chambre séparée. Tous répugnaient à une union avec un corps aussi mêlé que le clergé, qui ne comprenait pas moins de cent curés d'extraction plébéienne, et ceux qui portaient des noms historiques étaient moins disposés à se confondre avec la nouvelle noblesse, dans laquelle ils ne voyaient guère que des roturiers titrés. L'excessive jalousie que la vieille noblesse nourrissait et contre cette noblesse *campagnarde*, et contre ceux qui avaient récemment acquis des titres, fut une des grandes causes qui empêchèrent d'opposer aucune résistance sérieuse à la révolution. C'est ainsi que par une étrange fatalité, résultat de l'orgueil inexpérimenté, les deux ordres de l'état, dont l'existence dépendait d'une telle union, répugnaient le plus à la former. L'établissement de deux chambres séparées de-

---

[1] Lacr., vii. 31, 32. Mign., 37, 38.

vint impossible, parce que personne ne l'appuya, pas même ceux qui y avaient le plus d'intérêt [1].

Cependant les prétentions des membres du tiers-état croissaient d'heure en heure avec l'indécision de leurs adversaires; il n'était plus question de savoir s'ils se constitueraient de leur propre autorité représentants de la nation; la seule question qui les embarrassât, était de savoir quel titre ils prendraient. Le parti modéré proposa celui de *Communes de France*, indiquant par cette expression son penchant pour la constitution anglaise. L'abbé Sièyes [2] appuya les vœux des démocrates, en mettant en opposition le nombre de leurs constituants, et celui des ordres privilégiés. « La chambre des nobles, dit-il, représente cent cinquante mille individus, et nous vingt-cinq millions; si nous cédons, c'est soumettre vingt-cinq millions de citoyens au joug de quelques milliers d'hommes des ordres privilégiés. » La discussion, qui dura jusqu'après minuit, fut soutenue avec la plus grande véhémence; les cris des divers partis étouffaient la voix des orateurs; le vent soufflait avec une violence terrible,

---

[1] Mad. de Staël, I. 196. Tb., I. 145. Burke, V. 253.

[2] Dumont rapporte un singulier exemple de l'absurde et dangereuse vanité avec laquelle les chefs de l'assemblée estimaient leurs talents politiques. Un jour que Talleyrand et Sièyes se promenaient ensemble, ce dernier devenant communicatif, relativement à ces travaux, dit enfin : la politique est une science que je *crois avoir amenée à la perfection*. Aurait-il jamais tenu un tel langage, observe avec justesse Dumont, s'il avait eu la moindre idée des progrès si lents et de l'excessive complication de cette science difficile? La présomption dans cette science, comme dans toutes les autres, est le résultat de l'ignorance. (Dumont, 64.)

et faisait trembler les vitres, comme si l'édifice où ils siégeaient allait s'écrouler ; mais Bailly, le président, resta immobile, et la minorité, fatiguée d'une opposition inutile, se retira à une heure du matin, laissant l'assemblée au pouvoir du parti populaire; il fut alors résolu par une majorité de quatre cent quatre-vingt-onze, qu'ils prendraient le titre d'*Assemblée nationale*, et ils envoyèrent dire aux autres ordres que l'assemblée allait se constituer, avec ou sans leur adhésion, ce qu'ils firent immédiatement après. En prenant ce titre, le tiers-état manifesta ouvertement sa résolution de s'ériger en pouvoir souverain, et, comme le Long-Parlement de Charles 1er, il dédaigna également le trône et la noblesse [1].

Le parti aristocratique fut étourdi par cette mesure; mais il ne possédait ni assez d'habileté, ni assez de fermeté, ni assez d'union pour en contre-balancer l'influence. Le marquis de Montesquieu proposa la seule marche rationnelle; il émit l'avis que, pour balancer cet excès de pouvoir des communes, les nobles et le clergé devaient prier le roi de les constituer en chambre haute, mais ils n'eurent pas assez de résolution pour l'adopter. Le duc de Luxembourg, le cardinal de Larochefoucault, et l'archevêque de Paris, supplièrent le roi d'adopter des mesures rigoureuses, et de soutenir leurs ordres contre l'usurpation des communes; mais ce fut

[1] Mign., 1. 50. Lacr., vii. 52, 56. Th., 1. 86, 87

en vain. Les nobles étaient divisés, la cour vacillante, le tiers-état seul avait de la décision, et en conséquence il obtint promptement tout le pouvoir politique [1].

Le second acte du tiers-état fut de déclarer illégaux tous les impôts qui ne seraient pas votés par lui. En même temps, on apaisa les inquiétudes des capitalistes en consolidant la dette, et on calma les alarmes du peuple en nommant un comité chargé d'assurer la subsistance publique [2].

Il serait impossible de décrire l'enthousiasme que ces mesures décisives excitèrent dans tout le royaume. Le peuple versa des larmes de joie quand on en reçut la nouvelle dans les provinces. « Un seul jour, disait-on, a détruit l'œuvre de huit siècles de préjugés et d'esclavage. La nation a recouvré ses droits, et la raison a repris son empire. » Mais les hommes réfléchis tremblaient à l'idée des conséquences que pouvaient entraîner des pas aussi gigantesques : « Non-seulement, disaient-ils, la noblesse et le clergé sont mis de côté, l'usage méprisé, les droits abolis ; mais l'autorité du trône elle-même est minée. En Angleterre, on maintient l'équilibre entre les trois états ; mais ici l'assemblée nationale a tout accaparé » [3].

Pour faire face à ces dangers croissants, M. Nec-

[1] Mig., I. 39. Th., I. 60. Lacr., VII. 39.
[2] Mig., I. 39. Riv., 17. Th., I. 59.
[3] Riv., 18.

ker préparait le plan d'une constitution calculée pour satisfaire toutes les classes, et tranquilliser l'esprit public. Ce plan eût consisté à former un gouvernement fort rapproché de la monarchie limitée de l'Angleterre; et telle que, basée sur des institutions féodales, elle offrit la plus belle perspective de stabilité. Il proposa que toute la représentation de la nation votât ensemble en matière d'impôts, mais par ordre dans les questions de droits ou de priviléges individuels; et qu'ensuite les états-généraux se réunissent dans des salles séparées. Mais les nobles s'étaient alors emparés de l'esprit du roi, et des mesures plus violentes qu'il ne le trouvait lui-même convenable, furent adoptées par la cour. On résolut de fermer la salle du tiers-état jusqu'au 23 juin, jour où le roi en personne annoncerait ses intentions aux états assemblés. L'objet de cette mesure était d'empêcher le tiers d'acquérir un surcroît d'influence par la jonction d'une portion considérable du clergé et de la noblesse, qu'on savait indécise; mais elle eut des conséquences bien fatales aux intérêts de la France [1].

Le 20 juin, les hérauts d'armes proclamèrent à Versailles que le roi se rendrait aux états-généraux le 23, et le même jour les portes de la salle des états furent fermées par les grenadiers de la garde. Assurément c'était là une mesure malheureuse; elle annonçait des intentions hostiles, sans les ex-

[1] Mig., t. 40, 41. Lacr., vii, 37, 38. De Staël, Fr. Riv., t. 57. Th., t. 61, 62.

pliquer, et irritait les députés, sans les soumettre. Bailly, le président de l'assemblée, s'approcha en forme des portes, et les trouvant fermées par ordre du roi, il protesta contre la violence despotique de la couronne, et se rendit à l'instant, avec les députés assemblés, et accompagné d'une immense foule de spectateurs, à un jeu de paume voisin, où l'on proposa immédiatement aux députés le serment suivant, que Bailly prêta le premier : L'assemblée nationale, considérant qu'elle a été convoquée pour fixer la constitution du royaume, rétablir l'ordre public et déterminer les vrais principes de la monarchie ; que rien ne peut l'empêcher de continuer ses délibérations, et de compléter l'œuvre importante confiée à ses soins, et que l'assemblée nationale de France est partout où ses membres se trouvent réunis, décrète, que tous les membres maintenant assemblés prêteront serment de ne jamais se séparer ; et s'ils sont dispersés, de se réunir partout où ils pourront, jusqu'à ce que la constitution du royaume et la régénération de l'ordre public soient établis sur une base solide ; et que ce serment, prêté par tous et par chacun séparément, sera confirmé par la signature de chaque membre, comme témoignage de leur résolution inébranlable [1].

Dans cette occasion, la cour commit une faute capitale, en ne faisant pas connaître ses intentions au parti royaliste ou constitutionnel de l'assemblée,

[1] Lacr., vii. 39, 41. Th., 63, 64. Riv., 10. Mig., 1. 41.

et en n'empêchant pas cette unanimité, qui résulta nécessairement de l'apparence de mesures coercitives, dont on ne connaissait pas l'objet. Il en résulta que les membres les plus modérés, craignant les usurpations de la couronne, et alarmés d'un appareil de force militaire dirigée contre l'assemblée, se joignirent aux violents démocrates, et le serment fut prêté à l'unanimité, à l'exception d'un courageux député. Cette démarche décisive commit toute l'assemblée dans une lutte ouverte avec le gouvernement ; les esprits des députés furent exaspérés par la violence dont on les menaçait, et le serment forma un lien secret d'association entre les membres, qui, sans cela, auraient été fortement opposés les uns aux autres. Mirabeau, en particulier, que dès le commencement son penchant portait vers le parti aristocratique autant que cela pouvait se concilier avec le rôle de chef populaire, exprima ouvertement plus tard son regret de n'avoir pas été instruit des véritables desseins du roi : « N'y avait-il donc personne dans l'assemblée, dit-il, à qui ils pussent faire connaître leurs projets ? C'est ainsi que les rois sont conduits à l'échafaud [1] ! »

Cet acte fut suivi, le 22, d'un autre qui procura au parti une grande augmentation de force. Ce jour-là l'assemblée se réunit dans l'église de Saint-Louis, le jeu de paume ayant été fermé par ordre des princes à qui il appartenait, et elle fut rejointe par

[1] Riv., 19. Mig., 1. 41. Lacr., vii. 30. Dumont, 80, 97.

cent quarante-huit membres du clergé, qui sympathisaient avec elle, et étaient décidés à partager ses dangers. Ce grand renfort était conduit par l'archevêque de Vienne, celui de Bordeaux et l'évêque de Chartres; ils furent accueillis avec des transports de joie et des larmes de reconnaissance par les communes, qui acquirent par là une prépondérance décidée; leur majorité sur les autres ordres devint si grande par cette jonction, que si elles continuaient à former une seule assemblée, leur victoire n'était plus douteuse. Le spectacle de l'union du clergé avec leurs frères des communes, excita les plus vifs transports, et ils s'embrassaient les uns les autres en versant des larmes de joie [1]. Qui aurait pu prévoir alors, que dans quelques semaines tous les ecclésiastiques seraient réduits à la mendicité par ceux qui les recevaient en ce moment comme des libérateurs, et qu'un prêtre ne pourrait se montrer dans les rues sans être exposé aux plus grossières insultes! Tel est le destin de ceux qui croient pouvoir, par des concessions dictées par la peur, arrêter la marche d'une révolution.

Il est impossible de refuser un tribut d'admiration à ces hommes intrépides, qui, transportés d'un zèle ardent pour la liberté et d'amour pour leur patrie, risquèrent une démarche pleine de tant de périls, et qui, suivant toute apparence, pouvait en mener plusieurs à la prison ou à l'échafaud. On

[1] Dumont, 90, 91. Mig., t. 42. Bailly, t. 205. Riv., 20. Th., t. 74.

ne peut guère imaginer de situation plus digne que celle de Bailly, couronnant une vie de travaux scientifiques par un acte d'abnégation patriotique, entouré d'une assemblée respectueuse, l'idole du peuple, l'admiration de l'Europe. Mais qu'elles sont vaines les espérances d'une élévation durable, quand elles sont fondées sur les applaudissements de la multitude! Si un regard prophétique avait pu alors dévoiler l'avenir, elle aurait vu cette idole du peuple, tremblant de froid aux Champs-Élysées, les mains liées derrière le dos, et la guillotine suspendue sur sa tête, condamnée par l'assemblée, exécrée par la multitude, soumise à un supplice cruel et prolongé pour satisfaire la haine ardente et la sauvage vengeance de la populace.

La majorité des membres de la noblesse, en apprenant cet acte décisif du tiers-état, qui dans le fait n'était rien moins qu'une usurpation de tous les pouvoirs du gouvernement, nomma une députation pour déposer ses plaintes aux pieds du trône. Une minorité de quarante-sept membres refusa son assentiment à cette résolution, et épousa bientôt après la cause du tiers-état; dans ce nombre se trouvaient les plus grandes familles et les hommes les plus habiles de la noblesse française; le duc d'Orléans, le duc de la Rochefoucault, le duc de Liancourt, les comtes de Lally-Tollendal, de Clermont-Tonnerre, les deux frères Lameth et le marquis de Lafayette. Ils furent presque tous guillotinés, exilés ou ruinés pendant le cours de la révolution, mémorable exemple de l'impuissance des hautes classes à comprimer définitivement un mouvement qu'elles ont favorisé, et du peu de fondement de cette idée, que les innovations n'offrent aucun danger, quand elles sont dirigées par les grands propriétaires de l'état [1].

Enfin la fameuse séance du 23 juin eut lieu. Le roi prit place sur son trône, environné de ses gardes et entouré de toute la pompe de la monarchie : il fut reçu dans un morne silence. Il commença son discours par condamner la conduite du tiers-état et par déplorer l'esprit de faction, qui avait déjà fait de tels progrès parmi les représentants du peuple, et qui était également contraire aux intérêts de la nation et aux plus vifs désirs de son cœur. Puis un ministre lut les déclarations du monarque. La première prescrivait la forme de la réunion des états et ordonnait leur assemblée en trois ordres, comme essentiellement liée avec la constitution du royaume : elle réglait la forme de leurs délibérations, annulait les déclarations du tiers-état du 17 juin comme contraires à la loi, réservait à la couronne le droit de régler les futures convocations des états-généraux; la seconde contenait l'exposition des droits que le monarque concédait à son peuple, et renfermait tous les éléments d'une liberté raisonnable. Il abolissait, entre autres, les privilèges particuliers et

[1] Th., 1.68.

l'exemption des impôts des nobles et du clergé, mettait fin à la taille et à l'impôt de franc fief, réglait les dépenses de la maison royale, pourvoyait à la consolidation de la dette publique, garantissait la liberté de la presse, établissait la sûreté de la propriété et des titres d'honneur, le code criminel, la liberté individuelle, et pourvoyait à l'entretien des routes publique, à l'égalité des contributions et à l'établissement d'assemblées provinciales. Le monarque pouvait s'écrier avec vérité : « Je puis dire, sans craindre de me tromper, que jamais roi n'a fait autant pour ses sujets que j'ai fait pour les miens; mais quel autre peuple le méritait aussi bien que le peuple français [1]? »

Ces importantes concessions, qui, si elles avaient été appuyées avec l'énergie nécessaire par le gouvernement, auraient pu arrêter le torrent révolutionnaire, ne calmèrent nullement les mécontentements publics. L'époque était passée où l'on pouvait entendre le langage de la modération; les passions étaient soulevées, le peuple excité; et quand la passion céda-t-elle à la raison? quand la multitude sut-elle s'arrêter dans le cours de ses empiétements? Les dernières paroles du roi avaient l'apparence de la vigueur sans la réalité; elles ôtaient à la grâce du don sans rien ajouter à l'autorité de celui qui le faisait; il menaçait les députés de leur faire sentir sa puissance; s'ils résistaient, de les dissoudre, de

[1] Rivar., 23, 24. Th., i. 87, 68. Laer., vii. 43.

continuer l'œuvre de la réforme de sa propre autorité, et il finit par leur ordonner de se séparer et de se réunir, le lendemain, dans leurs salles respectives. Le clergé et les nobles obéirent, les communes seules restèrent sur leurs bancs [1].

Le maître des cérémonies entra alors dans la salle et rappela aux membres les intentions du roi. « Messieurs, dit Mirabeau, j'admets que les concessions faites par le roi seraient suffisantes pour le bonheur public, si les présents du despotisme n'étaient pas toujours dangereux ; quelle est donc l'insolente dictature à laquelle vous êtes soumis? Ce déploiement d'armes, cette violation du sanctuaire national, sont-ils un juste accompagnement d'un don fait au peuple? Qui vous prescrit ces règles? Votre mandataire, celui qui est fait pour recevoir vos ordres au lieu de vous en donner. La liberté des délibérations est détruite; une force militaire environne l'assemblée. Je propose que, procédant avec la dignité convenable, vous agissiez conformément à votre serment et refusiez de vous séparer tant que vous n'aurez pas achevé la constitution. » Puis, se tournant vers le maître des cérémonies, il continua : « Allez dire à votre maître, que nous sommes ici par l'ordre du peuple et que nous n'en sortirons que par la force des baïonnettes. » « Vous êtes aujourd'hui, dit Siéyes avec calme, ce que vous étiez hier; continuons nos délibérations. » Sur la

[1] Mig., I. 43. Lacr., VII. 45.

motion de Camus, ils ratifièrent tous leurs actes et déclarèrent inviolable la personne des représentants [1].

Considérées en elles-mêmes, ces concessions étaient les plus grandes qu'un roi eût jamais faites à ses sujets, et dans tout autre temps elles auraient excité des transports de reconnaissance; mais les passions étaient en mouvement, l'ambition démocratique profondément éveillée, et cette conduite conciliante ne faisait qu'ajouter de l'aliment à la flamme. Si un gouvernement est puissant, tout ce qu'il accorde est accueilli avec gratitude comme un don; s'il est faible, on considère ses concessions comme l'acquit d'une dette, et elles ne servent qu'à encourager le parti populaire à faire de nouvelles demandes. L'assemblée avait résolu de devenir l'assemblée nationale, et de gouverner la France avec un pouvoir despotique; tout ce qui était au-dessous de ces prétentions, lui semblait indigne de son acceptation. Faire mine de résister, et ne rien tenter pour rendre cette résistance efficace, annoncer une intention de relever le trône, et finir par céder, c'était littéralement de la part du roi un acte de folie, qui devait nécessairement conduire à la ruine de la monarchie [2].

Ce jour-là l'autorité royale fut anéantie en France. L'assemblée avait directement bravé les ordres du

[1] Lacr., vii. 45. Mign., t. 4. Th., t. 68, 69.
[2] Dumont, 87.

trône, et l'opinion publique la soutenait dans sa tentative. L'initiative des lois, l'influence morale résultant de l'idée de suprématie, avait passé de la couronne au peuple [1].

M. Necker n'assista pas à cette solennelle séance ; la veille au soir il avait offert sa démission, qui fut refusée, parce qu'il n'approuvait pas les mesures adoptées par la cour. Il fut reconnu dans les rues de Versailles par la foule, et reconduit chez lui au milieu des plus bruyantes acclamations. Il avait montré par cette conduite, la sincérité de ses intentions et sa désapprobation des mesures de la couronne, et à dater de là, il fut pendant quelque temps regardé comme le chef du parti populaire [2].

Le lendemain, le duc d'Orléans et quarante-six membres de la noblesse se joignirent au tiers-état. Ils furent reçus avec transport ; mais le duc éprouva tant d'émotion en quittant la chambre héréditaire, qu'il s'évanouit en se levant de son siège. On lui offrit le fauteuil de président, qu'il eut la prudence de refuser; son but était le trône; mais le sort le destinait à l'échafaud, et le sceptre ne devait écheoir qu'à ses descendants [3].

Le roi, reconnaissant que l'opposition était inutile, exprima le vœu que le reste de la noblesse et du clergé se joignît au tiers-état. Les nobles firent une énergique remontrance contre cette mesure, et

[1] Mign., 1. 44. Th., 1. 74.
[2] Lacr., vii. 47. Mig., i. 44. Th., i. 70.
[3] Lacr., vi. 50. Mig., i. 44. Th., i. 71.

prédirent les funestes effets qui devaient en résulter. Que ferait leur petit nombre, noyé dans la masse de leurs adversaires? Votre majesté, dit le duc de Luxembourg, président, a tout à craindre d'une seule assemblée, qui a déjà donné une preuve de sa violence par un serment téméraire et illégal. Si cette assemblée nous voit arriver dans son enceinte, quel avantage ne tirera-t-elle pas d'une victoire si signalée? que pouvons-nous attendre d'un corps qui a si souvent juré notre ruine? Notre présence augmente son pouvoir, sans diminuer son ambition. Séparés du tiers-état, nous formons au moins une barrière contre sa furie; notre opposition sans doute est pleine de dangers, mais nous les braverons avec joie pour la défense du trône. — Non, répondit le roi avec émotion, je ne permettrai pas que ma fidèle noblesse s'engage dans une lutte aussi inégale. C'est à la fois mon vœu et mon devoir de la sauver de périls si manifestes. Ma résolution est arrêtée; *je ne souffrirai pas qu'une seule personne périsse à cause de moi.* Dites aux nobles que je les prie de se réunir avec les autres ordres; si cela ne suffit pas, comme leur souverain, je le leur commande. » On obéit; les nobles et le clergé se joignirent au tiers-état, où ils furent promptement annihilés sous une majorité accablante. L'humanité du roi causa la ruine du trône[1].

Ces évènements augmentèrent à un degré extraor-

[1] Lacr., VII. 86. Th., t. 73. Riv., 55. 27 juin.

dinaire l'effervescence de l'esprit public à Paris. Les hommes jeunes, ardents, les visionnaires, croyaient qu'un nouvel âge d'or approchait; que la régénération du corps social allait le délivrer de tous ses vices, dissiper toutes ses souffrances. Le Palais-Royal, construit tout récemment à des frais énormes par le duc d'Orléans, devint le centre de l'agitation; les groupes de mécontents s'assemblaient dans ses vastes jardins; les cafés démocratiques se trouvaient sous ses splendides galeries [1]. Ce fut au milieu du tumulte du jeu et du clinquant de la prostitution, que naquit la liberté en France; il faut avouer qu'elle ne pouvait avoir un berceau plus impur.

La postérité aura de la peine à se figurer la fermentation qui régnait alors dans la capitale. Les hommes éclairés, par un principe de patriotisme; les capitalistes, par la crainte de perdre leur fortune; le peuple, par l'urgence de ses besoins, qu'il s'attendait à voir immédiatement soulagés; les boutiquiers, par ambition; les jeunes gens, par enthousiasme; les vieux, par peur; tous étaient agités des plus violentes émotions. Le moment décisif approchait. Au lieu de poursuivre leurs occupations ordinaires, les gens de toutes les classes remplissaient les rues, discutant avec anxiété les évènements publics, et se réunissant autour de quiconque arrivait de Versailles. C'était dans une classe

[1] Lacr., vii. 88. Rii., 45.

dépravée que la fièvre de la révolution était particulièrement puissante. Le corps nombreux des courtisanes soutint unanimement la cause populaire, et elles ne contribuèrent pas peu, par la séduction de leurs charmes, à la défection des militaires, qui eut lieu peu de temps après [1].

Le régiment des gardes françaises, composé de trois mille six cents hommes, dans le meilleur état de discipline et d'équipement, donnait depuis quelque temps des signes alarmants de désaffection. En conséquence le colonel leur avait ordonné de rester renfermés dans leur caserne, lorsque trois cent d'entre eux s'échappèrent et coururent à l'instant au Palais-Royal. Ils furent accueillis avec enthousiasme, et libéralement pourvus d'argent par le parti d'Orléans; et les transports s'élevèrent à un tel dégré, que, chose qui paraîtrait incroyable, s'il n'était prouvé par le témoignage de nombreux témoins au-dessus de tout soupçon, des femmes de distinction embrassèrent ouvertement les soldats, pendant qu'ils se promenaient dans le jardin avec leurs maîtresses. Après que ces désordres eurent duré quelque temps, onze des chefs de la mutinerie furent arrêtés et conduits à la prison de l'Abbaye; une troupe de six mille hommes se réunit immédiatement, brisa les portes de la prison, et les ramena en triomphe au Palais-Royal. Le roi, à la demande de l'assemblée, pardonna aux prison-

[1] Mig., 1 47 Lacr., vii. 60, 61. Th., 1 81.

niers, et le lendemain ils parcoururent en triomphe les rues de Paris [1].

Ces faits alarmants prouvaient évidemment qu'il était urgent de prendre quelque mesure pour relever l'autorité du trône. La noblesse revint de sa stupeur ; le roi même fut convaincu qu'il fallait recourir à des mesures vigoureuses pour arrêter les progrès de la révolution. Durant un certain laps de temps, après leur réunion avec les communes, les nobles s'assemblèrent encore dans une salle différente, et préparèrent, contre l'ambition de l'assemblée nationale, une protestation que les évènements postérieurs rendirent vaine. Mais la diminution qui s'opérait chaque jour dans leurs rangs, montrait combien leur cause était perdue dans l'opinion publique. Dans cette extrémité, le roi se jeta dans les bras de l'armée comme dernière ressource. Le vieux maréchal de Broglie fut nommé général de l'armée royale ; et toutes les troupes sur lesquelles on croyait pouvoir le plus compter, furent concentrées dans le voisinage de Versailles. « Maréchal, dit le roi la première fois qu'il le reçut, vous êtes venu pour aider un roi sans argent, sans force ; car je ne saurais vous dissimuler que l'esprit de révolte a déjà fait de grands progrès dans mes armées. Je place ma dernière espérance dans votre honneur et votre fidélité. Vous remplirez les plus chers vœux de mon cœur, si vous pouvez réussir sans violence,

[1] Lacret., vii. 60, 65. Mignet, i. 47. Th., i. 82, 85.

ou effusion de sang, à déjouer les projets de ceux qui menacent le trône, et qui bientôt causeraient la misère de mon peuple [1]. » Le maréchal, ne comprenant pas les changements des temps, répondit de la sûreté de la capitale, et établit sur-le-champ un nombreux état-major, dont l'insolence et les airs importants ne firent que contribuer à augmenter le mécontentement public.

Necker désapprouva publiquement le rassemblement des troupes, et Mirabeau prépara une adresse de l'assemblée au roi, pour le prier de les éloigner : « Le danger, sire, dit-il, est pressant, universel, pour les provinces, qui, une fois alarmées pour leurs libertés, ne savent pas réprimer leur violence ; pour la capitale, qui, pressée par la disette et les plus cruelles inquiétudes, sera exaspérée par la présence des soldats ; pour les troupes elles-mêmes, qui, mises en contact avec le foyer du mécontentement, peuvent céder à son influence, et oublier l'engagement qui les a faits soldats, pour se rappeler que la nature les a faits hommes. Toutes les grandes révolutions ont eu pour origine des causes frivoles ; plus d'une fois le monde a été bouleversé par un évènement moins sinistre que celui-ci. » Les plus vives alarmes régnaient à Versailles, et les membres de l'assemblée voyaient avec effroi les longs convois d'artillerie et de cavalerie qui traversaient incessamment les rues.

[1] Lacr., vii. 64 Mig., i. 47. Th., i. 85.

La cour adopta alors des mesures hostiles; les salons du palais étaient constamment encombrés de généraux, de colonels, d'aides-de-camp et de jeunes membres de la noblesse, dont l'inexpérience et la présomption remplissaient la reine et ses amis d'une folle confiance en leur force. Le ministère fut complètement changé, et M. Necker reçut non-seulement sa démission, mais un ordre de quitter le royaume. Cet ordre formel fut accompagné d'une note du roi, dans laquelle il lui disait, qu'il n'avait pu empêcher son éloignement, et le priait de partir en secret, de peur d'exciter des troubles publics [1]. M. Necker reçut cet avis au moment même où il s'habillait pour dîner; il dîna tranquillement sans le divulguer à personne, et partit dans la soirée avec madame Necker pour Bruxelles.

Cette nouvelle jeta Paris dans la plus grande consternation. La fureur succéda bientôt à l'alarme; les théâtres furent fermés; le Palais-Royal retentit des cris : aux armes; et un chef devenu plus tard célèbre, Camille Desmoulins, armé de pistolets, donna le signal de l'insurrection en brisant une branche d'arbre, qu'il attacha à son chapeau. A l'instant tous les arbres furent dépouillés de leur feuillage, et la foule se décora des symboles de la révolte. « Citoyens, dit Camille Desmoulins, le moment de l'action est arrivé; le renvoi de M. Necker est le signal d'une Saint-Barthélemi des patriotes;

[1] Lacr., vii. 69, 70. Mig., t. 47, 48 Th., i, 88.

ce soir même les bataillons suisses et allemands sortiront du Champ-de-Mars pour nous massacrer; une seule ressource nous reste, c'est de voler aux armes. » La foule adopta sa proposition à l'unanimité, et, ornée de branches vertes, elle parcourut les rues, portant en triomphe les bustes de M. Necker et du duc d'Orléans. Elle fut chargée par le régiment de royal-allemand, qui fut reçu à coups de pierres et mis en fuite; mais les dragons du prince de Lambesc étant survenus, la foule fut rompue et dispersée dans le jardin des Tuileries. Le porteur d'un des bustes et un soldat des gardes françaises furent tués dans le tumulte; ce fut là le premier sang versé dans la révolution [1].

Le rôle qu'il joua dans cette occasion, acquit à Camille Desmoulins le nom d'apôtre de la liberté; associé avec Danton, il jouit long-temps de la faveur populaire. Il mourut sur l'échafaud, victime de cette même faction à la création de laquelle il avait eu une si forte part.

Le prince de Lambesc avait placé un escadron de dragons devant la caserne des gardes françaises, pour intimider ce régiment. Lorsque la nouvelle de la déroute des Tuileries arriva, les troupes abattirent les barres de fer qui fermaient leur caserne, et commencèrent sur les dragons un feu de mousqueterie qui força ceux-ci à se retirer; elles les poursuivirent jusqu'au jardin des Tuileries, et se mirent en

[1] Lacr., VII. 70 Th., I. 89. Mig., I. 48.

ordre de bataille devant la populace, entre elle et les troupes royales. Les soldats du Champ-de-Mars reçurent ordre d'avancer et de les chasser; ils furent reçus par une décharge de mousqueterie, et on ne put les engager à répondre à l'attaque. Le régiment des petits-suisses fut le premier à donner l'exemple de la défection; la monarchie était perdue; les troupes, à qui était particulièrement confiée la garde de la famille royale, s'étaient révoltées, et le reste de l'armée refusait d'agir contre le peuple [1].

Dans cette extrémité les mesures de la cour ne furent calculées, ni pour concilier ni pour effrayer; les troupes furent retirées de Paris, et rassemblées autour de Versailles; un régiment était campé dans la magnifique galerie de l'Orangerie, tandis que le gouverneur de la Bastille demandait en vain des troupes et des munitions; il semblait que le gouvernement ne songeait qu'à intimider l'assemblée, tandis que le gouffre de l'insurrection populaire s'ouvrait sous ses pieds. Il fut trompé par les rapports des autorités, qui persistaient à représenter le tumulte comme temporaire, et garantissaient la sûreté de la capitale; mais de terribles évènements le convainquirent bientôt de son erreur [2].

Pendant l'absence des troupes, les désordres dans Paris prirent un développement inouï, d'immenses corps d'ouvriers s'assemblaient sur les places, et

[1] Mig., 1. 80. Toul., t. 73. Lacr., vii. 74.
[2] Toul., t. 74. Lacr., vii. 78, 79

donnaient cours au langage le plus violent ; aidés par les gardes, qui se joignirent alors ouvertement à la populace, ils forcèrent les arsenaux et les boutiques d'armuriers; distribuèrent les armes parmi leurs adhérents, incendièrent plusieurs maisons, et ouvrirent les barrières qui avaient été fermées par ordre du roi; l'hôtel des Invalides fut pris, à l'aide des vétérans qui l'habitaient, et à la vue de l'École-Militaire, où les troupes de ligne étaient stationnées. Vingt mille fusils et vingt pièces de canon furent saisis et distribués parmi les insurgés; la place de Grève fut convertie en un vaste dépôt d'armes, de munitions et d'artillerie; on établit à l'Hôtel-de-Ville un comité qui organisa promptement une force insurrectionnelle ; cinquante mille piques furent sur-le-champ forgées et distribuées parmi le peuple ; et il fut décidé que la force armée serait portée à quarante-huit mille hommes. Ce fut là le commencement de la garde nationale de Paris, corps qui joua un rôle important, tantôt pour le bien, tantot pour le mal, durant le cours de la révolution. Pour la décision, la conduite et la rapidité de l'organisation, les Français sont supérieurs à toutes les nations [1].

Ces bandes terribles, qui apparaissent toujours dans les commotions civiles et qu'on ne voit jamais que dans de telles occasions, se montraient partout en ce moment comme si elles sortaient de dessous

[1] Mig., I. 84, 87. Lacr., VII. 79, 82. Toul , I. 75. Th., I. 90, 91.

terre. Cette masse tumultueuse reçut bientôt une forme mieux ordonnée, grâce aux gardes françaises qui y furent, pour la plupart, incorporés, et qui rendirent les plus grands services dans les luttes qui suivirent [1].

Le matin du 14 juillet, la nouvelle se répandit que les troupes stationnées à Saint-Denis marchaient sur la capitale et que les canons de la Bastille étaient braqués sur la rue Saint-Antoine. A l'instant on cria : « A la Bastille ! » et le flot de l'insurrection commença à rouler dans cette direction. Le nom de cette forteresse détestée, dans laquelle les victimes de la tyrannie de la cour avaient si souvent gémi, excitait l'indignation de la populace au plus haut point, et une force insurgée formidable entoura bientôt ses murs. Quatre-vingts invalides et trente gardes suisses composaient sa garnison; l'artillerie était bien approvisionnée, mais la place presque entièrement dépourvue de vivres pour les soldats. Les canons, toutefois, furent chargés à mitraille, le pont-levis retiré et les sentinelles postées comme en temps de siège. Un corps d'insurgés fut admis dans la première enceinte pour parlementer avec la garnison; emportés par leur ardeur, ils commencèrent, pendant la conférence, à escalader les murs intérieurs, sur quoi le gouverneur ordonna de faire feu. Craignant l'effet de la mitraille sur les masses compactes des assaillants, on se borna d'abord à des

[1] Th t. 92.

décharges de mousqueterie ; les chefs qui dirigeaient l'assaut furent repoussés, et la populace se retira en désordre; mais l'arrivée des gardes françaises avec de l'artillerie changea promptement la face des choses : ces braves militaires soutinrent avec intrépidité le feu de la forteresse, qui lâcha alors sa mitraille, et, des maisons du voisinage, elle ripostait par un feu de mousqueterie, pendant que le canon commençait à battre les vieux murs. Soit par hasard ou à dessein, la chaîne qui tenait suspendu le pont intérieur fut coupée, et le pont tomba; une immense foule d'hommes remplit aussitôt la cour, et la garnison [1], voyant que la résistance était désormais inutile, arbora le drapeau blanc sur la tour du donjon, et bientôt après mit bas les armes.

Une sanglante vengeance souilla le premier triomphe des armes de la liberté. La garnison avait capitulé avec les gardes françaises sous la promesse d'avoir la vie sauve, et cette assurance seule avait empêché le brave gouverneur Delaunay de mettre le feu au magasin de poudre et de faire sauter la forteresse et ses assaillants, mais les soldats furent incapables de contenir la fureur de la populace. Pendant l'assaut, la fille d'un des officiers fut saisie par la foule; ils proposèrent de la brûler vivante, si la place ne se rendait sur-le-champ; déjà ils l'avaient réellement placée sur un matelas, et y mettaient le feu, lorsque la générosité d'un des gardes françai-

[1] Lacr., vii. 83, 84, 88. Mig., i. 6. Toul, i. 76. Th., i. 98, 99, 101.

ses empêcha ce crime atroce en descendant de l'escalade pour sauver leur victime. Tous les efforts des soldats qui avaient réellement remporté la victoire, ne purent réprimer la vengeance sanguinaire du peuple. Le gouverneur Delaunay et trois autres officiers tombèrent, percés de nombreuses blessures, dans les bras des gardes qui tâchaient de les protéger; la populace se jeta sur leurs restes palpitants, les pendit aux lanternes, et, leur ayant coupé la tête et une main, elle porta ces sanglants trophées, au bout des piques, au comité central de la place de Grève, au milieu des acclamations et des cris de vengeance [1].

La victime qu'on immola ensuite fut M. de Flesselles, prévôt des marchands. On prétendit qu'on avait trouvé sur le gouverneur Delaunay une lettre qui prouvait sa trahison envers la cause populaire; il fut saisi, et conduit vers le Palais-Royal, pour subir un examen; mais il fut tué d'un coup de feu à quelques pas de l'Hôtel-de-Ville par un homme de la foule [1]. Ceux qui l'entouraient se jetèrent sur ses restes et les suspendirent aux lanternes.

La prise de la Bastille excita le plus grand enthousiasme à Paris, et elle devint, comme le 10 août et le 9 thermidor, une des grandes ères de la révolution. Mais sa conséquence la plus importante et la plus durable fut l'établissement de la garde nationale de Paris; force civique d'une grande in-

[1] Mig., i. 62. Lacr., vii. 90. Th. i. 102.

fluence, et qui, quoique timide et vacillante d'abord, devint le meilleur moyen d'arracher le pays au joug de fer de la populace. Composée de citoyens riches et respectables, elle inclinait généralement, quoique pas toujours, du côté de l'ordre, et, en dernière analyse, ce fut elle qui contribua le plus à réprimer le despotisme même issu de l'insurrection que dans le principe elle était destinée à défendre.

La nuit qui suivit ce grand événement fut une nuit de vive anxiété et d'une agitation extraordinaire à Paris. Les bruits les plus alarmants circulaient; on disait que les troupes étrangères allaient sortir des caves et des souterrains, et massacrer les habitants; qu'un seconde Saint-Barthélemy se préparait. Le peuple barricada les rues, arracha les pavés, porta les pierres au haut des maisons, et établit des corps de gardes dans les principaux quartiers. Mais rien ne vint justifier ces alarmes, et l'anxiété d'une nuit sans sommeil ne fit qu'ajouter à l'intensité des sentiments qui agitaient la populace [1].

Cependant les desseins de la cour approchaient rapidement de leur maturité. Infatuée par les rapports que lui transmettaient les chefs militaires, environnée d'une impétueuse et imprudente noblesse, elle nourrissait le projet de rendre la tranquillité à la capitale par l'emploi immédiat de la force mili-

[1] Mig., t. 82. Lacr., vii. 92, 93.

taire. Le canon de la Bastille, qu'on entendait distinctement à Versailles, fut considéré comme un augure favorable, comme annonçant le commencement d'un engagement réel, et la fin de la fatale irrésolution des troupes. Les vieux officiers riaient de l'idée qu'on pouvait prendre la Bastille, et persistaient à représenter le tumulte comme l'affaire d'un moment. Le 15, on résolut de dissoudre l'assemblée, de publier quarante mille copies de la déclaration du 23 juin, et de faire marcher le maréchal de Broglie sur la capitale avec des forces redoutables; mais là encore l'insurmontable répugnance du roi pour l'effusion du sang paralysa toutes les mesures de l'armée, et il paraît hors de doute, qu'il ne leur aurait jamais permis de faire feu, sinon pour repousser l'agression des insurgés [1].

Mais la nuit, on reçut la nouvelle du véritable état des choses; on apprit que la Bastille était prise, Paris en insurrection, les gardes en pleine révolte, et les régiments de ligne dans une sinistre inaction. L'assemblée, qui avait constamment siégé pendant les deux jours précédents, fut violemment agitée à cette nouvelle. On proposa d'envoyer une seconde députation au roi, pour demander avec instance l'éloignement des troupes. « Non, dit Clermont-Tonnerre, laissons-leur la nuit pour prendre conseil; il est bon que les rois, comme les particuliers,

[1] Mig., 1. 65. Th., 1. 96, 97. Toul., 1. 76, 77. Lacr., VII. 94, 97, 98.

s'instruisent par l'expérience. Le duc de Liancourt se chargea de la pénible mission d'informer le roi des évènements qui s'étaient passés, et se rendit pour cela dans sa chambre au milieu de la nuit. « C'est une révolte, dit le roi, après un long silence. » « Sire, répondit le duc, c'est une révolution [1]. »

Voyant que la résistance était inutile, par suite de l'universelle défection des troupes, le roi résolut immédiatement de céder, mesure qui le délivrait de la crainte terrible de causer une effusion de sang; le lendemain matin, il se rendit à l'assemblée sans gardes, ni aucune suite, accompagné seulement de ses deux frères. Il fut reçu dans un profond silence. « Messieurs, dit-il, je suis venu vous consulter sur les affaires les plus importantes; les désordres effrayants de la capitale appellent une attention immédiate; c'est dans ces moments d'alarmes que le chef de la nation vient, sans gardes, délibérer avec

[1] Toul., t. 78. Mig., t. 68. Th., t. 105. Pendant ces évènements, l'assemblée était dans le plus violent état d'agitation. Les bruits les plus alarmants arrivaient à chaque instant de Paris, les membres restèrent dans la salle d'assemblée au milieu de la plus vive anxiété; ils entendaient distinctement le bruit du canon, et ils appliquaient l'oreille à la terre pour en saisir la moindre reverberation. Dans l'espace de quarante-huit heures on n'envoya pas moins de cinq députations au roi, qui était aussi effrayé et affligé qu'eux de l'effusion du sang. Mais rien ne put dompter l'esprit audacieux de Mirabeau. « Dites au roi, cria-t-il à la dernière députation qui partait, que les troupes étrangères dont il est entouré ont été hier visitées et flattées par la princesse et le prince, et qu'elles ont reçu d'eux des présents et des caresses; dites-lui que pendant toute la nuit, dans son palais, ces satellites étrangers, même au milieu des fumées du vin, n'ont cessé de prédire la soumission de la France et de faire des vœux pour la destruction de l'assemblée; dites-lui que, dans son palais même, les courtisans ont dansé au son de cette musique impie, et que tel fut le prélude du massacre de la Saint-Barthélemy. » (Thiers, 1 104.)

ses fidèles députés sur les moyens de rétablir la tranquillité. Je sais que depuis quelque temps on répand les bruits les plus injustes sur mes intentions ; que l'on a même représenté votre liberté personnelle comme étant en danger. J'aime à croire que mon caractère est une garantie suffisante contre de telles calomnies. Pour toute réponse, je viens ici seul au milieu de vous ; je me déclare uni pour jamais avec la nation, et me repose entièrement sur la fidélité de l'assemblée nationale [1] ; j'ai donné ordre d'éloigner les troupes de Versailles et de Paris, et je vous invite à faire connaître mes intentions à la capitale.

Un immense applaudissement répondit à cette déclaration populaire ; l'assemblée, par un mouvement spontané, se leva, et reconduisit le monarque au palais. Une députation fut immédiatement envoyée à Paris pour y porter la joyeuse nouvelle, qui produisit un calme temporaire dans son ardente population. Bailly fut nommé maire de la cité, et Lafayette commandant de la force armée [2].

Le 17 le roi partit de Versailles, avec quelques gardes et une faible suite, pour visiter la capitale, sur les affections de laquelle reposaient ses seules espérances. Une grande partie de l'assemblée nationale l'accompagna à pied ; le cortège se grossit

[1] Toul., I. 79. Th., I. 105.
[2] Th., I. 106. Mig., I. 67.

sur la route d'un immense concours de paysans, dont plusieurs étaient armés de fourches et de faux, qui donnaient à l'ensemble un aspect grotesque et révolutionnaire. La reine se sépara de lui dans le plus profond chagrin, avec l'idée qu'elle ne le reverrait plus. Il avait été informé le matin d'un projet de l'assassiner sur la route, mais cela ne changea rien à sa résolution. La marche, embarrassée par un si étrange cortége, dura sept heures, pendant lesquelles le roi but goutte à goutte le calice de l'humiliation. Il fut reçu aux portes par Bailly, à la tête de la municipalité, qui lui présenta les clefs de la ville : « J'apporte à votre Majesté, dit-il, les mêmes clefs qui furent présentées à Henri IV. Il entra dans la ville en vainqueur; aujourd'hui c'est le peuple qui a regagné son souverain ». Louis se dirigea vers l'Hôtel-de-Ville au milieu de plus de cent mille hommes armés, sous une arche formée de sabres croisés. Toute cette immense foule portait des cocardes tricolores, adoptées maintenant comme couleurs nationales. Au Pont-Neuf, il passa à côté d'un formidable parc d'artillerie; mais à la lumière et à la bouche de chacun on avait placé une guirlande de fleurs. Quelques rares cris de *vive le roi!* frappèrent les oreilles de l'infortuné monarque; ceux de *vive la nation!* étaient beaucoup plus nombreux; mais quand il parut à la fenêtre de l'Hôtel-de-Ville, avec la cocarde tricolore sur la poitrine, des tonnerres d'applaudissements firent retentir les airs, et il fut reconduit à Versailles au milieu des plus étourdissantes expressions de l'affection publique [1].

Le jour de l'entrée du roi à Paris fut le premier de l'émigration de la noblesse. Le parti aristocratique violent, voyant toutes ses mesures coercitives déjouées, et craignant les effets du ressentiment populaire, quitta le royaume. Le comte d'Artois, le prince de Condé, le maréchal de Broglie, et toute la famille des Polignac, partirent à la hâte, et arrivèrent sans accident à Bruxelles; fatal exemple de défection, qui, promptement suivi par la noblesse inférieure, produisit les plus désastreuses conséquences. Mais il en fut de même dans toutes les phases postérieures de la révolution. Les chefs du parti royaliste, toujours les premiers à proposer des mesures violentes, étaient en même temps incapables de les soutenir, quand elles rencontraient une opposition furieuse; ils diminuèrent la sympathie qu'aurait inspirée leur chute, en montrant qu'ils en étaient indignes [2].

Tout le ministère étant accusé par l'assemblée nationale, suivit l'exemple de la noblesse et s'enfuit du pays. En même temps, M. Necker et les chefs du parti populaire furent rappelés. Le messager l'atteignit à Bâle, où il venait d'arriver. Son retour à Paris fut un triomphe continuel. Partout il re-

---

[1] Lacr., VII. 105, 109. Th., I. 105, 109 Toul., 82, 85. Burke, v. 139.
[2] Mig., I. 88. Toul., I. 83. Th., I. 108.

çut les preuves les plus enivrantes de la reconnaissance publique. Mais son entrée à Paris marqua non-seulement le zénith de sa popularité, elle en marqua aussi la fin. Il semblait avoir un pressentiment de sa chute prochaine, car en entrant dans son appartement à Versailles, il dit à l'un de ses amis : « Voici le moment où je devrais mourir » [1].

Il devait recevoir bientôt une triste preuve de l'impuissance d'un ministre populaire à maintenir la fureur de la populace : depuis long-temps de longues listes de proscriptions étaient placardées aux entrées du Palais-Royal ; en tête se trouvait le nom de M. Foulon, vieillard de plus de soixante-dix ans, qui avait été nommé au ministère qui succéda à celui de M. Necker, mais qui n'était jamais entré en fonction. Il fut arrêté dans la campagne, et ramené à Paris les mains liées derrière le dos. La vengeance impatiente du peuple ne put attendre la formalité du procès et de la condamnation ; il se rua dans la salle du comité où l'infortuné subissait un examen devant Lafayette et Bailly, et, en dépit des plus énergiques efforts de leur part, il fut arraché de leurs bras, et pendu à la lanterne. Deux fois la corde fatale se brisa, et la pauvre victime tomba à terre au milieu de la multitude ; deux fois on le pendit de nouveau au milieu des éclats de rire et des cris de joie. Ce fut avec ces exé-

---

[1] Toul., t. 88. Mig., t. 68.

crables exemples de cruauté que la régénération du corps social commença en France [1].

M. Berthier, gendre de M. Foulon, partagea bientôt après le même destin. Il fut arrêté à Compiègne, et, après avoir subi les plus grands outrages sur la route, il fut conduit à l'Hôtel-de-Ville, où la foule lui présenta la tête de son beau-père encore dégouttante de sang; il détourna les yeux, et comme on continuait à l'approcher de sa figure, il inclina respectueusement la tête devant ces restes défigurés. Les efforts de Bailly et de Lafayette échouèrent de nouveau; il fut saisi par la populace et traîné vers la lanterne voisine; mais à la vue de la corde qu'on se préparait à lui passer au cou, il fut saisi d'un accès d'indignation, et, arrachant un fusil des mains d'un garde national, il se jeta au milieu de ses assassins, et tomba percé d'innombrables blessures. Un des cannibales se précipita sur son cadavre, et lui arracha le cœur, qu'il porta en triomphe, presque avant qu'il eût cessé de battre. Les têtes de Berthier et de Foulon furent mises au bout des piques, et promenées dans Paris au milieu d'une foule immense [2].

Frappé d'horreur à la vue de ces sanguinaires excès, M. Necker demanda et obtint de l'assemblée des électeurs de Paris une amnistie générale pour les délits politiques. Son principal but en ceci était

---

[1] Lacr., vii. 117. Mig., t. 68. Th., t. 115, 117.
[2] Lacr., vii. 117, 118. Toul., i. 86. Th., t. 115, 117.

de sauver le baron de Besenval, qui commandait immédiatement sous le maréchal de Broglie, jadis son ennemi politique, et qu'au péril de sa vie il avait sauvé de la fureur de la populace, sur la route de Suisse, à quelques milles de Paris. Mais par suite de cet acte d'humanité, M. Necker éprouva pour la première fois son impuissance à diriger la révolution, et sentit la fragilité de la base sur laquelle est appuyée la faveur populaire. Ses efforts furent infructueux. Le lendemain Mirabeau soumit l'affaire aux délibérations de l'assemblée : « D'où vient, dit-il, que la municipalité se charge, sous les yeux même de l'assemblée, de publier une amnistie pour les délits? La cause de la liberté n'a-t-elle plus de péril à courir? Nous pouvons pardonner à M. Necker son généreux mais imprudent procédé, qui dans tout autre que lui eût été criminel; quant à nous, mettons plus de calme et autant d'humanité à établir l'ordre public, non point par des amnisties générales, mais par une juste séparation des fonctions judiciaires et de celles de la multitude. » Conformément à cet avis, l'assemblée annula le décret des électeurs de Paris, et la vengeance politique trouva un vaste champ pour se développer [1].

Les conséquences de l'insurrection du 14 juillet furent immenses. Le mouvement de Paris se communiqua aux provinces, partout les basses classes, à l'imitation de la capitale, s'organisèrent en corps

[1] Lacr., XII. 122, 127. Mig., I. 68, 69. Th., I. 119.

indépendants, soumis seulement à leurs municipalités respectives, et établirent une garde nationale pour leur défense. La cause immédiate de ce prodigieux armement fut la propagation à travers toute la France des bruits les plus alarmants, sur la prochaine destruction des récoltes par des brigands qui parcouraient le pays dans toutes les directions, stratagème employé avec le succès le plus complet par les chefs de la révolution, afin de mettre la force armée du royaume à leur disposition [1].

Trois cent mille hommes furent rapidement enrôlés pour soutenir le parti populaire; l'influence du gouvernement, ainsi que la puissance de l'épée, passa dans les mains du peuple. Les nouveaux magistrats furent nommés par la multitude et choisis naturellement parmi les plus zélés défenseurs des droits populaires; leur autorité seule fut respectée. Les anciens fonctionnaires, voyant leur pouvoir évanoui, disparurent partout. En moins de quinze jours, il n'y eut plus d'autorité en France que celle qui émanait du peuple [2].

Mais les effets de cette révolution sur l'ordre de la société furent d'abord déplorables au plus haut degré. Les régiments de ligne se déclarèrent partout pour la cause populaire; toute la populace s'empara des armes; nulle part il ne restait de pouvoir pour résister à l'insurrection des basses classes. A Caen,

[1] Th., I. 126.
[2] Mig., I. 69, 70 Toul., I. 97.

et dans plusieurs autres villes, les massacres de la capitale ne furent que trop fidèlement imités. M. de Belzunce, qui s'efforçait de réprimer les excès de son régiment, fut mis à mort avec des circonstances de la plus révoltante cruauté; ses restes furent, à la lettre, *dévorés* [1] par ses assassins. Partout les paysans se soulevaient, attaquaient et brûlaient les châteaux des seigneurs, et massacraient ou expulsaient les propriétaires. Les horreurs de l'insurrection de la Jacquerie, du temps d'Édouard III, se renouvelèrent sur une plus grande échelle et avec des détails d'une plus profonde atrocité. Dans leur aveugle fureur ils n'épargnaient pas même ceux des seigneurs qu'on savait attachés au parti populaire, ou qui s'étaient employés de leur mieux à soulager leurs souffrances ou à défendre leurs droits. Les plus cruelles tortures furent infligées aux victimes qui tombaient entre leurs mains; à plusieurs on faisait rôtir les pieds sur un feu lent avant de les mettre à mort; à d'autres on brûlait les cheveux et les sourcils pendant qu'on détruisait leurs demeures, après quoi on les noyait dans l'étang voisin. Le marquis de Barras fut coupé en petit morceaux devant sa femme, avancée dans sa grossesse, qui mourut de douleur bientôt après; les routes étaient couvertes de jeunes femmes, belles et d'illustre naissance, qui fuyaient la mort et qui conduisaient leurs vieux parents par la main. Ce fut au milieu des cris de douleur et à

[1] Lacr., VII. 129.

la lumière des incendies que la liberté naquit en France [1].

L'assemblée nationale publia plusieurs proclamations énergiques contre ces actes de violence, mais elles ne produisirent pas le moindre effet. Dans le fait, elle était tellement compromise dans sa lutte avec la couronne et l'aristocratie qu'au lieu de gémir elle se réjouissait, en secret, des atrocités qui semblaient nécessaires pour achever d'intimider ses adversaires; elle sentait qu'elle s'était placée dans une situation où il fallait qu'elle effrayât la noblesse pour ne pas être effrayée par elle. Ainsi, par décence, elle blâmait en public et applaudissait en secret; elle accordait des éloges aux autorités constituées et encourageait secrètement la licence. La conséquence ordinaire d'une usurpation violente est de forcer les hommes à se plonger plus avant dans le torrent de la révolution et à commettre de plus grands crimes pour se soustraire aux suites des crimes plus légers qu'ils ont déjà commis [2].

Et ces désordres ne se bornèrent pas aux provinces. Paris était dans un tel état de confusion, le désordre résultant de tant d'autorités coexistantes était si excessif, les approvisionnements si précaires, qu'il fallut les plus grands efforts à Bailly et à la municipalité pour empêcher le peuple

[1] Lacr., vii. 150, 152. Th., i. 127. Chateaub., Mém. 83, 04
[2] Dumont, 153, 154.

de mourir de faim dans les rues. Les tailleurs, les cordonniers, les boulangers, les serruriers, réunis au Louvre, à la place Louis xv, et dans d'autres endroits, délibéraient sur les affaires publiques et bravaient l'hôtel-de-ville et la municipalité. Nuit et jour, Bailly et le comité des subsistances publiques se livraient à un travail inouï pour pourvoir aux besoins des citoyens; les sources ordinaires d'approvisionnements avaient complètement cessé avec la confusion publique; les fermiers n'apportaient plus leurs grains au marché, craignant qu'ils ne fussent saisis sans paiement par la multitude souveraine; et le peuple, pour première conséquence de son triomphe, était sur le point de périr de famine. Les autorités publiques étaient obligées de pourvoir à tout et de tout faire; ses agents achetaient de grandes quantités de grain dans les campagnes, et les amenaient à Paris, comme dans une ville assiégée, par nombreux convois, escortés de régiments de cavalerie. Il était moulu aux dépens du trésor public, et vendu aux citoyens à un prix modéré; mais l'anxiété du peuple était telle, que toutes ces peines ne suffirent pas, et que tous les jours l'assemblée était assaillie de pétitions dans lesquelles on se plaignait qu'on affamait le peuple. Toute l'activité du gouvernement ne pouvait suppléer à cette inépuisable source d'abondance et de prospérité, qui naît de la confiance publique [1].

[1] Th., t. 111.

Malgré tous les efforts du gouvernement, la détresse à Paris devint bientôt accablante, et pour la municipalité et pour les citoyens ; presque toutes les manufactures étaient arrêtées ; les classes riches avaient complètement cessé d'acheter, et les nombreux artisans, dont l'existence reposait sur le mouvement de l'industrie, dans ce grand bazar du luxe et de la misère, étaient réduits à la plus horrible position. Les magistrats populaires furent obligés de distribuer tout l'argent qui se trouvait dans les caisses des corporations ; mais cette ressource ne procura qu'un soulagement temporaire, et puis après avoir épuisé leur crédit et chargé de dettes le revenu public, ils furent obligés de se rendre à l'assemblée nationale, pour lui exposer tristement, que leurs ressources étaient épuisées, et que Paris, pour premier résultat de sa régénération politique, se voyait menacé d'une ruine prochaine [1].

Lafayette et les officiers de la révolution, furent plus heureux dans leurs efforts pour établir une force civile efficace. L'organisation naît plus facilement des troubles publics que l'ordre civil. En incorporant dans la garde nationale les gardes françaises, un certain nombre de Suisses et une foule

[1] En juillet 1789, dit M. bailly, maire de Paris, auteur du serment du Jeu de Paume, les finances de la ville de Paris étaient encore en bon état ; les recettes balançaient les dépenses, et il y avait 1,000,000 francs à la banque ; mais les depenses qu'on fut obligé de contracter par suite de la revolution, montèrent à 2,500,000 francs en une seule année. Ces dépenses et la grande baisse dans le produit des dons volontaires, amenèrent non pas une pénurie temporaire, mais une absence totale d'argent.

de déserteurs des régiments de ligne, il réussit à former une armée régulière, qui sous le nom de Compagnies du centre, fit enfin face aux désordres publics. Tous furent revêtus d'uniformes, et l'on joignit les couleurs de la cocarde de Paris, le bleu et le rouge, au blanc, couleur de la famille royale; c'est ainsi que fut formée la cocarde tricolore, dont Lafayette prédit assez exactement les destinées, quand il dit qu'elle ferait le tour du monde [1].

Ces atrocités furent suivies d'un acte sans exemple de la part de l'assemblée nationale. La nuit du 4 août, le duc de Noailles donna le signal de l'innovation, en proposant que le fardeau des impôts pesât également sur tous; que tous les droits féodaux fussent déclarés sujets à rachat, et la servitude personnelle simplement abolie. Cette grande concession fut loin encore de satisfaire le parti populaire. Un pénible tableau de l'oppression féodale fut tracé devant l'assemblée, et la générosité des nobles sollicitée de renoncer volontairement à leurs priviléges. Contre toute attente, ils proposèrent tous à l'envi l'abolition des abus; la contagion devint universelle; en quelques heures, tous les droits féodaux furent abandonnés. Le duc du Châtelet proposa que le rachat des dîmes fût permis, et qu'elles fussent commuées en un paiement en argent; l'évêque de Chartres proposa la suppression du droit exclusif de la chasse. Les droits plus importants de la juridiction

[1] Th., I. 112, 113.

féodale en matière criminelle, de la vénalité des charges, les immunités pécuniaires, l'inégalité des impôts, la pluralité des bénéfices, le casuel du clergé, les annates payées à la cour de Rome, furent successivement abandonnés; enfin les corporations et les différentes provinces sacrifièrent leurs priviléges; les Bretons, les Bourguignons, les Languedociens renoncèrent aux droits qui avaient résisté à la tyrannie de Richelieu et de Louvois; tous les monuments de la liberté, que le patriotisme des temps antérieurs avaient créés, furent renversés, et l'on établit à sa place une liberté fondée sur une base imaginaire et sans racines dans le passé [1].

On a dit avec vérité que cette nuit changea l'état politique de la France. Elle affranchit la terre du pouvoir féodal; les personnes de la dépendance seigneuriale; les fruits de l'industrie des extorsions de l'oisiveté. En supprimant les juridictions privées, elle introduisit la justice publique; en mettant un terme à la vénalité des charges, elle amena l'intégrité dans les fonctions. La carrière de l'industrie, aiguillon de l'ambition, était désormais ouverte à tout le monde, et l'odieuse distinction du noble et du roturier, du patricien et du vilain, restes de la conquête barbare, à jamais détruite.

Si ces changements avaient été introduits avec précaution, ou s'ils étaient nés graduellement des modifications survenues dans l'état de la société,

[1] Mig., t. 71. Lacr., vii. 140. Th., t. 129. 131.

il n'est pas douteux qu'ils eussent été éminemment bienfaisants. Mais en tombant ainsi soudainement sur le monde, ils produisirent les conséquences les plus désastreuses, et contribuèrent, plus qu'aucune autre circonstance, à propager ce mépris général pour l'antiquité, et ce total dédain du droit privé, qui caractérisèrent la période subséquente de la révolution. Les idées des hommes furent entièrement renversées, lorsque des droits établis depuis des siècles, des privilèges défendus par plusieurs générations successives, et les institutions que l'on tenait pour les plus sacrées, furent tout d'un coup abandonnés. Après un tel choc, on ne pouvait plus rien regarder comme stable dans la société; les chimères de tout enthousiaste, les rêves de tout visionnaire, semblaient mériter autant d'attention que les conclusions calmes de la raison et de l'expérience, puisque l'on commençait les améliorations par balayer tout ce qu'avaient fondé les siècles précédents. Les esprits des hommes furent bouleversés comme par l'ouverture d'un abîme pendant un tremblement de terre; tout ce qui avait paru stable aux yeux, tout ce que l'esprit avait été accoutumé à regarder comme durable, disparut devant le premier souffle de l'innovation. Les suites d'une telle mesure ne pouvaient être que fatales. Elle ouvrit la porte à toute espèce d'extravagance, fournit un précédent pour toute spoliation postérieure, et causa immédiatement cette fermentation des esprits, pendant laquelle les plus audacieux et les moins raisonnables sont sûrs d'obtenir le dessus.

L'évènement prouva la vérité de ces principes. « Les décrets du 4 août, dit Dumont, loin de mettre, comme on s'y attendait, un terme au brigandage et à la violence, ne servirent qu'à donner au peuple la conscience de sa force, et à lui inspirer la conviction que tous ses outrages contre la noblesse passeraient impunis. Rien de ce qui est fait par peur ne réussit dans son objet; ceux que vous espérez désarmer par des concessions sont uniquement portés par là à des tentatives encore plus hardies et à des demandes plus extravagantes [1].

Rien ne distingue plus clairement les différents caractères des révolutions de France et d'Angleterre, que la conduite des deux nations dans leurs premiers essais d'amélioration, après le renversement du pouvoir royal. Les Anglais cherchaient à justifier leur résistance par les précédents des temps anciens; ils soutenaient qu'ils avaient *hérité* de cette liberté, et ne songeaient qu'à rétablir les anciens droits qui avaient disparu durant l'indolence ou l'usurpation des temps modernes. Les Français commencèrent l'œuvre de la réforme par détruire tout ce qui avait précédé, et cherchèrent à établir la liberté des générations futures en anéantissant tout ce qu'avaient fait les générations passées. Les Anglais greffèrent la liberté moderne sur l'ancienne

[1] Burke, vii. 72.

tige de l'indépendance saxonne ; à sa place les Français plantèrent l'arbre inconnu de l'égalité. Dans les Iles Britanniques, l'arbre avait poussé de profondes racines et avait étendu ses rameaux au loin dans les airs; le temps montrera si les Français n'ont pas perdu leurs peines en cultivant un arbre exotique et qui ne convient ni au climat, ni au sol.

Les conséquences de cette violation du droit privé devinrent bientôt manifestes. Trois jours après, les meneurs soutinrent que ce n'était pas le droit de racheter les dîmes, mais leur *abolition* qui avait été votée, et que tout ce à quoi le clergé avait droit, c'était une pension décente pour ses membres. Elles trouvèrent un avocat bien inattendu et bien habile dans l'abbé Sièyes. « S'il est possible, dit-il, d'éveiller dans vos esprits l'amour de la justice, je demande, non pas s'il est utile, mais s'il est juste de dépouiller l'église. La dîme, quel que soit son sort pour l'avenir, ne vous appartient pas à présent. Si elle est supprimée entre les mains du créancier, s'ensuit-il qu'elle soit éteinte aussi dans celle du débiteur, et devenue votre propriété? Vous-mêmes, vous avez déclaré que la dîme était rachetable; vous avez reconnu par là son existence légale, et vous ne pouvez maintenant la supprimer. La dîme n'appartient pas au propriétaire du sol; il ne l'a ni achetée, ni acquise par héritage; si vous abolissez les dîmes, vous conférez un présent gratuit et non sollicité au propriétaire foncier, qui ne fait rien, pendant que vous ruinez le véritable propriétaire, qui instruit le peuple en échange de cette partie de ses fruits. » Il finit par cette expression célèbre : « Vous voulez être libres, et vous ne savez pas être justes [1]. »

Mirabeau soutint l'abolition des dîmes. Il avança que les frais du culte public devaient être supportés également par tous; que l'état seul pouvait juger s'ils devaient tomber exclusivement sur le propriétaire foncier ou être acquittés par une contribution générale des citoyens; qu'il ne dépouille personne, quand il distribue le fardeau comme il le juge convenable, et que le poids excessif de cette charge pour les petits propriétaires commandait qu'on l'imposât à l'état en général. Dans ce but il proposa de donner un salaire au clergé. Comme cette expression excita quelques murmures, il ajouta : « Je ne connais que trois manières de vivre en société : il faut être ou mendiant, ou voleur, ou salarié. » Le clergé eut la générosité de confier ses intérêts à l'équité de l'assemblée; la seule récompense qu'il obtint, fut l'abolition des dîmes, sous la condition que l'état pourvoirait convenablement aux besoins de la religion et de ses ministres, obligation qui fut solennellement confiée à l'honneur de la nation française, mais qui fut plus tard honteusement violée, et devint, dans le fait, parfaitement illu-

[1] Th., t. 154. Dumont, 147.

soiré[1]. C'est ainsi que le premier fruit que le clergé recueillit de sa réunion avec le tiers-état, fut l'anéantissement de sa fortune, et la réduction de tous ses membres à la mendicité. Il n'y avait là-dedans rien de surprenant; la reconnaissance est chose inconnue aux assemblées. Quand les hommes sacrifient la propriété des autres, peuvent-ils s'attendre qu'on épargnera la leur? Quand les fondements de la société sont arrachés de leur base, les plus inoffensifs de ses membres sont les premiers sacrifiés.

Mais rarement l'injustice porte bonheur aux nations comme aux individus. La confiscation des immenses domaines de l'église, qui se montaient à peu près au tiers de la France, ne procura aucun soulagement à la gêne publique, jusqu'à l'émission des assignats. Tout extraordinaire que cela puisse paraître, c'est un fait bien constaté, que l'administration des biens de l'église coûta à la nation 50,000,000 fr. par an de plus qu'ils ne rapportaient, sans compter qu'en peu d'années la dette publique augmenta de 175,000,000. Cela ne doit nullement surprendre. Au milieu de la confusion qui suit un si grand acte de spoliation, on ne pouvait obtenir aucun compte des revenus ecclésiastiques, et les meneurs qui avaient sanctionné cette criante injustice, se trouvaient ensuite dans l'impuissance de réprimer la rapacité de leurs agents subalternes. Cela est d'au-

[1] Lacr., vii. 145, 147. Toul., i. 103. Dumont, 147. Th., i. 135.

tant plus remarquable que les propriétés ecclésiastiques produisaient un revenu clair et net de 70,000,000 de fr. ¹

Les novateurs de l'assemblée, qui s'étaient joints au parti populaire, d'après la conviction que c'était la seule chance qu'ils eussent de prévenir la confiscation de leurs propriétés, s'aperçurent alors, avec d'amers regrets, combien ils s'étaient aveuglés, et quelle folie c'était de croire qu'en cédant aux exigences révolutionnaires, on satisferait le peuple. L'évêque de Chartres, un des prélats populaires qui appuyèrent la réunion des trois ordres, le vote par tête, et la nouvelle constitution, reçut la visite du duc d'Orléans, au moment où il congédiait ses domestiques, vendait son mobilier et quittait son hôtel pour acquitter ses dettes. Le bienveillant prélat, les larmes aux yeux, déplora l'aveuglement avec lequel il avait embrassé la cause du tiers-état, qui violait, dans la prospérité, tous les engagements qu'il avait contractés dans l'adversité. L'abbé Siéyes, qui avait joué un rôle si important dans les premières usurpations de l'assemblée, fut sifflé et insulté, quand il essaya d'empêcher cette inique confiscation. Le lendemain il exprima son mécontentement à Mirabeau, qui répondit: « Mon cher abbé, vous avez lâché le taureau, vous imaginiez-vous qu'il ne ferait pas usage de ses cornes ². »

[1] Calonne, 81, 92. Burke, v 421
[2] Dumont, 66, 67, 147

Cette première et grande iniquité, la confiscation des biens de l'église, fut amenée par l'égoïste apathie ou la convoitise secrète de la grande majorité des laïques. Toutes les classes sentaient que les difficultés financières de l'état étaient presque insurmontables, et toutes attendaient un soulagement sensible d'une mesure qui, quelque sévère qu'elle fût, pouvait concourir à les faire disparaître. L'opinion universelle était que c'était là la principale cause de cet embarras, et l'espérance secrète que la propriété de l'église était l'holocauste qui, d'un seul coup, y mettrait fin, fut la véritable cause qui produisit cette générale et inique coalition. Tous s'imaginaient qu'il fallait sacrifier les intérêts de quelque classe, et l'on tomba sur le clergé comme sur le corps le plus riche et le plus inoffensif du royaume ; mais, comme toutes les autres mesures de spoliation, cette grande violation du droit privé rejaillit promptement et fatalement sur la tête de ceux qui y avaient pris part. Bientôt on découvrit que les terres ecclésiastiques, entre les mains des agents révolutionnaires, chargées comme elles l'étaient des dettes du clergé, ne rapportaient rien, et étaient plutôt un fardeau pour l'état. Pour en tirer profit, il devint nécessaire de diminuer la dette, à laquelle elles servaient d'hypothèque ; un corps public et irresponsable, qui avait à sa disposition des biens d'une valeur d'environ cinq milliards, ne pouvait résister à la tentation de soulager les embarras de l'état par une telle mesure. De là le système des *assignats*, qui quadrupla promptement la force du gouvernement républicain, rendit irrésistible la marche du torrent révolutionnaire, et impliqua toutes les classes dans des difficultés si inextricables, qu'elles imposèrent bientôt à tous les intérêts les mêmes sacrifices qu'on avait fait d'abord subir aux plus faibles.

L'abolition du droit exclusif de chasse et de port d'armes devint le prétexte des désordres les plus terribles dans toute la France. Une foule immense d'artisans et d'ouvriers s'échappa des villes, et, se joignant aux populations rurales, se répandait sur toute la campagne à la recherche du gibier; la multitude, ainsi armée et sans discipline, commit bientôt d'affreux dégâts. Les clôtures furent brisées, les bois détruits, les maisons enfoncées et le vol commis impunément, sous prétexte d'exercer les droits de l'homme qu'on venait de reconquérir. Cependant l'incendie des châteaux, le pillage des propriétaires, continuaient sans interruption, tandis que l'assemblée, au lieu de chercher à réprimer ces désordres, publiait une proclamation dans laquelle elle affectait de les considérer comme l'œuvre des aristocrates, qui voulaient jeter de l'odieux sur la révolution [1]. Un des plus singuliers effets de l'esprit de faction, ce sont les absurdités qu'il fait adopter à ses fidèles, et leur crédulité extraordinaire pour

---

[1] Lacr., vii. 149. Th., 1.

tout ce qui paraît propre à favoriser les intérêts du parti [1].

Le premier acte dont l'assemblée s'occupa ensuite, fut la fameuse déclaration *des droits de l'homme*, composition qui, au milieu de beaucoup de vérités importantes et manifestes, contient un mélange d'erreurs de la tendance la plus dangereuse, et qui serait de nature à bouleverser la société, si elle n'était pas dûment corrigée par les leçons de l'expérience et l'observation de l'histoire. Elle proclame que tous les hommes sont égaux de naissance; que les fins de l'association politique sont la liberté, la propriété, la sûreté, et la résistance à l'oppression; que la souveraineté réside dans la nation, et que tout pouvoir émane d'elle; que la liberté consiste à faire tout ce qui ne nuit pas aux autres; que la loi est l'expression de la volonté générale; que les charges publiques doivent être supportées par tous les membres de l'état en proportion de leurs fortunes; que la franchise électorale doit être étendue à tous les citoyens, et que l'exercice des droits naturels n'ont d'autres limites que celles que leur imposent les droits des autres. Ces propositions, considérées d'une manière abstraite,

---

[1] Le peuple de Versailles insultait déjà les nobles et le clergé aux portes de l'assemblée; il les appelait aristocrates, épithète qui plus tard devint le prélude certain de la mort; il est extraordinaire, que le parti adverse n'ait jamais assigné aucune dénomination fixe aux révolutionnaires, et qu'il leur ait laissé prendre celui de la Nation. Il est facile d'imaginer quel effet ce nom devait produire sur des hommes déjà suffisamment enflammés pour d'autres causes. Il ne faut jamais mépriser les épithètes et les sobriquets, dit Napoléon, c'est par de pareils moyens qu'on gouverne les hommes. (Dumont, t. 72.)

renferment bien des choses auxquelles tout esprit raisonnable est forcé d'acquiescer; mais la promulgation des dangereux principes de la souveraineté du peuple, de l'égalité naturelle des hommes, et de l'extension de la franchise électorale à tous les citoyens, prouve seulement combien les législateurs de cette époque ignoraient le véritable caractère de l'humanité, combien peu ils connaissaient sa dépravation native, dont plusieurs d'entre eux furent plus tard victimes [1].

Une circonstance curieuse, qui montre combien l'effervescence révolutionnaire est de nature à priver les représentants du peuple de la liberté de délibération, c'est que les auteurs de cette célèbre déclaration, sentaient, au moment où ils l'écrivaient, l'absurdité et la dangereuse tendance de plusieurs de ses parties. Dumont, son principal auteur, demanda avec juste raison: Tous les hommes sont-ils égaux ? où est l'égalité ? est-ce dans la vertu, dans les talents, dans la fortune, l'industrie, le rang ? sont-ils libres par nature ? Loin de là, ils sont nés dans un état de complète dépendance les uns des autres, dépendance dont ils sont longtemps à s'émanciper [2]. Mirabeau lui-même sentait si bien l'absurdité de tracer un code de lois antérieures à l'établissement de la constitution, qu'il s'efforça de le faire différer jusqu'à ce que celle-ci

[1] Mig., i, 82. Lacr., vii, 153.
[2] Dumont, 140, Th., i. 142

fût achevée, disant que toute déclaration des droits ne serait dans ce moment qu'un almanach de l'année. Mais il était trop tard; le peuple ne voulut admettre aucun délai, et les députés, craignant de perdre leur popularité, publièrent la fameuse déclaration, maudissant intérieurement l'œuvre de leurs mains, acte si périlleux, que, comme en convient son auteur lui-même, c'était placer un magasin de poudre sous un édifice, que la première étincelle ferait sauter en l'air [1].

La grande question qui occupa ensuite l'assemblée, fut celle de la constitution, et la discussion tint l'esprit public dans une continuelle agitation pendant les mois d'août et septembre. Le comité chargé de faire le rapport, recommanda l'inviolabilité de la personne du roi, la permanence d'un corps législatif, et une seule chambre (28 août, 1789). Cette importante question, de laquelle dépendaient les progrès futurs de la révolution, fut discutée avec chaleur dans les clubs de la capitale, et les menaces les plus violentes adressées à ceux des membres de l'assemblée nationale, qu'on soupçonnait de pencher pour le parti aristocratique. D'un côté, on arguait, que l'idée même d'une assemblée, composée de législateurs héréditaires, était absurde dans un pays libre; que si elle s'unissait au trône, elle devenait dangereuse à la liberté; au peuple, elle troublait la tranquillité; que ce

[1] Dumont, 140, 142.

serait comme un perpétuel obstacle aux réformes; qu'en combattant constamment tous les changements raisonnables, elle entretiendrait une discorde perpétuelle entre les hautes et les basses classes, et que le seul moyen de prévenir ces maux était de fondre toute la législation en un seul corps, et de tempérer l'énergie de l'ambition populaire par la fermeté de la résistance aristocratique. De l'autre côté, on disait que la constitution de la société dans tous les états européens, impliquait nécessairement un corps séparé de nobles, et de communes; que l'esprit turbulent de l'un était contre-balancé par la tendance tenace de l'autre; qu'une monarchie ne pouvait subsister sans une chambre haute pour le trône, que la constitution anglaise offrait une preuve décisive des heureux effets d'une pareille séparation; que la discussion des affaires publiques dans des chambres séparées, avaient toujours eu les meilleurs résultats (31 août); qu'en accordant le temps de la réflexion entre leurs délibérations, ce système avait souvent prévenu des résolution fatales, et que c'était une pure moquerie de prétendre, que la même chose aurait lieu dans une chambre où les nobles seraient immédiatement vaincus par le nombre, et où tous les droits de la monarchie pourraient être sacrifiés dans une seule nuit. Malheureusement pour la France, ces arguments ne purent prévaloir, et le principe d'une

¹ Th., I, 84.

seule chambre fut adopté par l'assemblée [1]. Et il n'est pas étonnant que cela se soit passé ainsi, car on connaissait les inconvénients de l'aristocratie ; on avait éprouvé les maux qu'elle produit, tandis qu'on ignorait les dangers de la démocratie qu'on soupçonnait à peine. Le temps arriva bientôt où l'expérience devait leur faire connaître les funestes conséquences de leur décision, et où les plus ardents amis de la liberté adoptèrent unanimement la division de la législature. Mais il était trop tard ; l'aristocratie était anéantie ; la face de la société changée, et il ne restait plus d'une chambre des pairs, que le nom, sans la fortune, sans l'influence ou l'utilité publique.

L'assemblée procédait avec tant de précipitation au vote de la constitution, qu'aux yeux de tous les hommes raisonnables cette hâte ne présageait que ruine pour le pays. La méditation et la pensée étaient comptées pour rien ; chacun semblait n'avoir d'autre envie que de satisfaire sa vanité en devançant les motions de ses rivaux ; tout était emporté à la pointe de l'épée, comme dans une ville prise d'assaut ; tous les changements passaient au galop : on ne laissait pas le temps de la réflexion ; les passions n'avaient pas un moment pour se calmer. Après avoir tout démoli, on résolut de recon-

---

[1] Lacr., vii. 159. Riv., 191. Th., i. 162, 164. Mig., i. 84. Dum., 158. Le principe fut voté à une majorité de 490 contre 89. 122 membres au moins s'abstinrent, effrayés par les menaces de la populace.

struire tout l'édifice social avec la même rapidité, et l'assemblée avait une idée si extravagante de ses talents qu'elle se serait volontiers chargée de faire des constitutions pour toutes les nations [1]. C'est dans ces prétentions ridicules et dans ces funestes innovations qu'il faut chercher la cause éloignée, mais certaine, de tout le sang et de toutes les horreurs de la révolution [2].

La question du *veto*, ou de la sanction royale nécessaire pour valider les actes de la législature, fut ensuite soumise à la discussion et excita des pas-

[1] Dumont, 159, 160.

[2] Cette constitution, qui fut bientôt anéantie au milieu de la violence et de la folie des temps postérieurs, renfermait des détails trop compliqués et trop prolixes pour qu'on puisse les énumérer dans une histoire générale; mais il y a une partie de l'édifice qui mérite une attention particulière. Par un article fondamental, la France était divisée en 83 départements; les assemblées primaires, au nombre de 8,000, qui devaient être convoquées tous les ans pour élire la législature, se composaient de 5,000,000 de citoyens, à quoi il faut ajouter 46,000 assemblées municipales composées de 900,000 citoyens; 547 assemblées de districts et 89 assemblées départementales, pour l'administration des affaires de chaque province. Mais la partie la plus dangereuse de cette constitution démocratique était celle-ci : chacune des assemblées primaires nommait un électeur par cent citoyens, et ces électeurs formaient 83 assemblées de 600 membres chacune, faisant 50,000 pour tout le royaume, qui restaient en possession permanente de leurs fonctions pendant les deux années que durait la législature. Ces assemblées étaient investies de pouvoirs si considérables, qu'elles formaient presque autant de républiques, unies seulement par un lien fédéral. Elles nommaient, à l'exclusion du roi, toutes les autorités locales, y compris les évêques et les prêtres, les juges supérieurs et inférieurs, les magistrats et les fonctionnaires de tout genre ; elles constituaient, en un mot, une *union politique* permanente, établie légalement dans chaque département, élue par le suffrage universel, et possédant dans le ressort de ce département presque toute l'influence et toute l'autorité du gouvernement. L'assemblée législative, qui succéda à la constituante, fut élue en vertu de cette constitution, et à une époque où la nation s'était habituée à l'exercice de ces pouvoirs. Il est inutile d'en dire davantage : ce seul article, mis immédiatement en pratique comme il le fut, suffit pour expliquer tous les désastres et tous les crimes de la révolution. Voyez Calonne, 560, 561 ; et *Constitution de 1789*, § 17.

sions encore plus violentes ; on aurait cru, à
l'anxiété que causait ce sujet, que toute la liberté de
la France dépendait de la décision qui serait prise, et
que la concession de ce droit au trône suffisait seule
pour rétablir l'ancien régime. La multitude, toujours gouvernée par les mots, s'imaginait que l'assemblée, qui avait tant fait, serait entièrement abandonnée à la discrétion du roi, si ce pouvoir était
concédé, et que tout privilège laissé à la cour deviendrait bientôt un instrument de contre-révolution.
C'était, depuis la révolution, la seule question à laquelle le peuple eût pris un vif intérêt, et il est facile de concevoir combien ses idées sur ce sujet
étaient extravagantes ; il croyait que le *veto* était un
monstre qui dévorerait tous les avantages qu'il avait
conquis, et le livrerait, pieds et poings liés, au despotisme du trône. Ceux qui défendaient le *veto* furent sur-le-champ stigmatisés comme fauteurs de
la tyrannie ; les classes ignorantes s'imaginaient que
c'était une taxe qu'il fallait abolir ou un ennemi
qu'il fallait pendre, et elles demandaient hautement
qu'on le mît à la lanterne. Les clubs du Palais-
Royal prirent les mesures les plus violentes et as-
siégeaient incessamment l'assemblée par des députations menaçantes ; on tenta de soulever la municipalité, et la multitude, armée depuis le 14 juillet,
commençait à laisser percer des symptômes de révolte. Alarmé de ces présages sinistres, le ministère
recommanda au roi de céder, et lui-même préféra un

vote conditionnel au vote absolu. L'assemblée, à la majorité de deux contre un [1], décréta (10 août) que le roi aurait un droit de veto; mais que ce droit de refuser de sanctionner une mesure législative ne s'étendrait pas au-delà de deux législatures successives.[2]

C'est un fait remarquable et singulièrement propre à faire voir quels progrès rapides font les idées révolutionnaires quand une fois elles se sont emparées des esprits, que dans toutes les instructions des électeurs aux députés, dans toutes sans exception, le droit de veto, ainsi que l'inviolabilité personnelle, avaient été concédés au roi. Quelques semaines d'agitation, le serment du Jeu de paume, avaient renversé toutes ces sages résolutions, et la couronne se vit forcée de renoncer à un privilège que tout le royaume lui avait accordé à l'unanimité. Les instructions des cahiers étaient, dans le fait, contraires à presque tous les actes illégaux et à toutes les usurpations de l'assemblée; elles garantissaient, d'une manière presque invariable, au souverain tous les privilèges essentiels de la monarchie; elles recommandaient unanimement un gouvernement monarchique, proclamaient que toutes les lois avaient besoin de la sanction royale pour être valides, qu'il aurait le droit absolu de faire la paix et la guerre et de nommer les juges, que la propriété privée serait inviolable [3], et la grande majorité de-

---

[1] A une majorité de 613 contre 325.
[2] Th., t. 148, 163 Mig., t. 80, 87. Dumont, 156.
[3] Ce principe était si expressément posé dans les cahiers, que l'assemblée,

mandait le maintien des droits, domaines et privilèges du clergé. La nouvelle constitution, l'abolition du veto absolu, la spoliation du clergé étaient déjà autant de violations de ces instructions dans leurs parties les plus essentielles : cependant, pas une voix ne s'éleva en France pour protester contre ces monstrueux abus de pouvoir de la part des représentants populaires, tant la possession de la puissance est enivrante pour les hommes, et tant ils sont peu capables de résister à sa séduction, même quand les mesures auxquelles elle conduit sont le plus opposées aux idées antérieures ou en désaccord avec des habitudes établies [1].

Dans cette circonstance, Mirabeau soutint la couronne, et argumenta vigoureusement en faveur du veto absolu. « N'armons pas, dit-il, le souverain contre la législature en lui faisant entrevoir, un instant quelconque où l'on se passerait de sa volonté, et où, par conséquent, il n'en serait que l'exécuteur involontaire; sachons voir que la nation trouvera plus de sûreté et de tranquillité dans des lois expressément consenties par son chef, que dans des résolutions où il n'aurait aucune part et qui contrasteraient avec la puissance dont il faudrait, en tout état de cause, le revêtir; sachons que, quand

par l'art. 17 de la constitution du 5 octobre 1789, le sanctionna par une clause spéciale en ces termes « La propriété de tout genre étant un droit sacré et inviolable, personne n'en sera privé que par une raison de nécessité publique légalement établie et qui l'exige évidemment, et à la condition d'une complète indemnité.» *Constitution*, art. 17. Calonne, 318.

[1] Calonne, 124, 125, 127, 214, 215, 304, 305, 310, 380 Lacr., VII. 102.

nous avons placé la couronne dans une famille désignée, que nous en avons fait le patrimoine de ses aînés, il est imprudent de les alarmer en les assujétissant à un pouvoir législatif dont la force reste en leurs mains, et par lequel cependant leur opinion serait méprisée; ce mépris revient enfin à la personne royale, et le dépositaire de toutes les forces de l'empire français ne peut pas être méprisé sans les plus grands dangers; j'aimerais mieux vivre à Constantinople qu'en France, si les lois devaient y être faites sans la sanction royale. » Paroles d'une portée frappante et prophétique, qui furent mal comprises ou mal interprétées, mais qu'on se rappela plus tard avec un amer et tardif regret, quand le cours des évènements en eut démontré la vérité et que ceux qui les avaient le plus vivement blâmées eurent péri victimes des maximes contraires. Dans cette occasion, Mounier et Lally-Tollendal, quoique membres du comité chargé de préparer la constitution, furent les chefs du parti qui demandait la séparation des chambres, le veto absolu, et l'établissement de la constitution sur le modèle de celle d'Angleterre. Ils le défendirent même encore après que le roi, sur l'avis de Necker, eut cédé sur ce point; quand il fut voté, ils furent si déconcertés qu'ils se retirèrent du comité de la constitution, et bientôt après quittèrent l'assemblée [1].

Cependant Paris était en proie aux convulsions

[1] Ib., I, 154. Lacr., VII, 165.

qui accompagnent ordinairement une révolution. Toutes les classes, délivrées de leurs liens, se livraient avec une ardeur frénétique à l'exercice de leurs droits nouvellement acquis. En France, comme on l'a maintes fois observé, l'amour de la liberté est principalement fondé sur l'amour du pouvoir. Chaque classe de la capitale commença instantanément l'exercice de ses franchises si nouvelles, et les électeurs prétendaient constamment diriger tous les actes de leurs représentants. (Du 15 au 20 août.) Cent quatre-vingts délégués, nommés par les districts, s'arrogèrent un pouvoir législatif dans la capitale; mais ils étaient contrôlés à leur tour par des commettants, qui, sans hésitation, annulaient leurs décrets, quand ils n'étaient pas conformes à leurs inclinations, et rien n'y était conforme que ce qui flattait leur ambition. L'idée de gouverner en commandant aux délégués se répandit promptement, et elle était trop enivrante pour ne pas être partout bien accueillie. Tous ceux qui n'étaient pas légalement investis de quelque autorité, commencèrent à se réunir, et à se donner de l'importance en discutant sur les affaires publiques. Les soldats avaient des débats à l'Oratoire, les tailleurs devant la Colonnade, les coiffeurs aux Champs-Élysées, les valets au Louvre [1]. La postérité pourrait rire de ces manières d'agir, si une terrible expérience n'avait montré combien elles sont fatales dans leurs

---

[1] Mig., t. 88. Th., t, 111.

conséquences, et avec quelle rapidité les esprits des basses classes se laissent enivrer par la jouissance du pouvoir qu'elles sont incapables d'exercer avec discrétion, ou d'abandonner sans convulsion.

Cependant les finances du royaume, dont les embarras avaient d'abord décidé la convocation des états-généraux, empiraient de jour en jour. Les classes inférieures s'imaginaient que la révolution devait les affranchir de toute espèce d'impôts ; et au milieu de la ruine de l'autorité établie et de la collision de pouvoirs rivaux, elles réussirent pendant quelque temps à réaliser leurs espérances. La collection des revenus devint partout difficile, dans beaucoup d'endroits impossible, et la méfiance, qui suivit une époque d'agitation universelle, occasionna un déplorable déficit dans les taxes et les douanes. Le revenu public de 1790 fut de plus d'un tiers au-dessous de celui de 1789 ; les taxes avaient même presque entièrement disparu dans beaucoup de lieux ; le paiement de la taxe du sel, le plus considérable des impôts indirects, était partout refusé ; et bientôt le crédit si vanté d'un gouvernement révolutionnaire se trouva réduit à rien. Alarmé d'un déficit qu'il n'avait aucun moyen de remplir, M. Necker exposa à l'assemblée la situation franche et complète des finances, et finit par demander un emprunt de 30,000,000 de fr. La différence entre les recettes et les dépenses montait à plus de 200,000,000 par année. L'assemblée s'efforça en vain de négocier une telle avance; la terreur qu'inspirait la situation du royaume, l'incertitude de l'avenir, empêchèrent les capitalistes de se présenter [1].

Mais ce n'était pas tout : les demandes de remboursement adressées au trésor s'élevaient aussi rapidement que les rentes baissaient ; on éprouvait les effets ordinaires des révolutions : une augmentation dans les dépenses publiques et une diminution des plus alarmantes dans le revenu. Non-seulement l'achat forcé du grain par le gouvernement, et sa vente à perte, augmentait chaque jour, mais un nombre considérable d'ouvriers sans travail étaient nourris aux dépens du trésor, et ne coûtait pas moins de 12,000 francs par jour, rien qu'à la ville de Paris. Le roi et la reine avaient envoyé toute leur vaisselle plate à la monnaie, mais ce secours fut insuffisant pour faire face aux besoins publics, et ne soulagea que pour un moment la détresse des pauvres. Trouvant ce projet inefficace, le ministère eut la hardiesse de proposer une diminution d'un quart du revenu de chaque individu, et ne dissimula point qu'il n'y avait pas d'autre alternative, et que le rejet de la mesure forcerait de suspendre la solde de l'armée et le paiement de l'intérêt de la dette publique.

L'assemblée accueillit froidement la proposition ;

---

[1] Thiers, 1. 159, 160. Dum., 188 Lacr., vii. 170. Burke's *Consid. Works*, v. 406, 408.

mais Mirabeau la défendit par un discours qui produisit le plus grand effet.

« Deux siècles de déprédations et de brigandages, dit-il, ont creusé le gouffre où le royaume est près de s'engloutir. Il faut le combler, ce gouffre effroyable. Eh bien! voici la liste des propriétaires français; choisissez parmi les plus riches, afin de sacrifier moins de citoyens. Mais choisissez; car ne faut-il pas qu'un petit nombre périsse pour sauver la masse du peuple? Allons, ces deux mille notables possèdent de quoi combler le déficit. Ramenez l'ordre dans nos finances, la paix et la prospérité dans le royaume; frappez, immolez sans pitié ces tristes victimes; précipitez-les dans l'abîme; il va se refermer..... vous reculez d'horreur..... hommes inconséquents! hommes pusillanimes! Eh! ne voyez-vous donc pas qu'en décrétant la banqueroute, ou ce qui est plus odieux encore, en la rendant inévitable sans la décréter, vous vous souillez d'un acte mille fois plus criminel, et chose inconcevable! gratuitement criminel, car enfin, cet horrible sacrifice faisait du moins disparaître le déficit. Mais croyez-vous, parce que vous n'avez pas payé, que vous ne devrez plus rien? croyez-vous que les milliers, les millions d'hommes qui perdront en un instant, par l'explosion terrible, ou par ses contre-coups, tout ce qui faisait la consolation de leur vie, et peut-être leur unique moyen de la sustenter, vous laisseront paisiblement jouir de votre crime? Contemplateurs stoïques de maux incalculables, que cette catastrophe vomira sur la France ; impassibles égoïstes qui pensez que ces convulsions du désespoir et de la misère passeront comme tant d'autres, et d'autant plus rapidement qu'elles seront plus violentes, êtes-vous bien sûrs que tant d'hommes sans pain vous laisseront tranquillement savourer les mets dont vous n'aurez voulu diminuer ni le nombre, ni la délicatesse? Non, vous périrez, et dans la conflagration universelle que vous ne frémissez pas d'allumer, la perte de votre honneur ne sauvera pas une seule de vos détestables jouissances. Donnerez-vous les premiers aux nations le spectacle d'un peuple assemblé pour manquer à la foi publique? Les apôtres de la liberté souilleront-ils leurs mains d'un crime qui surpassera les turpitudes des gouvernements les plus corrompus ? Eh ! messieurs, dernièrement, à propos d'une ridicule motion du Palais-Royal, d'une risible insurrection qui n'eut jamais d'importance que dans les imaginations faibles, ou les desseins pervers de quelques hommes de mauvaise foi, vous avez entendu naguère ces mots forcenés : *Catilina est aux portes de Rome et l'on délibère !* Et certes, il n'y avait autour de nous ni Catilina, ni périls, ni factions, ni Rome..... Mais aujourd'hui la banqueroute, la hideuse banqueroute est là ; elle menace de consumer, vous, vos propriétés, votre honneur.... et vous délibérez ! »

Emportée par cette véhémente argumentation,

l'assemblée vota le secours demandé. Mais ce n'était là qu'un secours insignifiant pour le trésor, car l'état critique du royaume empêcha de mettre le décret à exécution.

Mais pendant que l'assemblée était occupée de ces discussions, un mal encore plus terrible commença à se faire sentir dans la capitale. La famine, conséquence naturelle des convulsions politiques, le manque d'occupation, inévitable résultat de la suspension du crédit, causaient de cruelles souffrances aux classes laborieuses. Les rassemblements devenaient fréquents dans les rues; les boutiques des boulangers étaient assiégées par une multitude menaçante qui demandait du pain. (Du 10 au 30 Août.) La presse répandait les bruits les plus alarmants sur les causes de la détresse publique, et la populace les accueillait avidement. C'étaient, disait-on, les aristocrates qui faisaient couper les blés en herbe; qui payaient les boulangers pour suspendre leurs travaux; qui jetaient le grain dans la rivière; en un mot il n'y avait sorte d'absurdités ou de fausses rumeurs qu'on ne crût sans examen. Bientôt ce fut un cri universel, que les mesures de la cour étaient la cause de la misère publique, et que le seul moyen de pourvoir à la subsistance du peuple était de s'assurer de la personne du roi. On discuta ouvertement dans les clubs un projet d'attaque contre le palais, et les orateurs du Palais-Royal l'appuyèrent chaudement. L'état agité de l'opinion publique et le nombre des ouvriers sans travail qui remplissaient les rues, ne faisaient que trop entrevoir que ce projet serait mis à exécution. Alarmée de ces dangers, la cour crut nécessaire de pourvoir à sa sûreté, qui reposait uniquement jusque-là sur la fidélité de quatre cents gardes du corps, stationnés au palais. Dans ce but on fit venir à Versailles le régiment des Flandres et quelques troupes de cavalerie. L'arrivée de ces troupes renouvela les alarmes du peuple; on supposait que le roi, à la tête de mille cinq cents soldats, allait fondre sur la capitale insurgée, qui renfermait au moins cent mille hommes armés, et ceux qui étaient mieux informés prétendaient que le dessein de la cour était de se retirer avec les troupes restées fidèles, à Metz, où le marquis de Bouillé devait la rejoindre avec son armée, et que là elle déclarerait les états-généraux rebelles, et reviendrait à la déclaration royale du 23 Juin [1].

Tous ces bruits avaient jeté la populace dans la plus vive agitation, quand un incident fortuit amena une explosion. Suivant l'ancienne coutume de l'armée française, les gardes du corps donnèrent un dîner public au régiment des Flandres, pour fêter son arrivée, ainsi qu'à la garde nationale de Versailles. Le banquet eut lieu dans le salon de l'Opéra; les loges étaient remplies d'illustres spectateurs,

[1] Dum., 178. Larr., vii. 184. Toul., i. 150. Mig., i. 87. Th., i. 164 166.

et tous les hauts personnages, toutes les beautés qui ornaient la cour, honorèrent l'assemblée de leur présence. L'enthousiasme du moment, les souvenirs que rappelait le lieu, jadis séjour de toute la magnificence royale, l'influence de tant de beautés réunies, tout concourut à réveiller les sentiments chevaleresques des militaires; la santé du roi fut portée avec enthousiasme, et l'on demanda à grands cris que la famille royale se montrât à ses défenseurs dévoués. Les officiers des Suisses, et de quelques autres régiments, furent admis au repas, et le roi se montra, accompagné de la reine, du dauphin et de Madame Elisabeth. A cette vue la salle retentit d'acclamations, et le monarque, peu habitué aux témoignages d'un sincère attachement, versa des larmes d'attendrissement. Après que la famille royale se fut retirée, les musiciens de la cour jouèrent l'air pathétique et si connu : *O Richard! ô mon roi! l'univers t'abandonne.* A ces accents, les transports du moment ne connurent plus de bornes; les officiers tirèrent leurs épées, escaladèrent les loges, où ils furent reçus avec enthousiasme par les dames de la cour, et décorés de cocardes blanches par de belles mains toutes tremblantes d'émotion [1].

La nouvelle de ce repas se répandit promptement dans Paris, amplifiée par la crédulité et l'ambition mécontente. le lendemain matin on disait

[1] Mig., 1. 89. Lacr., vii. 185, 189. Toul., 1. 152. Th., 1. 167.

partout, au Palais-Royal, dans les clubs, et sur les places publiques, que les dragons avaient aiguisé leur sabres, foulé aux pieds la cocarde tricolore, et juré d'exterminer l'assemblée et le peuple de Paris. L'influence des dames de la cour, et la distribution des cocardes blanches ou noires, furent représentées comme des signes particulièrement alarmants, par ceux qui avaient employé les séductions du Palais-Royal pour ébranler la fidélité des gardes françaises. Des symptômes d'insurrection se manifestèrent bientôt; la foule continua à s'amasser dans les rues d'une manière alarmante, jusqu'à ce qu'enfin le matin du 5 octobre, la révolte éclatât ouvertement. Une jeune femme saisit un tambour, et parcourut les rues en criant : Du pain, du pain ! elle fut promptement suivie d'une foule, composée principalement de femmes et d'enfants, qui s'avança sans obstacle jusqu'à l'Hôtel-de-Ville, dont elle pilla les armes. On eut même quelque peine à empêcher cette multitude furieuse d'y mettre le feu. En dépit de toute résistance, elle pénétra jusqu'à la tour, sonna le tocsin, qui bientôt rassembla les ardentes et formidables bandes des faubourgs. Un cri, poussé par les agents du duc d'Orléans, partit aussitôt du milieu de la foule : A Versailles! et une masse confuse de femmes ivres et d'hommes exaltés, armés et sans armes, se mit en marche dans cette direction. La garde nationale, qui s'était rassemblée à la première apparence de désordre, demandait impatiemment à la suivre; et quoique leur commandant, Lafayette, fit tous ses efforts pour la retenir, il fut enfin obligé de céder, et à sept heures, toute la force armée de Paris partit pour Versailles. Les gardes françaises, qui formaient le centre de la garde nationale, manifestèrent ouvertement leur projet de s'emparer du roi, et d'exterminer le régiment des Flandres et les gardes du corps qui avaient osé insulter les couleurs nationales; on alla même jusqu'à insinuer que le roi pourrait bien être déposé et le duc d'Orléans nommé lieutenant-général du royaume [1].

Les partisans de ce prince ambitieux, mais irrésolu, avaient de grands projets en vue en fomentant cette explosion de fureur populaire, et en la dirigeant sur Versailles. Leur but était de répandre une telle consternation à la cour, que le roi et toute la famille royale fussent tentés de suivre l'exemple du comte d'Artois, et de quitter le royaume. Dès que ce départ aurait eu lieu, ils se proposaient de déclarer le trône vacant, et de l'offrir, sous le titre de lieutenant-général, au duc d'Orléans. Mais la fermeté du roi et de son frère, depuis Louis XVIII, qui comprirent leurs projets, fit échouer le complot; et la multitude, qui devait être leur instrument en excitant l'alarme, mais qu'on ne pouvait mettre dans le secret, en rendit

[1] Lacr., vii. 189, 193, 199. Toul., i. 134. Mig., i. 100. Th., i. 170 174.

l'exécution tout-à-fait impossible, en demandant, vers la fin du tumulte, que le roi et la famille royale fussent conduits à Paris, évènement que le parti d'Orléans désirait le plus ardemment éviter [1].

L'esprit des membres de l'assemblée et des habitants de Versailles, quoique moins violemment agité, était dans un état qui ne laissait pas que d'inspirer des alarmes. Le roi avait refusé de sanctionner la déclaration des droits de l'homme; et l'assemblée, offusquée de tout acte de résistance à sa souveraineté, se tenait dans une morne hostilité. On avait entendu la reine exprimer le plaisir que lui avait causé le banquet des officiers; et le rassemblement des troupes, joint à quelques paroles échappées aux courtisans, firent généralement croire que l'on méditait de transporter la cour et le siège de l'assemblée à Tours ou à Metz. Personne toutefois ne craignait un danger immédiat; le roi était sorti pour une partie de chasse, et l'assemblée se séparait, lorsque l'avant-garde de la populace parisienne commença à se montrer dans les rues. A la première nouvelle du tumulte, le roi revint en hâte à la ville, où tout présentait déjà les traits les plus hideux d'une révolution. Les grilles de la cour du palais étaient fermées, et le régiment des Flandres, les gardes du corps, et la garde nationale de Versailles, rangés dans l'intérieur, en face de la mul-

[1] *Mémoires de Louis XVIII.* iv. 374.

titude, pendant qu'au dehors une immense masse d'hommes armés, de gardes nationaux, et de femmes furieuses, poussait des cris séditieux, et demandait du pain. Les regards féroces des insurgés, leur figure hagarde, leurs bras levés en l'air, ne disaient que trop clairement leurs sauvages intentions. On ne fit rien pour garantir la sûreté de la famille royale. Quoique les gardes suisses fussent établis à Rueil et à Courbevoie, on ne songea point à les faire venir à Versailles. Le commandant des troupes, le comte d'Estaing, semblait avoir perdu cet esprit d'audace intrépide qu'il avait jadis montré sur le champ de bataille, et qu'il déploya ensuite sur l'échafaud [1].

La multitude se précipita bientôt dans la salle de l'assemblée, et ce corps auguste se vit, pour la première fois, outragé par les passions populaires qu'il avait éveillées. Pendant plus d'une heure elle fut insultée par cette populace, qui s'assit sur les bancs, menaça de punir quelques députés, et commanda le silence aux autres. « Ne tardez pas, s'écria-t-elle, à nous satisfaire, ou bien le sang coulera bientôt. » Maillard, l'orateur des insurgés, dénonça ouvertement Mounier, Clermont-Tonnerre et d'autres courageux députés, qui avaient dévoilé les desseins de la faction d'Orléans. Une foule de poissardes étaient assemblées dans la galerie, sous le commandement d'une virago aux formes her-

[1] Mig., t. 91. Th., t. 168, 172. Lacr., vii. 193, 204, 208.

culéennes, qui appelait familièrement les députés par leur nom, et demandait avec instance que Mirabeau parlât ¹.

Au milieu de la confusion qui régnait au dehors, un officier des gardes frappa de son sabre un soldat parisien, qui lui répondit aussitôt par un coup de fusil; il s'ensuivit une décharge générale des gardes qui produisit une grande consternation, mais peu d'effet; la garde nationale de Versailles, aidée de la multitude, les poursuivit jusqu'à leurs casernes, où on leur avait ordonné de se retirer, força les portes, pilla les chambres, et blessa quelques hommes. La cour était dans la consternation et les chevaux déjà attelés aux équipages pour emporter la famille royale hors du théâtre du danger; mais le roi, qui craignait que, s'il venait à fuir, le duc d'Orléans ne fût immédiatement proclamé lieutenant du royaume, refusa de partir. La foule pénétra bientôt dans les appartements royaux, les gardes ayant défense d'opposer aucune résistance, et elle fut reçue avec tant d'affabilité et de dignité par le roi et la reine qu'elle oublia le but de sa visite et quitta le palais en criant : « Vive le roi ! » Une averse qui survint dans la soirée refroidit l'ardeur de la multitude, et l'arrivée de Lafayette, avec la garde nationale de Paris, rétablit un peu d'ordre aux environs du palais ².

¹ Dumont, 181, 182. Lacr., vii. 208. Toul., i. 135.
² *Mémoires de Louis XVIII*. iv. 582. Toul., i. 126, 137. Mig., i. 92.

Pendant ce tumulte, le roi était en proie à la plus cruelle incertitude. Mounier le conjurait de vaincre ses scrupules et d'accepter les articles de la constitution proposée par l'assemblée; la reine, d'agir hardiment et de défendre son royaume. Deux voitures toutes prêtes les attendaient à la porte de l'Orangerie, mais la multitude les découvrit et s'assembla pour empêcher leur départ; le roi ordonna au comte d'Estaing de disperser la foule sur ce point, mais celui-ci refusa, alléguant que la chose était impossible; le roi pressa la reine de partir et d'emmener avec elle la famille royale, mais elle déclara que rien ne pourrait la décider à se séparer de son mari dans une telle extrémité. « Je sais, dit-elle, qu'ils en veulent à ma vie, mais je suis fille de Marie-Thérèse, et j'ai appris à ne pas craindre la mort. » Assailli de tant d'inquiétudes, le roi résolut enfin de se soumettre, et Mounier fut autorisé à déclarer à l'assemblée qu'il acceptait sans condition les dix-neuf articles de la constitution déjà votés et adhérait à la déclaration des droits de l'homme [1].

Mais les choses en étaient venues à un point où de telles concessions ne pouvaient plus produire d'effet. Une multitude de femmes ivres avaient fait irruption dans la salle de l'assemblée, s'étaient couchées sur les bancs, et une amazone éhontée occupait le fauteuil du président et agitait sa sonnette

[1] Lacr., VII. 215, 216, 219. Th., I. 176.

par dérision; les députés s'efforçaient en vain de rétablir l'ordre; les débats étaient incessamment interrompus par les cris : « Du pain! du pain! » et il ne fallut rien moins que l'autorité de Mirabeau pour obtenir le silence et la faculté de discuter une mesure qui avait pour but de pourvoir à la subsistance publique. A trois heures du matin l'assemblée se sépara, et la salle resta en la possession de ses tumultueux envahisseurs [1].

Lafayette eut une entrevue avec la famille royale et répondit de la sécurité du palais; il ajouta qu'il était tellement convaincu des dispositions pacifiques de son armée et qu'il avait tant de confiance dans le maintien de la tranquillité publique, qu'il était décidé à aller prendre du repos [2]. Trompée par cette assurance, l'assemblée se dispersa et chacun regagna son domicile; le roi et la reine, accablés de fatigue, se retirèrent dans leurs appartements; les postes extérieurs furent confiés aux troupes commandées par Lafayette, ceux de l'intérieur restèrent au pouvoir des gardes du corps [3]. Malheureusement pour sa réputation et l'honneur de la France, le général Lafayette suivit leur exemple et se rendit, pour y passer le reste de la nuit, à un château situé à quelque distance du palais, où bientôt après il s'endormit [4].

[1] Toul., 1. 159.
[2] Rivar., 300.
[3] Th., 1. 178.
[4] Riv., 300. Mign, 1. 93.

Rien ne vint interrompre la tranquillité publique de trois à cinq heures du matin, mais l'aspect de la populace présageait un prochain orage; de nombreux groupes d'hommes à l'air farouche et de femmes ivres étaient rangés autour des feux allumés dans toutes les rues de Versailles, et cherchaient à charmer la longueur d'une nuit pluvieuse en chantant des chansons révolutionnaires ; dans un de ces groupes, l'exaspération était telle, qu'assis sur le cadavre d'un des gardes du corps, ils dévoraient des tranches de son cheval à demi rôties dans les flammes, pendant qu'un cercle de cannibales dansait autour; tout annonçait qu'ils étaient décidés à satisfaire leur soif de sang par quelque massacre général. A six heures, une populace furieuse entoura la caserne des gardes du corps, en enfonça les portes, et poursuivit les gardes jusqu'aux portes du palais, où quinze furent saisis et condamnés à une exécution immédiate. En même temps, un autre corps assiégeait les avenues du palais, et, ayant trouvé une porte ouverte, il se précipita dans l'intérieur et remplit bientôt les escaliers et les vestibules des appartements royaux; deux des gardes du corps, placés au haut de l'escalier, firent la plus héroïque résistance, et donnèrent ainsi à la reine le temps de fuir dans les appartements du roi. Les assassins se ruèrent dans sa chambre quelques moments après qu'elle l'eut quittée, et, furieux de voir leur victime leur échapper, ils percèrent son lit de leurs baïonnettes¹; tout l'intérieur du palais fut pillé et saccagé par cette sauvage multitude; la splendeur de plusieurs siècles fut tout-à-coup exposée aux regards étonnés des hommes les plus infimes du peuple.

> Apparet domus intus, et atria longa palescunt :
> Apparent Priami et veterum penetralia regum :
> Armatosque vident stantes in limine primo.

Sans l'intrépide défense des gardes du corps et les efforts du marquis de Vaudreuil, qui parvint à réveiller dans les gardes françaises quelques restes de leur ancienne loyauté, le roi lui-même, et toute la famille royale, seraient tombés sous les coups des assassins; ils traînèrent les cadavres de deux gardes du corps sous les fenêtres du roi et en détachèrent la tête, qu'ils portèrent en triomphe au bout de leurs piques à travers les rues de Versailles².

A la première alarme, le général Lafayette, dont la malheureuse absence avait produit de si fâcheux effets, sauta à cheval et accourut au lieu du danger. Il adressa une harangue énergique aux grenadiers de la garde, et réussit à les déterminer à défendre les prisonniers. Les quinze captifs furent ainsi sauvés d'une mort imminente; et le roi lui-même s'étant présenté aux fenêtres et ayant demandé leur vie à la multitude, ils échappèrent enfin. Trois autres, qui avaient déjà la corde passée au cou, et allaient

---

¹ Mig., 1. 93. Lacr., vii. 217, 232, 233. Th., i. 100. Rivar., 308, 313.
² Lacr., vii. 234, 237. Riv., 307. Mign., i. 93. Th., i. 180.

être étranglés, furent délivrés par quelques-uns de ces braves, qui volèrent à leur secours, en criant: sauvons les gardes du corps, comme ils nous ont sauvés à Fontenoy [1]! Au milieu de la fureur de la multitude et de l'atrocité de l'esprit de faction, on aime à voir, que l'ancienne générosité du militaire français se manifesta des deux côtés.

La conduite de la reine, durant ces moments d'alarme, fut digne de la plus haute admiration. Malgré les coups de fusils dirigés sur ses fenêtres, elle persista à se montrer au balcon, pour tâcher d'obtenir le pardon des gardes du corps, menacés par une multitude exaspérée. Quand M. de la Luzerne voulut se placer entre elle et le danger, elle l'éloigna doucement, disant, que c'était là son poste, et que le roi ne pouvait perdre un serviteur aussi fidèle. Peu de temps après la foule demanda à grands cris qu'elle parût à la fenêtre; elle se présenta accompagnée de ses enfants; vingt mille voix crièrent aussitôt : « Éloignez les enfants, » et la reine, les renvoyant, revint seule, en présence d'une populace dont elle attendait à chaque instant la mort. Ce généreux mépris de tout danger personnel triompha de la fureur de la multitude [2], et des applaudissements universels attestèrent qu'ils sentaient la réalité du péril qu'elle avait bravé.

Les meneurs du tumulte résolurent alors de re-

---

[1] Lacr., vii. 258. Riv., 507. Th., i. 180.
[2] Riv., 312. Lacr., vii. 541. Th., i. 182.

tirer quelque profit de leurs succès, en faisant venir le roi et la reine à Paris où ils seraient entièrement soumis à leur contrôle. Aussitôt un cri partit parmi la populace : « Emmenons le roi à Paris ! c'est le seul moyen d'assurer du pain à nos enfants. » Lafayette persuada au roi d'accéder aux vœux du peuple, afin d'apaiser le tumulte, et, accompagné du roi et de la reine, il parut au balcon, et en donna l'assurance à la multitude. L'assemblée, informée de sa résolution, décréta à la hâte qu'elle était inséparable du roi, et qu'elle l'accompagnerait à la capitale. Ce fut ainsi que, pour prix de sa violence, le parti démocratique obtint l'immense avantage de faire transférer les deux branches de la législature dans un lieu où son influence était irrésistible [1].

A midi le cortège se mit en marche ; cent députés de l'assemblée accompagnaient le carrosse royal. Tous leurs efforts, toute l'autorité de M. de Lafayette, furent impuissants pour empêcher le peuple de porter en avant de la colonne les deux têtes des gardes du corps qui avaient été décapités sous les fenêtres du palais. Les restes de cette vaillante troupe, presque tous blessés, et dans le plus profond abattement, suivaient la voiture ; autour roulaient des canons, traînés par la populace, et montés par des femmes furieuses ; de tous côtés s'élevaient des chants de triomphe, mêlés de chants ré-

[1] Mig., t. 94, 95. Riv., 31. Th., t 182.

volutionnaires. « Voici le boulanger, sa femme et le petit apprenti! criaient les femmes par dérision du roi, de la reine et du dauphin. » Des pains, portés à la pointe des lances, apparaissaient partout, pour indiquer l'abondance que le retour du souverain devait ramener au sein de la capitale. Le monarque, après un pénible voyage de sept heures, durant lequel il fut obligé de boire jusqu'à la lie la coupe de l'humiliation, entra à Paris, captif au milieu de ses sujets, et ornant le triomphe de ses ennemis les plus invétérés; il fut conduit à l'Hôtel-de-Ville, et de là aux Tuileries, qui devinrent dès-lors son palais et sa prison [1].

Ainsi se termina la première ère de la révolution; période plus fertile en grands évènements qu'aucune de celles qui s'étaient écoulées depuis la fondation de la monarchie. Cinq mois justes s'étaient passés depuis la réunion des états-généraux, et durant ce temps, non-seulement le pouvoir du souverain avait été renversé, mais la base même de la société changée. A un gouvernement absolu avait succédé une turbulente démocratie; à une noblesse obséquieuse, une législature mécontente, à l'orgueil des ancêtres, l'insolence d'une puissance récemment acquise. Les dîmes, la plus vénérable institution de l'église chrétienne, les privilèges féodaux, contemporains de la première conquête des Gaules par Clovis; les franchises et immunités des corpo-

[1] Mign., I 96. Riv., 322, 323. Th., I. 182. Lacr., VII. 248 Burke, v 142.

rations, achetées au prix du sang de la liberté naissante, tout avait péri. Le principe de l'égalité universelle avait été reconnu; toute autorité dérivait maintenant du peuple, et le droit d'insurrection était mis au rang des plus saints de tous les devoirs sociaux. La puissance du souverain était anéantie; il avait été insulté, avait à peine échappé à l'assassinat dans son propre palais, et il se trouvait maintenant captif, au milieu de sa capitale. Les changements que huit siècles avaient à peine suffi à introduire en Angleterre, depuis les jours d'Alfred, furent achevés en France en moins de cinq mois.

L'expérience aurait dû apprendre aux promoteurs de la révolution française, qu'une si excessive précipitation ne peut avoir que de désastreux résultats. Rien n'est durable que ce qui se fait avec une sage lenteur; les fleurs de l'été sont aussi éphémères que la chaleur qui les fait croître; le chêne, produit des siècles, survit à la maturité et à la décadence des empires. L'empire d'Alexandre, élevé en peu d'années, disparut avec la génération qui l'avait vu naître. L'empire romain, formé par une longue suite de siècles, dura mille ans. On se tromperait, si l'on supposait qu'on peut changer les habitudes d'une nation et modifier son caractère, en lui donnant de nouvelles institutions. Nous ne pouvons donner à l'enfance la maturité de l'âge mûr, en lui en prêtant le costume.

Ce n'est pas excuser l'Assemblée Constituante

que de dire qu'elle ne commit point de violence elle-même, qu'elle adopta la plupart de ses mesures d'après l'impulsion de la plus pure philanthropie, et qu'elle fut elle-même victime de la faction qui déshonora la révolution. Aux hommes publics, nous ne demandons pas seulement de bonnes intentions, mais une conduite habile et prudente; ce n'est pas une excuse pour ceux qui ont fait le mal, de dire qu'ils l'ont fait dans la vue du bien. Si nous nous jetons dans la carrière avec trop de précipitation, nous faisons autant de mal que si nous nous retenions avec trop d'opiniâtreté. Les hommes vertueux doivent toujours se rappeler, que s'ils détruisent la moitié d'une chose, les hommes téméraires détruiront promptement le tout.

Le danger des changements politiques n'est pas dans leurs conséquences immédiates, mais dans leurs résultats définitifs; il ne vient pas de ceux qui les ont faits, mais de ceux qui viennent après. Une fois qu'on a commencé à la hâte des innovations, il n'est plus facile de les arrêter; la fièvre du nouveau s'empare de la portion la plus énergique du genre humain, et les sages sont incapables d'arrêter le torrent. La perspective du gain excite les esprits ambitieux et turbulents; ils sortent de leur obscurité pour partager les dépouilles des vaincus, et, dans la lutte, ils prennent promptement l'ascendant. Ils arrivent à leur but, parce qu'ils ne se laissent arrêter ni par les scrupules qui retiennent les hommes consciencieux, ni par les craintes qui paralysent les riches. N'ayant rien à perdre, ils sont indifférents aux conséquences de leurs actes; n'ayant pas de principes, ils se conforment à ceux de la portion le plus nombreuse et la moins estimable du peuple. Ce qui fait principalement le danger des révolutions, c'est qu'elles produisent sur la scène de tels caractères; l'Assemblée Constituante a surtout mérité le blâme, parce qu'elle suivit une marche qui les fit surgir de toutes les parties de la France.

Elle fut la première à éprouver la vérité de ces principes. Dans son ardeur à abaisser le trône, elle éleva le peuple, et se trouva bientôt soumise au pouvoir qu'elle espérait diriger. La victoire du 5 octobre ne fut pas moins remportée sur la législature que sur la couronne; amenée à Paris sans protection, elle se vit à la merci de la populace, et non moins entravée que le roi dans son palais.

Pendant quelques années la conséquence définitive de ce changement de situation ne se laissa point apercevoir; mais le Règne de la Terreur découla naturellement de la déclaration des droits de l'homme, et la décimation de la Convention, de l'imprudence de la Constituante.

Des fautes furent commises des deux côtés; l'inexpérience dans la direction de mouvements si nouveaux put leur servir d'excuse au commencement de la révolution; mais leurs conséquences n'en sont pas moins clairement démontrées pour l'instruction des siècles futurs.

I. Le gouvernement commit incontestablement une faute en différant trop long-temps de redresser les griefs dont on se plaignait. La déclaration de Louis XVI, le 23 juin, portait remède à tous les maux réels de la France; un peu plus tôt, elle eût été accueillie avec transport, et le monarque qui l'accorda, célébré comme un second Marc-Aurèle [1].

A l'époque d'effervescence où elle eut lieu, elle trahit plutôt de la faiblesse qu'elle n'inspira de la confiance. Les mesures de conciliation sont admirables, mais c'est quand le gouvernement les adopte, avant que la guerre ne soit déclarée; elles sont funestes, quand elles sont tentées par un général, la veille de la bataille.

II. M. Necker se trompa aussi évidemment, quand il doubla le nombre du tiers-état. Napoléon attribuait à cet acte inconsidéré toutes les horreurs subséquentes de la révolution [2]. Il donna par là, la toute-puissance à une seule portion de la communauté, et fit que les états-généraux, quand ils étaient assemblés, dépendaient entièrement d'une de leurs branches. En tout temps un si grand accroissement de pouvoir accordé à un corps est dangereux, mais il le devient doublement, quand ce corps est dans un état de fermentation, et qu'il

[1] Bailly, I. 127, Th., I. 52.
[2] Bourrienne, VIII 109.

ambitionne de franchir les barrières des autres classes de l'état. M. Necker fut entraîné à cette démarche par la perspective enivrante d'une administration populaire; il vit son influence s'évanouir, quand la faveur fut accordée, et qu'il fut forcé de résister à des exigences ultérieures.

III. Lorsque la fatale mesure du doublement du tiers fut une fois adoptée, il devint d'une indispensable nécessité de maintenir la séparation des chambres. C'était une moquerie de croire que les nobles et le clergé conserveraient leur position dans une assemblée où ils étaient sûrs de rencontrer une majorité de deux contre un. Que deviendrait l'Angleterre, si ses trois cents pairs étaient envoyés dans la chambre des communes, pour y lutter contre six cents représentants populaires? Ce point n'aurait jamais dû être concédé; il était contraire à la constitution de tous les gouvernements européens, et il eut des suites si désastreuses, que la Convention elle-même fut forcée à la fin de rétablir la séparation des chambres, et d'annuler ce fameux serment du Jeu de paume, qui avait d'abord excité de si universels transports.

IV. l'accession du clergé au tiers-état fut la cause immédiate de la réunion forcée des chambres; son premier effet fut la confiscation de toutes les propriétés de l'église. Ce fut exactement la répétition de ce qui était arrivé en Ecosse. Là les efforts du clergé détruisirent la hiérarchie catholique, et les barons s'emparèrent sur-le-champ de toutes ses propriétés, et réduisirent les ministres protestants à un état de mendicité. Tel est le progrès des révolutions; les ambitieux profitent de la simplicité ou de l'enthousiasme des bons, et sourient, quand on s'imagine qu'ils abandonneront quelque partie des dépouilles qu'ils ont obtenues à l'aide de tout le monde. On ne doit jamais attendre de reconnaissance des corps publics, et personne n'est plus certain de sa perte que ceux dont l'assistance mit la première la machine en mouvement, du moment qu'ils s'efforcent d'arrêter ses excès.

V. Il est incontestable que la révolte des gardes françaises fut le premier événement décisif de la révolution; elle entraîna promptement la défection de toute l'armée. La trahison d'un seul régiment, en ébranlant la confiance de tous, les uns dans les autres, produisit les plus fatales conséquences. Sous ce rapport le gouvernement commit une faute grave en confiant la défense de la capitale à un corps d'hommes constitués comme l'étaient les gardes françaises, c'est-à-dire, qui demeuraient constamment dans ses murs, qui étaient familiers avec ses habitants, qui partageaient ses goûts et étaient corrompus par ses plaisirs. De même que les gardes prétoriennes, leur voisinage de la capitale effrayait les habitants, tandis que leur familiarité avec ses vices les séduisait et obtenait leur obéissance. Aucun esprit de patriotisme n'enflammait leur cœur, ils n'oubliaient pas qu'ils étaient soldats, avant de se rappeler qu'ils étaient hommes. Ils violèrent leurs serments au milieu des fumées de l'ivresse, et leur fidélité s'évanouit sous les embrassements des courtisanes.

VI. La position de l'assemblée nationale, et la résidence du monarque durant la session, si près de la capitale, était aussi une faute grave, dont ils eurent l'un et l'autre bien des sujets de se repentir. Dans une telle situation, il ne pouvait exister de liberté dans les délibérations; d'abord les députés furent entraînés par la contagion du sentiment populaire; enfin ils se sentirent comme enchaînés et asservis par la crainte de la violence populaire. Toutes les insurrections qui établirent le règne de la terreur, la captivité du roi, l'asservissement de l'assemblée, avaient leur cause dans le dangereux voisinage de Paris. Pour avoir une pleine réussite, il faut que le grand œuvre de la réforme nationale s'accomplisse dans un lieu sûr ou éloigné, où l'on soit également à l'abri des applaudissements et de la violence de la multitude, et où l'esprit des représentants ne soit pas exposé à se voir séduit par les flatteries, ou intimidé par les menaces de ce peuple dont ils doivent défendre les intérêts.

VII. Long-temps avant l'époque où nous sommes arrivés, le temps était venu où il convenait au roi, et à tous les amis de l'ordre constitutionnel et de la vraie liberté d'adopter le système d'une intrépide résistance ou de succomber dans la lutte. La réunion forcée de la législature en une seule chambre, la confiscation des propriétés de l'église, la formation d'une constitution toute démocratique, incompatible avec toute espèce d'ordre public, et le refus du véto absolu, en dépit des prescriptions contenues dans les cahiers, étaient autant d'actes de violence, dont on ne pouvait guère attendre que l'établissement de la tyrannie démocratique. Mais lorsqu'en outre une multitude furieuse vint assiéger le roi jusque dans son propre palais, lorsqu'elle osa piller ses appartements et tenta d'assassiner sa compagne, la loi ainsi que le pouvoir n'existaient plus, le moment était venu de vaincre ou de mourir. En résistant dans une telle extrémité, le souverain avait du moins la chance d'éveiller les sympathies de la classe éclairée et de la faire accourir à son aide; sans la fatale émigration de la noblesse, il l'aurait infailliblement tenté, mais céder à de tels outrages, se laisser conduire captif à son palais, au milieu d'une populace ivre et farouche, c'était se ravaler au-dessous du dernier homme du peuple, et préparer, par une pusillanime soumission au crime, tous les excès sanguinaires qui suivirent [1].

Mais la mesure la plus funeste de l'Assemblée Constituante, celle qui rendit toutes les autres irréparables, fut le grand nombre d'intérêts révolu-

[1] Mounier, II. 90, 91.

tionnaires qu'elle créa. En transférant le pouvoir politique à des mains inexpérimentées, qui appréciaient d'autant plus leur nouvelle acquisition qu'elles étaient incapables d'en user; en créant une masse de nouveaux propriétaires, dont l'existence reposait sur le nouveau système; en mettant tout-à-fait à la disposition de la populace le pouvoir civil et militaire, ils établirent des intérêts durables sur la ferveur du moment et perpétuèrent la marche de la révolution à une époque où le peuple serait encore volontiers revenu au gouvernement monarchique. Les personnes qui avaient acquis du pouvoir ou de la fortune à la faveur de ces changements ne voulaient plus y renoncer qu'autant qu'elles y seraient forcées; les individus, qu'un retour au système légal aurait mis en péril, faisaient tout leur possible pour l'empêcher. Les prodigieux changements que l'Assemblée Constituante introduisit dans la propriété et le pouvoir politique rendaient donc inévitable l'alternative d'une révolution ou d'une sanglante guerre civile; car si la passion est passagère de sa nature, les intérêts que produisent les changements amenés par la passion peuvent être durables dans leur action. Les annales postérieures de la révolution nous montrent beaucoup de cas où le peuple lutta vigoureusement pour renverser la tyrannie qu'il avait créée; elles n'en montrent aucun où ceux que les innovations avaient enrichis ou exaltés n'aient pas employé tous leurs efforts pour empêcher tout retour au gouvernement légal ou constitutionnel. Ce fut là la principale cause de la différence qu'on remarque entre la marche des deux révolutions de France et d'Angleterre ; le long parlement et Cromwell ne firent subir aucun changement essentiel à la propriété ou aux franchises politiques de la Grande-Bretagne, et par conséquent, quand l'usurpateur militaire expira, il n'existait pas de grands intérêts révolutionnaires pour repousser un retour à l'ancienne constitution ; en France, l'Assemblée Constituante n'avait pas siégé six mois qu'elle avait rendu inévitable un bouleversement total de la société, parce qu'elle avait transféré à la multitude l'influence et les biens d'une grande partie de l'état.

Quelque opinion que l'on ait sur la conduite de la Constituante, elle a du moins légué au genre humain une importante leçon politique ; elle lui a enseigné combien ils se trompent, ceux qui espèrent qu'en cédant aux exigences d'un parti révolutionnaire, on peut arrêter à volonté de nouveaux empiètements; il est dans la nature d'un tel désir, comme de toute autre passion violente, d'être insatiable, de croître avec chaque concession nouvelle, et de devenir puissant et dangereux, à mesure qu'il lui reste moins à obtenir. L'histoire de cette mémorable assemblée ne démontra cette vérité qu'avec trop d'évidence; là, les concessions allaient au galop; les prérogatives du roi, les privilèges des nobles, du clergé, du parlement, des corporations, des provinces, furent abandonnés aussitôt qu'attaqués; nulle part on ne tenta de résister, et cependant le parti populaire devenait de jour en jour plus exigeant; l'ambition démocratique ne fut jamais aussi violente que quand elle eut triomphé de toutes les autres autorités de l'état; la législature, les chefs de l'état, s'efforcèrent en vain de maintenir leur ascendant en concédant tout ce que leurs antagonistes demandaient : à mesure qu'ils cédaient du terrain, ceux-ci avançaient, et le parti qui n'avait d'abord demandé qu'une juste proportion d'influence politique, s'indigna bientôt dès qu'on faisait la moindre opposition à son autorité [1].

Ce fait extraordinaire suggère une importante conclusion en science politique, qui fut d'abord énoncée par Burke, mais qui depuis a été amplement vérifiée par l'expérience [2]. Cette conclusion est, qu'il y a une grande différence entre les convulsions populaires qui naissent de véritables griefs, et celles qui n'ont pour cause que l'ardeur populaire ou l'ambition démocratique. Les passions des hommes ont des bornes quand ils agissent par raison, ressentiment ou intérêt; elles n'en ont pas, quand ils sont emportés par l'imagination ou l'ambition; faites cesser les griefs dont on se plaint, et si ce sont les premiers motifs qui poussent les

---

[1] Burke's, *Consid.* v. 89.
[2] Burke, vi. 239.

hommes, vous avez fait un grand pas vers la pacification des esprits. Mais la bonne ou la mauvaise conduite d'un gouvernement, la protection dont les hommes ont joui, ou l'oppression qu'ils ont subie sous lui, ne sont d'aucune importance, quand une faction, procédant d'après des raisons spéculatives, en veut à la forme et en poursuit avec violence la destruction. C'est le concours de ces deux principes, si opposés dans leur nature, mais qui dans le moment conduisaient au même résultat, qui rend le gouvernement d'une nation si difficile dans de telles circonstances; car les concessions et les réformes qui sont les meilleurs remèdes pour les maux réels, sont précisément les mesures les plus propres à exciter au plus haut point l'ardeur qui naît de passions imaginaires.

40. Toutes les erreurs de la Constituante peuvent être ramenées à une seule source; les maux du despotisme étaient récents et avaient été éprouvés, ceux de la démocratie éloignés et inconnus. Cette excuse n'existera plus pour les législatures subséquentes. Quand la révolution française n'aurait fait rien autre chose, elle a du moins rendu un service précieux au genre humain, en faisant voir le danger des innovations précipitées, et en traçant en caractères de sang sur les pages de l'histoire les horreurs de l'anarchie. Espérons que cette terrible leçon n'aura pas été donnée en vain; que toute une génération n'a pas péri sous la guillotine, ou n'a pas été broyée

sous le char de l'ambition, uniquement pour préparer la voie à la répétition des mêmes erreurs par les siècles futurs, et que les sanglantes annales de ses souffrances auront au moins appris à la postérité, que la vraie sagesse consiste à réparer, non à détruire, et que rien ne peut arrêter les progrès de la liberté, si ce n'est la violence de ses défenseurs.

CHAPITRE IV.

DEPUIS LA RÉVOLTE DE VERSAILLES JUSQU'A LA DISSOLUTION DE L'ASSEMBLÉE CONSTITUANTE.

ARGUMENT.

Exil du duc d'Orléans. — Retraite de Mounier et de Lally-Tollendal. — Procès et exécution du marquis de Favras. — Division de la France en départements. — Règlements municipaux. — Franchise électorale. — Immense effet de ces changements. — Confiscation des biens de l'église. — Émission des assignats. — Vente des biens de l'église. — Ses effets sur le morcellement de la propriété. — Vive resistance du clergé. — Abolition des titres d'honneur. — Organisation judiciaire. — Organisation militaire. — Établissement général des gardes nationales. — Fête du 14 juillet, anniversaire de la prise de la Bastille. — Accusation du duc d'Orléans et de Mirabeau. — Chute de Necker. — Changement du ministère. — Révolte à Metz et à Sedan. — M. de Bouillé. — Serment ecclésiastique. — Ses funestes effets. — Loi révolutionnaire sur le droit de succession. — Clubs de Paris. — Les Jacobins. — Les Cordeliers. — Émigration générale. — Discussion d'une loi contre les émigrés. — Mirabeau défend le trône. — Sa mort. — Plans de la cour. — Fuite de Varennes. — Arrestation du roi et son retour à Paris. — Première origine des principes républicains. — L'autorité royale suspendue. — Débats sur l'accusation portée contre le roi. — Vigoureuses mesures de l'assemblée. — Révolte au Champ-de-Mars. — Victoire de Lafayette. — On n'en tire pas avantage. — Modification de la constitution proposée. — Le roi nominalement réinvesti de son pouvoir. — Clôture de l'assemblée. — Immenses changements qu'elle a produits. — Réflexions générales sur ses erreurs et ses mesures utiles.

« *Semper in civitate*, dit Salluste, *quibus opes nullæ sunt, bonis invident, malos extollunt; vetera odere, nova exoptant, odio suarum rerum mutari omnia student; turba atque seditionibus sine cura aluntur; quoniam egestas facile habetur sine damno. Sed urbana ple-*

bes ea vero præceps ierat multis de causis; nam qui ubique probro atque petulantia maxime prestabant, item alii per dedecora patrimoniis amissis, postremò omnes quos flagitium aut facinus domo expulerat, hi Romam sicuti in sentinam confluxerant [1]. En tous pays ceux qui n'ont rien, portent envie aux bons, exaltent les méchants, raillent l'antiquité, soutiennent les innovations, désirent le changement par suite du triste état de leurs affaires, vivent de tumultes et de séditions, parce que la pauvreté n'a rien à craindre de telles convulsions; une foule de causes avaient concouru à donner la prééminence sous ce rapport à la populace de la ville; car tous ceux qui étaient signalés dans les provinces par leurs débauches ou leur turbulence, tous ceux qui avaient perdu leur patrimoine, ou leur place dans la société, tous ceux enfin que le vice ou le crime avaient forcés de fuir de leur pays, s'étaient réfugiés à Rome comme dans la sentine commune de la république. » L'assemblée nationale éprouva la vérité de ces principes d'une manière remarquable, lorsque le siège de ses délibérations fut transporté dans la capitale. A la dépravation naturelle d'une grande ville, sa population joignait la corruption profonde qu'avaient engendrée les débauches et l'irréligion des règnes précédents. Jamais objets d'une telle grandeur n'avaient été offerts aux passions d'un peuple si peu habitué à les réprimer; jamais flatteries si enivran-

[1] Sallust., *Bellum Cat.*, § 37.

tes n'avaient été adressées à des hommes si peu faits pour y résister. L'assemblée nationale, avec une précipitation fatale, se plaça sans protection à la merci de la populace la plus corrompue de l'Europe, au moment de sa plus grande effervescence.

L'établissement de la cour à Paris produisit sur-le-champ d'importants changements dans la situation des parties contendantes. Le duc d'Orléans fut le premier dont l'influence déclina. Le général Lafayette s'efforça de démontrer qu'il était l'auteur secret des troubles qui avaient failli devenir funestes à la famille royale, et déclara publiquement qu'il avait en sa possession des preuves incontestables de sa participation à la révolte, et de son projet de se faire déclarer lieutenant-général du royaume. « Le lâche! dit Mirabeau, il a le désir du crime, sans avoir le courage de l'exécuter [1]. » Même au Palais-Royal son influence baissa complètement, excepté auprès de ses soutiens à gages; et le roi, charmé de se débarrasser d'un sujet si dangereux, avec le concours de l'assemblée nationale, l'envoya en un honorable exil, en le chargeant d'une mission près de la cour de Saint-James.

On ne pouvait attendre que de bons résultats de ce départ, mais la retraite d'autres membres affaiblit l'influence de la raison dans l'assemblée. Mounier et Lally-Tollendal, désespérant de la cause de

[1] Toul., I. 132 Lacr , VII. 259. Th., I. 184, 185, 186.

l'ordre, quittèrent la capitale, et le premier s'établit dans le Dauphiné, sa province natale, où il essaya d'organiser une opposition contre l'assemblée. Le départ de ces vertueux patriotes fut une calamité sérieuse pour la France; il affaiblit les amis d'une liberté raisonnable et, en étendant le fatal exemple de la défection, il laissa le pays en proie aux ambitieux qui s'efforçaient de s'élever à la faveur des malheurs publics. Ils avaient cru que le peuple, après avoir délivré l'assemblée le 14 juillet, se soumettrait sur-le-champ à son autorité; ils furent les premiers à reconnaître qu'il est plus facile d'exciter les commotions populaires que de les régler, et que la multitude ne secoue pas le joug d'une autorité uniquement pour se soumettre à une autre. Les héros de la nation, ceux qui avaient joué le plus grand rôle dans le serment du Jeu de paume et la réunion des ordres, étaient déjà tombés dans une sorte d'oubli; ils avaient dépassé les parlements dans la carrière de la démocratie, et déjà ils étaient dépassés, à leur tour, par leurs inférieurs, plus ambitieux [1].

La garde nationale de Paris, sous le commandement de l'intrépide Lafayette, qui nourrissait encore sa chère illusion, que l'on pouvait maintenir l'ordre sous le gouvernement démocratique, parvint, pendant quelque temps, à rétablir la tranquillité dans la capitale. Un boulanger, nommé François,

[1] Lacr., vii. 248 Mig., i. 97 Th., i. 191

fut assassiné dans les rues, le 19 octobre, par un rassemblement irrité de voir que le retour du roi n'avait pas, sur-le-champ, fait baisser le prix des denrées; suivant la barbare habitude de l'époque, ses assassins mirent sa tête au bout d'une pique et la promenèrent ainsi par les rues, forçant chaque boulanger qu'ils rencontraient à l'embrasser; la femme de François, qui courait dans un état de désespoir vers l'Hôtel-de-Ville, rencontra la foule; à la vue de la tête sanglante, elle tomba évanouie sur le pavé; ils eurent la barbarie de la poser dans ses bras et de lui appliquer ses lèvres froides contre la figure. Une atrocité si inouïe excita l'indignation de tous les bons citoyens; la loi martiale fut proclamée, et Lafayette, se mettant à la tête de la garde nationale, attaqua le rassemblement et saisit le misérable qui portait la tête, et qui fut exécuté le lendemain. La populace, mécontente, murmura contre cette sévérité : « Quoi! s'écria-t-elle, est-ce là la liberté qu'on veut nous donner ? Nous ne pouvons plus pendre qui nous voulons? [1] »

L'assemblée, obéissant à l'impulsion du moment, rendit, contre les rassemblements séditieux, un décret connu sous le titre de *loi martiale;* il était prescrit, qu'en cas de troubles sérieux la municipalité arborerait le drapeau rouge, et qu'aussitôt tous les groupes devaient se disperser, sous peine d'exé-

---

[1] Toul., t. 168. Mig., t. 98 Ib., t. 192. Lacr., vii. 202.

cution militaire [1]. Mirabeau, Buzot et Robespierre combattirent vivement ce décret; ils sentaient combien ces mouvements populaires étaient importants pour aider leurs desseins sanguinaires.

Mais le peuple ne voulut pas se laisser enlever sans résistance l'agréable fonction d'exécuteur public; il arrêta deux voleurs, les retint, sous prétexte que les tribunaux mettaient trop de lenteur à rendre justice, et les pendit sur place; un troisième allait être étranglé lorsque Lafayette arriva avec ses grenadiers et infligea un prompt châtiment à ces magistrats improvisés. Peu de temps après, il réprima, avec autant de vigueur et de courage, une dangereuse révolte de la garde armée de Paris, qui commençait à former un noyau pour les mécontents. Cependant, à l'époque même où il exposait chaque jour sa vie pour rétablir la force des lois, il proclamait, du haut de la tribune nationale, cette dangereuse maxime, « que quand le peuple est opprimé, l'insurrection est le plus saint des devoirs [2]. » Que de fois des paroles imprudemment prononcées produisent des conséquences que l'on ne pourrait plus empêcher, même en bravant les plus grands périls!

Le baron de Besenval, en faveur duquel M. Necker avait si généreusement employé son intervention, lors de son retour à Paris, fut bientôt jugé

[1] Lacr., vii 263. Th., i. 192. Buzot, 174
[2] Lacr., vii 267, 269.

devant la cour du Châtelet, et acquitté. En préparant sa défense, son conseil l'avait engagé à faire usage d'un document signé de la main du roi, qui l'autorisait à repousser la force par la force. A Dieu ne plaise, dit-il, que je rachète ma vie en exposant celle d'un si excellent roi! et il déchira l'écrit en mille pièces. Peu de temps après, le marquis de Favras fut amené devant le même tribunal, et l'indignation du peuple de l'avoir vu acquitter une première fois, était telle, que dès le commencement on ne put douter du sort qui l'attendait; les crimes qu'on lui imputait, étaient de la nature la plus absurde et la plus incroyable; on l'accusait d'être entré dans un complot pour renverser la constitution; et cette accusation ne reposait sur aucune preuve; mais il fut condamné par un tribunal qu'intimidait une populace féroce, qui ne cessait de crier, même dans la salle d'audience : A la lanterne! à la lanterne! Il fut conduit à trois heures du matin, couvert d'une chemise blanche, à la place de Grève, où, une torche à la main, il lut d'une voix forte sa sentence de mort, protesta de son innocence, et mourut avec une fermeté héroïque, première victime juridique qu'ait frappée la révolution [1].

Il avoua qu'il avait reçu cent louis d'un noble de haut rang, mais il refusa de divulguer son nom, et déclara constamment qu'il n'était impliqué dans

[1] Lacr., VII. 273. Th., I. 210

aucune conspiration Le peuple s'assembla en nombreux groupes et avec une joie sauvage, pour contempler son supplice, quoiqu'il eût lieu à la lumière des torches ; le spectacle extraordinaire d'un marquis pendu était une preuve sensible de l'égalité des conditions, et lorsque la triste cérémonie fut accomplie, la foule se livra dans toutes les rues à de brutales plaisanteries, parodiant avec de grandes risées le mode de son exécution [1].

La prochaine mesure législative de l'assemblée fut dirigée contre les jalousies naissantes des provinces. Ces petits états, fiers de leurs anciens privilèges, avaient vu avec regret l'extinction de leurs droits et l'importance croissante de l'assemblée souveraine, et sur quelques points ils s'occupaient de prendre des mesures pour paralyser son influence. Pour étouffer leurs projets, le royaume fut distribué en divisions nouvelles qu'on appela départements, et qui furent à peu près égales en étendue et en population. Il y en eut en tout quatre-vingt-quatre ; chaque département fut divisé en districts, et chaque district en cantons, qui embrassait ordinairement quinze ou vingt paroisses. On établit un tribunal criminel dans chaque département, un tribunal civil pour chaque district, et une justice de paix pour chaque canton. Chaque département eut un conseil d'administration composé de trente-six membres, et un conseil exécutif composé

[1] Th., I, 210, 211.

de cinq. Le district avait son conseil et son directoire organisés de la même manière. Le but du canton était électoral, non exécutif; les citoyens s'y réunissaient pour élire leurs députés ou leurs magistrats; la condition nécessaire pour avoir droit de voter, était une contribution équivalant à trois journées de travail; les députés élus par les cantons étaient chargés de nommer les représentants à l'assemblée nationale, les administrateurs du département, ceux du district, et les juges des cours de justice [1].

Pour assurer encore davantage le contrôle du peuple, les juges n'étaient nommés que pour trois ans; après ce laps de temps, il fallait que leur pouvoir fût renouvelé par les électeurs; funeste état de dépendance, plus dangereux même sous une multitude souveraine que sous un prince despote, attendu que celui-ci est permanent, et peut voir ses intérêts ou ceux de sa famille lésés par des actes d'injustice, tandis que l'autre est perpétuellement flottante, et n'est guidée ni par un sentiment de responsabilité, ni par la crainte des conséquences que peut avoir l'iniquité [2].

Ce décret déterminait les droits et les limites des districts ruraux; un autre régla les pouvoirs et les privilèges des habitants des villes. L'administration des cités fut confiée à un conseil général, et à une

[1] Mig., I. 98. 99. Toul., I 172. Th., I. 196.
[2] Mad. de Staël, *Révol. Franç.* I. 378.

municipalité, dont le nombre était proportionné à la population. Les officiers municipaux ou magistrats, étaient nommés directement par le peuple, et seuls ils avaient autorité pour requérir l'assistance de la force publique [1].

L'exécution de ces décrets fut un des évènements les plus importants que présente l'histoire de la révolution. C'était une application pratique du principe proclamé dans les droits de l'homme, « que toute souveraineté vient du peuple ». Ce pas gigantesque dans le champ de l'innovation mettait toute la puissance civile du royaume à la disposition des basses classes. La nomination de la municipalité leur assurait le gouvernement des villes; le commandement de la force armée, le contrôle des militaires; les élections dans les départements, la nomination des députés à l'assemblée, des juges, des évêques, des officiers de la garde nationale; et les élections dans les cantons, la nomination des magistrats et des représentants locaux. Tout découlait ainsi du peuple, soit directement, soit par l'entremise d'une double élection; et les conditions pour avoir droit de voter étaient si peu élevées, qu'elles comprenaient à peu près tout citoyen domicilié. Quarante-huit mille communes ou municipalités furent ainsi érigées en France, et exercèrent, concurremment et sans interruption, les droits de souveraineté; à peine si on laissa une seule nomi-

[1] Mig., 1. 99, 100. Th., 1 190.

nation à la couronne. Après l'établissement d'une constitution démocratique si complète, il n'est pas surprenant, que dans le cours de tous les changements ultérieurs de la révolution [1], le parti populaire ait acquis un pouvoir si irrésistible; et que dans presque toutes les parties de la France, on ait vu les autorités soutenir la multitude, dont dépendait leur existence.

Toutefois ce grand changement ne s'accomplit pas sans exciter les plus violents mécontentements locaux. Il choquait trop de sentiments et bouleversait trop d'intérêts établis, pour ne pas produire une fermentation générale. Des divisions qui remontaient jusqu'à la chute de l'empire romain; des parlements contemporains de la première conquête de la liberté, des préjugés nourris depuis des siècles; des barrières d'une nature insurmontable; des aversions politiques encore en vigueur, le grand acte du despotisme démocratique avait tout dédaigné, tout brisé. Mais les protestations des provinces, la résistance des parlements locaux, les clameurs des états, ne purent ni effrayer ni arrêter l'assemblée nationale. Un changement, plus grand que les Romains n'en avaient tentés au zénith de leur pouvoir, que la vigueur de Pierre, ou l'ambition d'Alexandre n'aurait osé envisager, fut heureusement accompli par une assemblée populaire, quelques mois après son premier établissement. Preuve

[1] Mig., 1. 100 Th., 1 196, 297. Lacr., vii 550.

CHAPITRE IV

mémorable de la force de l'opinion publique, et de l'irrésistible pouvoir de ce nouveau ressort, que l'instruction générale et l'influence de la presse avaient fait jouer pour la première fois dans les affaires publiques [1].

En partageant ainsi la France en divisions arithmétiques, l'assemblée constituante la traita précisément comme un pays conquis. Ses patriotes réalisèrent pour ses libres habitants ce que l'historien romain déplore comme le dernier degré de misère dans le vaincu [2]. Agissant comme des conquérants, ils imitèrent la politique des plus cruels. « La politique de ces barbares vainqueurs, dit M. Burke, qui méprise un peuple soumis, et insulte les habitants, a toujours été de détruire tous vestiges de la religion, du gouvernement, des lois et des mœurs anciennes, de confondre toutes les limites territoriales, de produire une pauvreté générale, d'écraser les nobles, les princes et les pontifes, d'abattre tout ce qui dépassait le niveau commun, ou pouvait servir à réunir ou rallier le peuple dispersé, sous le drapeau de l'ancienne opinion. Ils ont rendu la France libre à la manière dont les anciens amis des droits du genre humain affranchirent la Grèce, la Macédoine, la Gaule et d'autres

---

[1] Mign., I. 100. Lacr., VII. 336, 337

[2] Non ut olim universæ legiones deducebantur cum tribunis et centurionibus, et sui cujusque ordinis et militibus, ut consensu et caritate rempublicam afficerent ; sed ignoti inter se diversis manipulis, sine rectore, sine affectibus mutuis, quasi ex alio genere mortalium repente in unum collecti numerus magis quam colonia. (Tac. Annal. XIV c. 27.)

contrées. Si leur projet actuel de république vient à échouer, toutes les garanties d'une liberté modérée s'évanouissent avec lui ; ils ont abattu et nivelé tous les ordres qu'ils ont trouvés sous la monarchie ; toutes les restrictions indirectes que mitige le despotisme, sont anéanties, de manière que si jamais la monarchie recouvre un entier ascendant en France, sous *cette dynastie ou sous une autre*, ce sera probablement, si elle n'est pas tempérée volontairement dès le commencement par les sages et vertueux conseils du prince, le pouvoir le plus complètement arbitraire qui ait jamais paru sur la terre [1]. »

En même temps, on prenait pour base de la franchise électorale l'âge de vingt-deux ans, la contribution d'un marc d'argent ou de trois journées de travail ; on n'imposa aucune condition pour l'éligibilité, le choix du peuple effaçant toute autre qualification ; l'élection des membres de la législature se fit à deux degrés : d'abord les électeurs, dans leurs assemblées primaires, choisissaient les délégués qui devaient nommer les législateurs, et ces délégués choisissaient les députés [2].

Ces deux mesures, la division du royaume en départements et le prodigieux abaissement de la franchise électorale, devinrent bientôt fatales à la

---

[1] Burke's *Consid. Works*, v. 520, 533. Quelle prévoyance des évènements qui devaient suivre! Quand Burke écrivait cela en 1790, il était en avant d'un demi-siècle sur les quatre-vingt-dix-neuf centièmes des politiques.
[2] Th , I. 197.

liberté en France; la dernière amena dans la nouvelle assemblée nationale un corps de représentants qui renversa le trône et prépara le règne de la terreur et le despotisme de Napoléon ; la première, en détruisant l'influence des provinces et en concentrant toute l'autorité à Paris, ne laissa subsister aucun pouvoir capable de résister à la prépondérance de la capitale, soit qu'elle fût aux mains du peuple, d'un soldat ou d'un monarque. Il n'en était pas ainsi dans l'ancienne France; pendant seize ans, Paris fut occupé par les Anglais et un roi anglais couronné à Reims, mais les provinces résistèrent et sauvèrent la monarchie; la ligue posséda longtemps la capitale, mais Henri IV, à la tête des forces des provinces, la força de se soumettre. Mais, depuis la division par départements, l'extinction des cours et des assemblées provinciales et la concentration de toute l'autorité de l'état dans la capitale, tout a toujours dépendu de ses déterminations; le pouvoir siégeant aux Tuileries n'a jamais manqué d'être écouté de la Manche aux Pyrénées, et la soumission de la France à la populace de Paris a été plus grande que celle de l'empire aux bandes prétoriennes [1].

Ce fut ensuite l'embarras des finances qui occupa l'assemblée. Toutes les mesures prises pour le soulagement de la détresse publique, depuis la convocation des états-généraux, se trouvaient com-

[1] Vicomte de Saint-Chamans, *sur la Révolution de* 1830. 79, 82.

plètement inefficaces. Dans le fait, la nation ne subsistait que d'emprunt. Le revenu avait presque partout cessé, et la dette publique s'était accrue dans le cours de trois ans de l'énorme somme de 1,200,000,000 de fr. [1]. Les choses en étaient arrivées à une crise telle, que les capitalistes, qui avaient été si long-temps les ardents défenseurs de la révolution, commençaient à s'apercevoir de sa tendance, et ne se souciaient plus de rien avancer pour le service public. La contribution d'un quart du revenu de chaque citoyen, accordée à l'éloquence de Mirabeau, n'avait produit qu'un soulagement momentané; la confusion des affaires publiques rendait toute autre source de revenus stérile, et il était devenu indispensable de recourir à quelque mesure décisive, pour remplir l'immense déficit qu'avait produit la révolution. Dans cette position critique, les biens de l'église furent le premier fonds qui se présenta, et il fut sacrifié sans merci aux nécessités publiques. (Novembre 1789.) Talleyrand, évêque d'Autun, proposa que les biens ecclésiastiques fussent consacrés à l'entretien des ministres de la religion et au paiement de la dette nationale. Pour appuyer cette spoliation, il prétendit que les ecclésiastiques n'étaient pas propriétaires, mais dépositaires de leurs biens; que nul ne pouvait soutenir qu'il y eût aucun droit de propriété ou d'héritage attaché à ces

[1] Le total de la dette était, en avril 1787: 3,020,000,000 fr.; en avril 1790: 4,241,060,000 fr. différence, 1,239,000,000. Voyez Calonne, 74.

biens; qu'ils avaient été primitivement accordés par la munificence des rois et des nobles, et que maintenant la nation, qui avait succédé à leurs droits, pouvait les reprendre. A cela, l'abbé Maury et Sièyes répondirent, qu'il était inexact de dire que les biens de l'église fussent à la disposition de l'état; qu'ils venaient de la munificence ou de la piété des individus dans les premiers siècles ; et avaient des destinations particulières, tout-à-fait étrangères aux affaires temporelles; que si le but pour lequel ils avaient été donnés n'était pas rempli, ils retournaient aux héritiers des donateurs, mais qu'en aucun cas, ils ne pouvaient appartenir à la nation; que cette grande spoliation était le premier pas dans la carrière des confiscations; que bientôt elle serait suivie de la confiscation des propriétés de toute nature; et que, dans le fait, c'était un sacrifice des provinces, et de leurs domaines, aux capitalistes de la métropole, qui possédaient les fonds publics, et à la multitude turbulente qui dirigeait les conseils de l'assemblée. Mais tout fut inutile. Les biens de l'église étaient estimés à plusieurs mille millions de francs; cela parut un fonds suffisant pour payer le clergé, fonder des hôpitaux pour les pauvres, éteindre la dette publique, et défrayer les dépenses d'un établissement civil. Pour un gouvernement accablé de dettes, la tentation était trop forte; et en dépit de l'éloquence de l'abbé Maury, et des efforts du clergé, il fut décrété à une grande majorité, que les biens ecclésiastiques seraient mis à la disposition de la nation. Les fonds ainsi acquis étaient énormes ; les terres de l'église formaient presque la moitié de la propriété foncière du royaume [1].

On déclara que l'entretien du clergé était une charge publique, et que désormais il recevrait son salaire du trésor public. Mais l'assemblée établit un budget bien minime pour le soutien de la religion. La pension de l'archevêque de Paris fut fixée à 50,000 francs par an ; celle des évêques supérieurs, à 25,000 fr.; celle des inférieurs, à 18,000 fr.; les curés des grandes paroisses reçurent 2,000 fr. par an ; ceux des moyennes, 1,500 fr., et ceux des plus petites, 1,200. Par ce changement les revenus de la majeure partie du clergé, spécialement des grands bénéficiaires, furent réduits des deux tiers [2].

Les arguments qu'on fit valoir devant l'assemblée, furent les mêmes qui sont toujours présentés dans les occasions semblables par tous ceux qui veulent s'approprier les biens des corporations publiques. Sans doute on peut dire avec une espèce de raison, que la religion, si elle vraie, doit pouvoir se soutenir par elle-même ; que le public pourvoira à l'entretien de ceux qui en remplissent le mieux les devoirs, et qu'il ne faut accorder de préférence à aucun culte particulier. Mais l'expérience a démontré que ces

[1] Mig., I. 104. Toul., I. 170. Th., I. 193, 194. Chateaubriand, *Etudes Hist.* III. 284.
[2] Lacr., VII. 24. Th., I. 195.

arguments sont fallacieux, et que la religion tombe promptement en discrédit dans un pays où l'on n'entretient pas généreusement les ministres du culte aux dépens de l'état. L'irréligion signalée et presque inexplicable d'une grande partie de la population française, depuis la révolution, est une preuve suffisante que l'appui de la propriété et une certaine portion de splendeur mondaine, sont nécessaires pour soutenir la cause même de la vérité.

La raison en est claire; les plaisirs mondains sont toujours agréables dans le principe, et n'entraînent des suites pénibles qu'à la fin. La vérité religieuse flatte peu d'abord, et l'on n'en reconnaît les effets salutaires qu'après un certain laps de temps. On peut abandonner avec sécurité les premiers aux inclinations ou au goût des individus; la dernière réclame l'appui et la direction de l'état. Si on laisse aux individus la faculté de choisir par eux-mêmes, leur choix se portera sur les meilleurs architectes ou sur les meilleurs ouvriers; mais ils ne s'ensuit nullement qu'ils choisiront de même les meilleurs guides religieux; les esprits ardents suivront, non les plus raisonnables, mais les plus entraînants; les égoïstes ou les indifférents, les plus accommodants; les méchants, aucun. Ceux qui ont le plus besoin d'instruction, seront les derniers à la rechercher. Une église établie, et des propriétés ecclésiastiques sont nécessaires pour délivrer les ministres de la religion de la nécessité de se plier aux vues, ou de partager le fanatisme du siècle. Ceux qui vivent avec le secours du public, seront toujours trop fortement tentés de se conformer à ses penchants; quand on laissera les enfants choisir les remèdes qu'ils doivent prendre dans la maladie; ou les jeunes gens l'éducation qui doit les préparer à remplir leur tâche dans le monde, on pourra abandonner le clergé à la générosité du public, mais alors seulement, et pas avant.

Cette violente mesure conduisit à une autre, qui eut des conséquences encore plus désastreuses. Les besoins de l'état exigèrent la vente des biens ecclésiastiques jusqu'à concurrence de 40,000,000 de livres; pour la faciliter, les municipalités de Paris, et des principales villes du royaume, se rendirent premiers acquéreurs, espérant se faire rembourser, en revendant aux individus par petites portions [1]. Mais une insurmontable difficulté se présenta, on ne put trouver assez d'argent pour acquitter le prix d'un achat aussi considérable, avant que la seconde vente n'eut eu lieu; pour y suppléer, on adopta l'expédient de donner aux créanciers publics, des bons de la municipalité, qui devaient avoir cours jusqu'à l'époque de leur échéance; cela fut fait sur-le-champ; mais quand l'échéance arriva, on n'avait encore aucun moyen de les payer; et l'on fut obligé d'avoir recours à des bons du gouvernement, qui devaient avoir un

[1] Mig., I. 205. Th., I. 233, 234.

cours légal, et passer pour de l'argent d'un bout du royaume à l'autre. Ainsi naquit le système des assignats, mesure qui rendit de la force au gouvernement, mais qui causa d'immenses malheurs aux particuliers.

Un décret de l'assemblée autorisa le gouvernement à émettre des assignats jusqu'à concurrence de 170,000,000 de francs, qui devaient être hypothéqués sur les domaines de la couronne et les biens de l'église pour une valeur de 400,000,000 de francs. C'est ainsi que le pouvoir mit pour la première fois la main sur la propriété particulière, et tenta le dangereux expédient d'acquitter ses obligations, sans s'être pourvu de fonds pour l'époque de l'échéance; expédient favorable à l'industrie, et qui doubla la force publique pour le moment, mais qui en définitive est une source de ruine pour l'une et l'autre, s'il n'est pas employé avec prudence et basé sur la possibilité d'un remboursement futur [1].

L'aliénation des biens ecclésiastiques devint ainsi irrévocable, et un papier-monnaie établi dans le royaume; les besoins de l'état rendirent la continuation et l'extension du système à l'avenir inévitable, et cela conduisit à une troisième conséquence, plus importante à la fin qu'aucune des deux pre-

[1] Th., I. 234, 235. C'est un fait remarquable, que cette mesure irrévocable fut prise par l'assemblée en opposition directe avec l'opinion du pays. De trente-sept adresses qu'envoyèrent les principales villes commerciales de France, sept seulement étaient en faveur des assignats. Les clameurs des démagogues, la passion de la spoliation et les nécessités financières avaient déjà anéanti toute l'influence de la propriété, soit foncière, soit commerciale. Voy Calonne, 82

mières, savoir : l'établissement d'un vaste corps de petits propriétaires dont la fortune venait de la révolution et dont les intérêts étaient identifiés avec son triomphe. Le créancier public ne fut pas forcé d'abord d'accepter des terres au lieu d'argent, mais il reçut des assignats, qui avaient cours au marché, et tombaient définitivement entre les mains de quelque prudent individu, qui en formait un petit capital, et au lieu de les faire circuler comme argent, les présentait en paiement et recevait un petit fragment de biens ecclésiastiques. L'extrême difficulté de trouver, dans ces temps de bouleversement, un placement sûr pour les capitaux, et les banqueroutes des marchands, qui eurent lieu durant le cours de la révolution, répandirent, parmi les classes laborieuses, cette opinion générale, que l'achat des terres était le seul moyen sûr de placer l'argent, et cette opinion, jointe à l'excessive dépréciation qui, plus tard, frappa les assignats, et à la grande extension que la confiscation des biens des nobles donna aux domaines nationaux, amena cet universel morcellement de la propriété qui forme le trait le plus frappant de la situation actuelle de la France [1].

Le clergé, voyant l'administration d'une grande partie de ses domaines tranférée aux municipalités, et la création d'un papier-monnaie que leur vente devait servir à rembourser, fut saisi des plus vives

---

[1] Baron de Staël, 72. Mig., 1 106. Toul., 1 179

appréhensions. Comme dernière ressource, il offrit de prêter à l'état les 400,000,000 de francs, si on voulait lui rendre ses propriétés, mais cette offre fut sur-le-champ rejetée comme mettant en doute la confiscation de ses biens. Dès lors, et sans retard, l'église employa tous ses efforts à exciter l'opinion publique contre la révolution; la chaire retentit de déclamations contre l'assemblée, et la vente des biens ecclésiastiques fut représentée comme sacrilège au plus haut degré; mais tous ces efforts furent impuissants. Quelques troubles éclatèrent, il est vrai, dans le midi de la France, et le sang coula dans beaucoup de provinces pour la défense des prêtres, mais aucun mouvement national n'eut lieu, et, après quelque résistance, ils furent partout dépouillés de leurs domaines. L'esprit irréligieux du siècle assura ce triomphe aux ennemis de la foi chrétienne; mais jamais des actes de violence ou d'injustice ne peuvent avoir lieu sans que les conséquences retombent définitivement sur la nation qui les commet. C'est de cette spoliation insigne qu'il faut dater l'énergique et insurmontable aversion du clergé de France pour la révolution, et la triste négligence des observances religieuses qui depuis a toujours distingué une si nombreuse portion de ses habitants [1]; c'est de là qu'on peut dater cette dissolution des mœurs privées qui s'est propagée avec tant de rapidité durant son cours, qui a répandu les vices de

[1] Mignet, 1. 106, 107. Lacr., vii. 290, Th., 1. 199, 211, 238.

l'ancienne noblesse dans toutes les classes de la société, et menace, en dernière analyse, de balancer tous les bienfaits de la révolution en empoisonnant les sources de toutes les vertus domestiques, véritable base de la prospérité générale; enfin, c'est de là qu'on peut dâter le commencement du fatal système des assignats, qui précipita et rendit irrévocable la marche de la révolution, et plongea enfin dans la ruine toutes les classes qui participèrent à ce premier acte d'impardonnable iniquité.

La seule manière dont il soit possible d'éviter ces terribles calamités, qui tarissent à l'instant toutes les sources de la prospérité nationale, c'est d'adopter, comme principe fondamental, que les propriétés réservées à l'église sont des propriétés particulières qu'on ne peut envahir ou attaquer sans une violence aussi coupable que celle qui foule aux pieds tous les droits privés; sans cette sauvegarde, l'église deviendra inévitablement la victime des embarras financiers; n'ayant pas de baïonnettes à la main comme l'armée, privé de la foudre spirituelle qui maintenait son autorité dans les siècles de superstition; parlant au genre humain de ses intérêts futurs et non de ses intérêts présents, le clergé sera toujours le premier sacrifié aux embarras financiers, s'il n'est pas protégé par l'identité de ses intérêts avec ceux des propriétaires ordinaires. C'est à l'empire que ce principe exerce sur la nation anglaise, que Burke attribue la longue durée et les immenses bienfaits de sa constitution. « Le peuple d'Angleterre, dit-il, n'a jamais souffert, et ne souffrira jamais que les propriétés de l'église soient converties en une pension servie par le trésor, ni qu'elles soient morcelées, retenues, ou peut-être absorbées par des difficultés fiscales qui ont quelquefois pour prétextes des nécessités publiques, mais qui, dans le fait, n'ont souvent pour cause que l'extravagance, la négligence et la rapacité des politiques; il ne changera jamais les membres indépendants de son clergé en pensionnaires ecclésiastiques; il craindrait de voir sa liberté compromise par un clergé dépendant de la couronne; il craindrait de voir sa tranquillité troublée par un clergé factieux, si on le faisait dépendre de tout autre que de la couronne. Pour la consolation des faibles et l'instruction des ignorants, il a identifié les biens de l'église avec la masse des propriétés privées, dont l'état n'est pas le propriétaire, mais seulement le gardien et le régulateur; il a voulu que la fortune de ce corps fût aussi stable que la terre sur laquelle elle est assise, et qu'elle ne suivît pas toutes les ondulations des fonds publics et des actions [1]. »

L'organisation intérieure de l'église subit ensuite la révision de l'assemblée; les évêchés furent réduits au même nombre que les départements, les chapitres supprimés et les ordres réguliers remplacés par le clergé de paroisse; il fut, en outre,

[1] Burke's, *Consid. Works*, v. 191, 192

déclaré, que les prêtres et les évêques ne pourraient être nommés que par les mêmes électeurs qui étaient chargés de choisir les députés. Dans toutes ces réformes, si l'on en excepte cette élection des prêtres et des évêques par le peuple, pour laquelle il est évidemment impropre, et qui est incompatible avec un établissement national, on ne tenta rien d'une injustice flagrante; l'église, purifiée de ces vices et délivrée de ses splendides mais odieux accessoires, pouvait encore se maintenir dans une position respectable, si on ne l'avait pas dépouillée de ses domaines; mais les progrès de la révolution et les efforts de réformateurs plus audacieux complétèrent l'œuvre de la destruction [1].

Le parti démocratique ayant ainsi déclaré une guerre ouverte à l'église, les partisans de celle-ci firent tout leur possible pour abréger la durée ou les opérations de l'assemblée. (Mai 1790.) Le moment était favorable, attendu que ses pouvoirs allaient expirer. Les députés n'avaient été nommés que pour un an, et ce temps était écoulé. Le clergé et le parti aristocratique profitèrent de cette circonstance, pour demander que l'assemblée fût dissoute et soumise à une réélection; à l'appui de cette proposition, ils mirent en avant la souveraineté du peuple, si récemment proclamée par les chefs populaires comme la base de la constitution.

« Sans doute, dit Chapelain, la souveraineté réside

[1] Mig., 1. 107, 108 Th., 1. 240.

dans le peuple ; mais ce principe n'est pas applicable au cas actuel. La dissolution de l'assemblée, avant que la constitution soit achevée, en amènerait le renversement; les ennemis de la liberté ne la mettent en avant aujourd'hui que dans la vue de faire revivre le despotisme, les droits féodaux, la prodigalité de la cour et les innombrables maux qu'elle traîne à sa suite. » « Nous nous abusons, répondit l'abbé Maury, lorsque nous parlons de perpétuer notre pouvoir. Depuis quand sommes-nous devenus assemblée nationale ? le serment du 20 juin nous a-t-il déliés de ceux que nous avons faits à nos commettants? La constitution est achevée, vous n'avez maintenant qu'à déclarer que le roi préside le pouvoir exécutif; nous ne sommes envoyés que dans le but d'assurer l'influence du peuple sur la législature et d'empêcher qu'on n'impose les taxes sans son consentement. Maintenant que nous avons rempli nos devoirs, je repousserai de toutes mes forces tout décret qui empiètera sur les droits des électeurs. Les fondateurs de la liberté seront les derniers à envahir les droits des autres; nous minons notre propre autorité, quand nous empiétons sur les privilèges de ceux qui nous l'ont conférée. » De longs applaudissements suivirent ces énergiques paroles; mais Mirabeau monta aussitôt à la tribune : « On nous demande, dit-il, quand nos pouvoirs ont commencé; je réponds, du moment où, trouvant notre lieu de réunion entouré de baïonnettes nous avons juré de périr plutôt que d'abandonner nos devoirs envers la nation. Depuis ce grand évènement, nos pouvoirs ont subi un changement complet; tout ce que nous avons fait, a été sanctionné par le consentement unanime de la nation. » Vous vous rappelez tous ces paroles de l'ancien patriote, qui avait négligé les formes légales pour sauver sa patrie; sommé par une opposition factieuse de rendre compte de la violation de la loi, il répondit : Je jure que nous avons sauvé ma patrie. Messieurs, je jure que nous avons sauvé la France. » L'assemblée, électrisée par cet appel, se leva d'un mouvement spontané, et déclara qu'elle siègerait jusqu'à ce que l'établissement de la constitution fût achevé [1].

Dans l'ardeur d'innovation qui régnait, il était impossible de conserver long-temps les titres d'honneur. Lameth proposa ce simple décret : « Les titres de duc, de comte, de marquis, de vicomte, de baron et de chevalier sont supprimés. » La noblesse et le clergé firent de vains efforts pour empêcher le sacrifice; le vote fut emporté par une majorité accablante [2] (juin 1790). Ainsi tomba dans un seul jour, l'ancien et vénérable édifice de la noblesse féodale, institution née de la conquête et nourrie dans l'orgueil, mais qui avait eu d'importantes conséquences pour le corps social, et produit la grande

[1] Mign., 1. 109, 111. Th., 1. 218. *Mém. de Ferrières*, 1. 237
[2] Lacr., vii. 386, 387. Mig., 1. 114.

distinction entre la civilisation de l'Europe et celle de l'Asie. Les conquêtes de l'Orient ont rarement produit des institutions durables, parce qu'elles ont toujours dépendu d'une seule race de vainqueurs, et qu'elles n'ont laissé derrière elles ni honneurs, ni possessions héréditaires pour perpétuer l'édifice social. C'est pour cela que tout a été éphémère dans leurs dynasties; la gloire nationale, la prospérité publique, ont toujours été d'aussi courte durée que leurs fondateurs primitifs. En Europe, au contraire, l'établissement de dignités héréditaires et du droit d'aînesse, a perpétué l'influence des premiers chefs du peuple, et, en créant une classe dont les intérêts étaient permanents, a donné aux institutions un degré de durée inconnu dans tout autre âge ou dans toute autre partie du globe. Quoi qu'on dise de la vanité des titres et des mains indignes auxquelles ils échouent souvent, on ne saurait nier qu'ils n'aient imprimé à la civilisation européenne son caractère particulier; créé la noblesse qui a soutenu l'édifice politique à travers les époques orageuses de l'anarchie et de la barbarie, et posé la première base de la liberté, en formant une classe gouvernée par des intérêts durables, et capable, en tout temps, de résister aux tentatives du despotisme. Maintenant la diffusion des lumières et la division plus égale de la propriété ont-t-elles fait disparaître la nécessité d'une telle classe? Un système de liberté tempérée peut-il subsister sans un corps intermédiaire interposé entre le pouvoir de la couronne et l'ambition du peuple? ce sont là des questions que le temps seul peut résoudre, mais sur lesquels les chefs de la révolution n'avaient aucuns matériaux pour se former une opinion.

L'assemblée agit avec libéralité envers la couronne. Louis demanda 25,000,000 de francs, pour les dépenses de sa maison, qui lui furent sur-le-champ accordés; et la dotation de la reine fut fixée à 4,000,000 de francs (10 juin 1790). Un monarque qui fait des concessions, est toujours, pour un court espace de temps, bienvenu auprès d'une législature démocratique [1].

Vers la même époque, l'organisation judiciaire subit un changement total. Les parlements des provinces furent supprimés; l'œuvre de destruction était alors devenue si commune, que l'anéantissement de ces anciennes cours, contemporaines de la monarchie, excita à peine quelque attention. De nouveaux tribunaux furent créés dans tout le pays sur la base la plus démocratique; les juges furent nommés, non par la couronne, mais par les électeurs; c'est-à-dire par toutes les classes laborieuses. Le droit de grâce fut même enlevé au souverain. Le jugement par jury fut établi partout, et les jurés pris indistinctement dans toutes les classes de citoyens; des réformes très-salutaires furent introduites dans les cours criminelles; la publicité des

[1] Lacr., vii. 48. Th., i. 258.

débats, la liberté pour les accusés de choisir un conseil et d'employer tous les moyens possibles pour leur défense. Les peines barbares qui déshonoraient la monarchie furent abolies, et la peine de mort réservée à un petit nombre de crimes. Le jugement des crimes de haute trahison fut confié à une cour suprême siégeant à Orléans; mais il faut ajouter, à la gloire de l'assemblée nationale, que, durant tout le cours de son existence, on n'intenta pas un seul procès de ce genre. Un nouveau tribunal, appelé cour de cassation, fut établi à Paris pour réviser les jugements des tribunaux inférieurs; l'utilité de cette institution a été si bien reconnue, qu'elle a été conservée à travers tous les changements de gouvernement qui ont suivi [1].

Mais ces changements, tout grands qu'ils fussent, n'égalaient pas en importance la nouvelle organisation militaire qu'on établit à cette époque dans tout le royaume. C'est surtout aux établissements militaires qui naquirent dans la première ferveur du patriotisme, qu'il faut attribuer les progrès de la révolution, la défaite des armées envahissantes, la soumission des puissances européennes. L'armée de la France, sous l'ancien gouvernement, participait de l'esprit aristocratique de l'époque; les hauts grades étaient exclusivement réservés à la noblesse de cour, et les grades ordinaires même n'étaient accordés qu'à ceux que leur naissance ou

[1] Lacr., vii. 544, 546, Th , 1. 238.

leurs relations unissaient à la classe privilégiée des grands propriétaires. Il était facile de prévoir les conséquences d'un système aussi exclusif, à une époque de civilisation avancée. Les officiers inférieurs n'avaient aucun intérêt commun avec leurs supérieurs, et de même que le clergé des paroisses, toutes leurs sympathies étaient pour la cause du tiers-état. De là, la défection prompte et décisive de toute l'armée, du moment qu'elle fut mise en contact avec la révolution, et exposée à la contagion de l'enthousiasme populaire [1]. Des changements judicieux arrivés récemment dans le règlement de la garde royale avaient excité beaucoup de mécontentement même dans ce corps favorisé, et causé la révolte des gardes françaises, qui fut la cause immédiate de la chute du trône.

Les difficultés éprouvées par les militaires dans tous les conflits avec la populace étaient alors si grandes, qu'elles équivalaient dans le fait à une complète suspension de l'autorité royale. Les devoirs d'un officier municipal, ou du commandant d'une forteresse étaient plus effrayants que ceux qu'impose la présence de l'armée régulière la plus formidable. Dans plusieurs endroits, les troupes, saisies d'un même esprit de révolte que la nation, refusaient d'agir contre les insurgés, ou même se rangeaient ouvertement de leur côté. Une poignée de mutins, le moindre rassemblement suffisait pour

[1] Toul., t. 124, 126, 127.

faire trembler le gouverneur d'une citadelle; tout acte de vigueur, même pour sa propre défense, était considéré comme un crime capital, et les clameurs de la populace inspiraient plus d'alarmes que les foudres d'une artillerie ennemie. Mirabeau s'aperçut bien, mais quand déjà il était trop tard, des funestes conséquences que devait entraîner un tel état de choses, et il proposa d'y remédier par la proclamation de la loi martiale. Mais l'assemblée, craignant d'offenser la nation, n'osa pas adopter une mesure aussi rigoureuse [1].

[1] Dumont, 202. M. de la Tour du Pin, ministre de la guerre, dans un rapport qu'il fit à l'assemblée, le 4 juin 1790, exposa ainsi les désordres qui avaient lieu dans l'armée : « Sa Majesté m'a envoyé aujourd'hui pour vous informer des désordres multipliés dont elle reçoit chaque jour les plus affligeantes nouvelles. L'armée est menacée d'une anarchie profonde ; des régiments entiers ont osé violer à la fois le respect dû aux lois, à l'ordre établi par vos décrets et aux serments qu'ils ont prêtés avec la plus imposante solennité. Pendant que vous travaillez avec un zèle infatigable à fondre l'empire en un corps homogène et compacte, l'administration de l'armée ne présente que trouble et confusion. Les liens de la discipline sont relâchés ou brisés, les prétentions les plus inouïes avouées sans déguisement ; les ordonnances sans force, les chefs sans autorité ; les caisses et les drapeaux emportés ; l'autorité même du roi audacieusement bravée ; les officiers insultés, dégradés, menacés, chassés ou prisonniers au milieu de leurs corps, traînant une vie précaire dans le dégoût et l'humiliation. Pour mettre le comble à toutes ces horreurs, on a égorgé les commandants de places sous les yeux et presque entre les bras de leurs propres soldats.

» Ces maux sont grands, mais ils ne sont ni les seuls ni les plus terribles que produisent ces insurrections militaires ; tôt ou tard, elles menacent la nation elle-même. La nature des choses demande que l'armée n'agisse jamais que comme instrument ; du moment que, s'érigeant en corps délibérant, elle agit suivant ses propres résolutions, le gouvernement, quel qu'il soit, ne peut tarder à dégénérer en despotisme militaire, espèce de monstre qui a toujours fini par dévorer ceux qui l'ont engendré. »

Le roi, toutefois, loin d'écouter ce sage conseil, et toujours dominé par la crainte superstitieuse de faire couler le sang, envoya des circulaires à tous les régiments, avec injonction que les soldats se joignissent aux clubs et aux confédérations dans les différentes municipalités, et qu'ils se mêlassent à eux dans leurs fêtes et dans leurs divertissements. « Sa Majesté a

Peu de temps après la prise de la Bastille, on fit prêter aux soldats un nouveau serment, par lequel ils s'obligeaient à ne jamais porter les armes contre leurs concitoyens, si ce n'est sur la réquisition des autorités civiles. Cette circonstance, insignifiante en elle-même, devint importante par ses conséquences ultérieures, en accoutumant le militaire à reconnaître d'autres devoirs, et à défendre d'autres intérêts que ceux du souverain. Vers la même époque, on organisa les gardes nationales de tout le royaume, à l'instar de celle de Paris; les classes moyennes, partout attachées à la révolution, parce qu'elle promettait de faire disparaître les incapacités qui les contrariaient si fort, firent la force de ses bataillons; et en peu de mois, 300,000 hommes, enrôlés et disciplinés, se trouvèrent préparés à soutenir la cause populaire dans les provinces. L'influence de cet immense corps d'hommes armés, déjà grande par elle-même, fut encore augmentée par la constitution démocratique sur laquelle elle fut basée. Formé dans un moment de révolution, et pendant l'abaissement de l'autorité royale, aucun pouvoir supérieur ne lui donna une organisation régulière; les soldats élisaient leurs propres officiers, et apprenaient les principes de la discipline de maîtres de leur choix; et ceux-ci, nommés pendant une époque d'agitation extraordinaire,

pensé qu'il convenait que chaque régiment prît part à ces fêtes civiques pour multiplier les rapports et resserrer les liens entre les soldats et les citoyens. »

étaient naturellement les plus violents défenseurs du pouvoir du peuple; de là, la ferme adhésion à la cause populaire, que ce puissant corps montra pendant tout le cours de la révolution; de là, la facilité avec laquelle des armées régulières furent plus tard formées sur le même modèle démocratique, au premier signal d'un danger national [1].

La garde nationale de Paris, forte de trente mille hommes, sous le commandement de Lafayette, était susceptible de s'accroître du double, au premier roulement de tambour, tous dans le meilleur état de discipline et d'équipement. Mais, comme il arrive ordinairement, là où les officiers doivent leur grades aux simples particuliers, l'autorité du général cessait, quand ses ordres étaient contraires aux désirs de ses inférieurs [2]. Dans une circonstance il déposa le commandement, et se rendit à une soirée en habit de ville. Quoi donc, général! s'écrièrent les assistants, nous croyions que vous étiez commandant de la garde nationale. Oh! dit-il, j'étais fatigué d'obéir, et je suis rentré dans les rangs des simples citoyens [3].

Une force plus formidable, c'était une multitude d'artisans et de manufacturiers, armés de piques, et à qui l'on avait appris un certain degré de discipline militaire. Ces bandes tumultueuses, levées

[1] Toul., i. 88, 126, 127.
[2] Toul., i. 127.
[3] Je tiens cette anecdote de mon illustre ami, le professeur Dugald Stewart, qui était à cette soirée.

dans des moments d'alarmes, étaient toujours prêtes pour l'insurrection et impatientes de participer aux dépouilles des classes opulentes; n'ayant rien à perdre elles-mêmes, elles soutenaient toutes les mesures de cruauté et de spoliation. Le pire des meneurs populaires trouvait toujours en eux un appui certain, lorsque l'ardeur plus modérée de la garde nationale commençait à décroître; leur nombre à Paris seulement se montait à plus de cinquante mille, et leur puissance, toujours considérable, reçut un fatal accroissement, quand, peu de temps après la prise de la Bastille, on donna deux canons à chacune des quarante-huit sections. Cette artillerie était maniée par les plus habiles et les plus décidés d'entre la populace, les hommes des hautes classes évitant tout ce service à cause de la fatigue qu'il entraînait. Elle tomba donc dans les mains des membres les plus ardents des basses classes, et leur terrible énergie leur acquit bientôt une triste célébrité dans toutes les sanglantes tragédies de la révolution [1].

Le bouleversement que causa dans le pays la circulation du papier-monnaie, et l'irritation de ceux que sa dépréciation progressive réduisit à la mendicité, accrurent bientôt l'agitation de l'esprit public. Une fois que le gouvernement eut goûté le soulagement que le papier-monnaie ne manque jamais de produire d'abord, il ne put résister à la tentation

[1] Lacr., VII. 537.

de revenir à l'expédient ; et de nouvelles émissions d'assignats, hypothéqués sur les biens de l'église, apparurent à chaque crise ultérieure des finances (17 juin 1790)[1].

Malgré la voix prophétique de Talleyrand, on émit 800 millions de nouveaux assignats, à l'instigation de Mirabeau, qui voyait clairement quelle masse d'intérêts révolutionnaires il créait.

Ces assignats portèrent d'abord intérêt à raison de quatre pour cent ; mais bientôt on en discontinua le paiement, et cependant ils conservèrent durant quelque temps le pair avec le cours de l'argent. Mais peu à peu l'émission toujours croissante du papier produisit son effet ordinaire sur le crédit public. La valeur de l'argent baissa, tandis que celle de tout autre article monta en proportion. Enfin l'excessive émission de cette monnaie fictive répandit une terreur panique dans le public, et bientôt elle n'eut plus qu'une valeur nominale.

---

[1] M. de Talleyrand prédit clairement les fatales conséquences qui devaient résulter de cette continuelle émission d'assignats pour subvenir aux besoins du trésor. « Vous demandez, dit-il, pourquoi ce papier-monnaie est toujours au dessous du cours des valeurs métalliques ? c'est parce qu'il y aura toujours de la méfiance sur la proportion entre son montant et les domaines nationaux sur lesquels il est hypothéqué, parce que long-temps encore leur valeur sera incertaine, parce qu'il est difficile de concevoir quand deux mille millions, prix de ces domaines, seront éteints ; parce que si vous émettez l'argent au pair avec le papier, tous deux deviendront des objets de marchandises, et que plus une marchandise devient abondante, plus son prix baisse ; il doit nécessairement résulter de là une inextricable confusion ; l'achat de terres pour une valeur nominale, l'acquittement des dettes par un paiement illusoire, en un mot, un bouleversement complet de la propriété, par un système de spoliation si secret, que personne ne verra d'où est parti le coup qui l'a frappé. (Th., t. 383, 285, *Pièces justif.*)

Huit ou neuf pour cent fut tout ce qu'on put en obtenir au bout de quelques années, et dans beaucoup de cas on les acceptait à peine pour un quinzième de leur valeur légale. Un si prodigieux changement produisit une fluctuation extraordinaire dans la fortune des individus, et augmenta à un dégré incroyable le nombre de ceux qui furent ruinés par les troubles publics. Mais elle étendit en proportion ses ramifications dans tous les rangs de la société, grossissant le nombre des détenteurs de biens nationaux, et attachant par le lien puissant de l'intérêt, une classe nombreuse et influente à la cause de la révolution [1].

Le 14 juillet, anniversaire de la prise de la Bastille, approchait, et les patriotes résolurent de le célébrer par une fête digne de la naissance de la liberté dans le plus grand des états européens. On décida qu'une confédération de tout le royaume aurait lieu au Champ-de-Mars, et que le roi, les députés des quatre-vingt-quatre départements, l'assemblée et la garde nationale, y prêteraient serment à la constitution. On fit tout pour rendre la cérémonie imposante; pendant plusieurs semaines, presque toute la population laborieuse de Paris fut occupée à construire des gradins en forme d'amphithéâtre pour les innombrables spectateurs qu'on attendait, pendant que la municipalité, la garde nationale et les députés des départements rivalisaient

---

[1] Th., t. 204. Mig., t. 108. Toul., t. 208 Lacr., viii. 86.

d'efforts pour se préparer à paraître sur la scène avec la plus grande magnificence. La présence du monarque, de l'Assemblée nationale, de cent mille hommes armés et de plus de quatre cent mille spectateurs devait, supposait-on à juste titre, frapper l'imagination même d'un peuple moins passionnément dévoué à l'effet théâtral que les Français [1].

Le 14 juillet, dès le matin, tout Paris fut en mouvement. Quatre cent mille personnes se rendirent à pas joyeux au Champ-de-Mars, et s'assirent, au milieu des chants d'allégresse, sur les gradins qui entouraient la plaine. A sept heures, on vit s'avancer le cortège; les électeurs, les représentants de la municipalité, les présidents des districts, la garde nationale, les députés de l'armée et des départements, partirent en ordre, au son de la musique militaire, de la place de la Bastille avec des drapeaux déployés, portant des inscriptions patriotiques, et revêtus de costumes aussi riches que variés. Ce brillant cortège traversa la Seine sur un pont de bateaux en face de l'École-Militaire et entra dans l'amphithéâtre sous un arc-de-triomphe; il fut reçu par le roi et l'Assemblée nationale au pied d'un grand autel élevé, à la manière des anciens, au milieu de la plaine. Talleyrand, évêque d'Autun, et quatre cents prêtres, revêtus de robes tricolores, célébrèrent la grand'messe en présence de la multitude assemblée; après quoi, Lafayette, en sa qualité de

[1] Th., t 246. Mig., t. 114, 115. Lacr., vii. 569.

commandant en chef des gardes nationales de France, monta sur un superbe cheval blanc, s'avança, et prêta serment dans les termes suivants : « Nous jurons d'être fidèles à la nation, à la loi et au roi; de défendre de tout notre pouvoir la constitution décrétée par l'assemblée nationale et acceptée par le roi, et de rester unis à tous les Français par les indissolubles liens de la fraternité. » Immédiatement après, le président de l'assemblée nationale et le roi prêtèrent serment, et la reine, élevant le dauphin dans ses bras, promit, en son nom, d'adhérer aux mêmes sentiments. Des décharges d'artillerie, le roulement des tambours, les cris de la multitude et le cliquetis des armes firent retentir les airs, à cet évènement d'heureux augure, qui semblait réunir le monarque et ses sujets par les liens de l'affection. Le soir, tout Paris fut illuminé et livré aux fêtes, aux réjouissances, et le roi, dans une calèche couverte, put jouir du spectacle de l'allégresse générale. Un bal eut lieu sur l'emplacement de la Bastille; au-dessus de la porte, on lisait cette inscription : « Ici on danse. » « On dansa en effet, dit un écrivain contemporain, avec joie et sécurité sur cette même place où tant de larmes avaient été versées auparavant, où le courage, le génie et l'innocence avaient si souvent gémi, où si souvent furent étouffés les cris du désespoir [1]. »

[1] *Mémoires de Ferr.* t. 18, 25. Mig., I. 117. Lacr., VII. 307. Th., I. 246, 249.

Ces fêtes interrompirent, pour un bien court espace de temps, l'animosité des partis les uns contre les autres. Le duc d'Orléans, qui était récemment de retour de son exil à Londres, fut accusé, avec Mirabeau, d'avoir conspiré pour exciter la révolte du 5 octobre. Jamais accusation ne fut plus intempestive et plus malheureuse. Dans ce moment même, Mirabeau, dégoûté des actes révolutionnaires de l'assemblée, prêtait secrètement l'appui de son immense talent à la cause du trône, parti auquel il se sentait poussé depuis le commencement de l'année ; depuis long-temps, il prévoyait la ruine imminente de l'état, et il avait résolu de faire tout son possible pour arrêter le torrent de ces passions qu'il avait tant contribué à exciter. L'abbé Maury, qui porta l'accusation, fut obligé d'avouer qu'il ne pouvait produire aucune preuve d'acte criminel contre cet homme illustre, et le fait même de cette accusation lui rendit toute sa popularité, qui commençait à décheoir ; jamais il ne gouverna l'assemblée avec un pouvoir plus absolu que quand il monta à la tribune pour exposer sa défense. L'assemblée anéantit l'accusation et contre Mirabeau, et contre le duc d'Orléans ; mais ce dernier ne regagna jamais sa réputation, et, à dater de cette époque, son influence sur la révolution fut perdue [1].

Peu de temps après, M. Necker se retira du ministère ; il donna le mauvais état de sa santé pour

[1] Lacr., vii. 83, 84. Mig., i. 118. Th., i. 187, 230, 232.

motif d'une démarche qui lui fut réellement inspirée par la conscience qu'il avait de la perte de sa popularité et de son influence. Les paroles qu'il avait prononcées le jour de son entrée triomphale à Paris s'étaient réalisées; ce jour même avait été le premier de son déclin; il avait vécu pour voir la folie de son idée favorite, que la raison, aidée du sentiment, doit toujours finir par maîtriser les plus violents corps populaires. Sa démission, exposée dans un touchant et éloquent langage, fut reçue, dans l'assemblée, sans regret, et il partit pour la Suisse, sans suite et comme un fugitif, par cette même route qu'il avait naguère parcourue en triomphe. Il fut arrêté à Arcis-sur-Aube et n'échappa que par hasard au destin dont il avait si généreusement sauvé son ennemi, M. de Besenval; la permission de continuer son voyage lui fut froidement accordée par la législature, qui lui devait son existence et sa constitution démocratique [1] : mémorable exemple de l'instabilité de la faveur populaire, mais tel qu'en donnent toujours les révolutions. Leurs premiers moteurs sont constamment négligés, oubliés, sinon persécutés, dès que d'autres chefs plus audacieux leur ont succédé; elles vont toujours en avant; toutes les classes visent à la suprématie; nul de ceux qu'elles ont élevés ne peut long-temps conserver son ascendant, parce qu'en restant à la tête des affai-

---

[1] Mig., i. 118. Lacr., vii. 65. Th., i. 287, 288.

res il fait obstacle à l'élévation de nouveaux ambitieux.

La retraite de Necker produisit un changement total dans le ministère. Duport-du-Tertre, Duportail, Fleuriau, Lambert et de Lessart, furent nommés à divers postes du gouvernement. (5 septembre.) Deux d'entre eux étaient destinés à périr sur l'échafaud; un autre par l'épée d'assassins révolutionnaires. Le temps approchait rapidement où l'occupation d'un poste éminent devint un passeport sûr pour une mort violente [1]. La situation de l'armée devint bientôt telle, qu'elle réclama l'attention immédiate de l'assemblée. Le code militaire récemment voté était éminemment favorable aux officiers inférieurs; les anciennes distinctions et les privilèges de rang étaient abolis, et l'ancienneté était le seul titre à l'avancement. Autant ce changement était agréable aux simples soldats, autant il était odieux à leurs supérieurs, qui voyaient leur carrière obstruée par une multitude de compétiteurs des rangs inférieurs, dont auparavant ils n'avaient rien à craindre. Il en résulta une jalousie générale entre les soldats et les officiers; là où les premiers l'emportaient, on formait des clubs de jacobins, à l'imitation de ceux de la capitale, et la discipline, les règlements et le costume étaient soumis aux discussions de ces législateurs improvisés; là où la prépondérance restait aux derniers,

[1] Lacr., vu. 92. Th., i. 289

le mécontentement contre le gouvernement établi était général. Nulle part l'anarchie n'avait été aussi loin que dans la garnison de Nancy. Elle se composait de trois régiments, dont un suisse et les deux autres français; le nombre des officiers dans ces régiments était beaucoup plus grand que dans les autres corps, et tous appartenaient à la classe la plus hostile à la révolution. Après une longue série de disputes entre eux et les soldats, ceux-ci se révoltèrent ouvertement, et mirent leurs officiers aux arrêts dans leurs casernes. L'assemblée, sentant l'extrême danger des insurrections militaires dans l'état de fermentation où se trouvait le pays, prit les mesures les plus énergiques pour étouffer la révolte. Mirabeau employa sa voix puissante en faveur de l'ordre; et Bouillé, commandant de Metz, reçut ordre de marcher contre les insurgés avec les forces militaires dont il pouvait disposer. Tant de troupes régulières que de gardes nationales, il rassembla trois mille hommes, avec lesquels il soumit les mutins, après une vive rencontre. Ce succès prompt et décisif calma les frayeurs de l'assemblée nationale, que cette révolte avait jetée dans les plus vives alarmes; mais elle excita de nouvelles craintes et de nouvelles jalousies à Paris, par le surcroît d'influence qu'elle donna à un général déjà redouté [1].

Lié à la classe aristocratique par la naissance, et

[1] Toul., 1. 237, 239, 242 Mig., 1. 119, 120. Th., 1. 234, 235.

attaché au trône par principe et affection, M. de Bouillé n'était cependant pas ennemi de ces réformes modérées dont tous les hommes intelligents reconnaissaient la nécessité. Il était ennemi de la révolution, non pas telle qu'elle était dans le principe, mais telle qu'elle était devenue. Ferme, intrépide, et plein de sagacité, il était plus propre qu'aucun autre à arrêter le torrent, mais les temps étaient tels, que l'énergie même de Napoléon n'aurait pu comprimer sa furie. Dans toute l'étendue de son commandement, il maintint intacte l'autorité royale; en isolant ses soldats des citoyens, il les préserva de la contagion des principes révolutionnaires, en même temps qu'il conservait leur affection par l'ascendant naturel d'un grand caractère. Pendant long-temps il refusa de prêter le nouveau serment militaire d'être fidèle à la nation, à la loi et au roi; enfin cédant aux prières de Louis XVI, il consentit, dans l'espoir d'empêcher la dernière partie de l'obligation d'être tout-à-fait oubliée dans la première [1].

Peu de temps après, l'assemblée décréta que le même serment serait demandé aux ecclésiastiques. Ce décret rendit irrévocable la rupture entre l'église et la révolution. Un grand nombre d'ecclésiastiques de tout rang refusèrent ce serment, qui les obligeait d'être fidèles à la nation, à la loi et au roi, et de soutenir de tout leur pouvoir la constitution

[1] Toul., I. 110

décrétée par l'assemblée nationale et acceptée par le peuple; il était déraisonnable de supposer que les ecclésiastiques de France seraient sincèrement attachés à une législature qui les avait dépouillés de toute leur fortune, et injuste de les tenir pour contumaces, parce qu'ils refusaient de jurer fidélité à ses décrets. Néanmoins l'assemblée, irritée par leur opposition, décida que tout ecclésiastique qui refuserait le serment, serait sur-le-champ privé de son bénéfice. Huit jours seulement étaient accordés aux résidents, et deux mois aux absents, pour faire connaître leur adhésion [1]. Un grand nombre d'évêques et de curés, membres de l'assemblée, refusèrent, et leur exemple fut suivi par la grande majorité du clergé de province, mémorable exemple d'une consciencieuse fermeté à remplir ses devoirs, qui aurait dû faire comprendre à l'assemblée combien il était impolitique de persécuter davantage cette classe importante. Mais tel était l'esprit du temps, que l'on attribua partout leur refus aux motifs les plus factieux, et qu'on le punit sur-le-champ par la confiscation de leurs revenus. Ainsi dépouillé, et réduit tout-à-coup à un dénuement complet, le clergé remplit le royaume de ses plaintes, et excita, dans les districts où il conservait encore son influence, la plus vive commisération sur son sort. Le peuple voyait avec indignation les nouveaux prêtres occuper les places vacantes

[1] Toul., I. 288. Mig., I. 121. Th., I. 260.

et remplir, avec des mains non consacrées, les fonctions les plus augustes de la religion. Les pasteurs dépouillés restaient dans leurs diocèses ou leurs paroisses, vivant de la charité de leur troupeau, et dénonçant comme impies les prescriptions et les actes des ministres intrus (4 janvier 1791). Irritée de leur conduite, l'assemblée fixa enfin un jour où tout le clergé de France devait avoir adhéré, après quoi le décret de confiscation fut rigoureusement et universellement exécuté. Mirabeau éleva en vain la voix contre cette résolution tyrannique; les principes de la justice, les sentiments d'humanité furent étouffés par les clameurs de la populace [1].

C'est à ces mesures qu'on peut faire remonter la violente animosité du clergé contre la révolution, et c'est à cette cause qu'on peut attribuer l'esprit irréligieux qui depuis a caractérisé sa marche d'une manière si remarquable; le clergé ayant été le premier qui ressentit la violence de la spoliation populaire, fut aussi le premier à s'élever contre elle, et à pousser une portion de la nation à la résistance; voilà pourquoi les parties contendantes mêlèrent depuis la rancune religieuse aux dissensions civiles. Dans les villes, dans les départements, le peuple était partagé entre le clergé réfractaire et le clergé révolutionnaire; les fidèles croyaient que les offices ne pouvaient être bien accomplis par les ministres destitués; les démocrates regardaient les

---

[1] Toul., 1. 259. 261. Mig., 1. 122.

ecclésiastiques non assermentés, comme des fanatiques, également inaccessibles à la raison, et dangereux pour la société. Le clergé qui refusa le serment, composait la partie la plus respectable de ce corps, comme on pouvait l'attendre d'hommes qui sacrifiaient le rang et la fortune, pour obéir à la voix de leur conscience. Ceux qui le prêtèrent, étaient en partie des démagogues, dont les principes fléchirent facilement devant l'intérêt de leur ambition. Les premiers exerçaient de l'influence sur une grande portion de la communauté, particulièrement dans les districts ruraux; les autres avaient pour eux la partie la plus influente de la population des villes, les jeunes gens, les ambitieux. La révolution sépara de cette façon le royaume en deux parties, qui n'ont jamais cessé d'être fortement animés l'un contre l'autre; l'un qui tenait aux observances religieuses de ses pères, l'autre qui les combattait. Ce dernier sortit vainqueur de la lutte, et il en résulta que l'irréligion devint le sentiment dominant de la France nouvelle [1].

Cette mesure inique fut promptement suivie d'une autre, également séduisante en apparence, et qui finit par avoir des conséquences aussi funestes à la liberté publique, l'abolition du droit d'aînesse, et l'établissement du droit d'égal partage dans les successions, pour les lignes ascendantes, descendantes, ou collatérales, sans égard à la distinction

[1] Toul., I. 262. Mig., I. 122.

des sexes (18 mars 1794). Ce prodigieux changement, qui portait la hache à la racine de l'aristocratie, et même de toute la classe des grands propriétaires fonciers, en prescrivant à leur décès le partage de leurs domaines entre tous leurs descendants, à un égal degré, était dans ce moment si conforme à l'esprit niveleur de l'époque, qu'il rencontra peu d'opposition, et il fut si agréable au parti révolutionnaire dans tout le royaume, qu'il survécut à tous les autres changements, et qu'il est encore la loi commune des successions en France. Napoléon fut forcé d'admettre cette loi, avec une légère modification, dans le code qui porte son nom (1802); et quoiqu'il reconnût parfaitement sa dangereuse tendance à éteindre l'aristocratie, le seul appui permanent du trône, ou de la cause de l'ordre, il ne se sentit pas assez fort pour la révoquer. D'autres changements introduits par la révolution française ont produit des conséquences plus immédiatement désastreuses, aucun n'a été en définitive aussi fatal à la cause de la liberté. Il prépara l'extinction lente, mais certaine, de ce trait caractéristique de la civilisation européenne; un corps de propriétaires fonciers et indépendants brisa la barrière, qui seule, comme l'expérience l'avait montré, pouvait résister à l'ambition des communes, ou à la tyrannie de la couronne, et ne laissa à la nation d'autres éléments que les bourgeois des villes, et les pauvres et inoffensifs paysans des campagnes, pour résister aux empiétements de l'administration centrale établie dans la capitale, et que l'aveugle ambition du parti populaire arma de presque tous les pouvoirs de l'état [1].

Vers la même époque, les clubs de Paris commencèrent à prendre un caractère formidable, et, par l'influence qu'ils exercèrent plus tard, ils méritent une notice particulière. Dans le principe, ils se composaient simplement d'associations volontaires d'individus qui se réunissaient pour discuter les affaires publiques; mais par le nombre et le talent de leurs membres, ils acquirent bientôt une grande importance. Le plus puissant de tous, était le fameux *club des Jacobins*, d'abord simple réunion des députés de Bretagne, qui s'assemblaient pour discuter des questions philosophiques, mais qui, après la translation de l'assemblée nationale à Paris, étendit ses ramifications dans les provinces, et, en admettant indistinctement tous les citoyens, devint le grand foyer révolutionnaire. Pour contre-balancer son influence, le parti modéré établit un nouveau club, appelé le *club de 1789*, à la tête duquel était Sièyes, Chapelier, Lafayette et Larochefoucault. Celui-ci l'emporta d'abord dans l'assemblée; l'autre fut le club favori du peuple [2]. Mais comme la tendance de toutes les convulsions est de se jeter dans les extrêmes, par suite des efforts constants des classes inférieures

[1] Ann. Reg. xxxiii. 180.
[2] Mign., I. 123.

pour déposséder les supérieures, le club modéré tomba bientôt dans l'obscurité, tandis que les Jacobins grandirent en nombre et en énergie, jusqu'à ce qu'enfin ils renversèrent le gouvernement, et produisirent les despotes sanguinaires qui établirent le règne de la terreur.

Les royalistes tentèrent en vain d'établir des clubs qu'ils pussent opposer comme contrepoids à ces assemblées. Leur influence était trop insignifiante, leur nombre trop petit pour entretenir la flamme. Leurs chefs étaient partis pour l'exil; ceux qui restaient, étaient sous le poids de cet abattement qu'inspire la perspective d'une cause perdue. Un club intitulé le *Monarchique*, obtint quelques succès à sa première ouverture; mais le nombre de ses membres diminua peu à peu, et il fut enfin fermé par l'autorité municipale, pour mettre fin aux rassemblements séditieux qu'il occasionnait parmi le peuple [1].

L'émigration toujours croissante de la noblesse augmentait la méfiance et les soupçons du peuple. Le départ des princesses Adélaïde et Victoire, tantes du roi, firent courir le bruit que toute la famille royale allait partir, et l'anxiété publique devint telle, que la foule empêcha par force, le roi de se rendre à Saint-Cloud, comme il en avait l'intention. Lafayette qui voulait prouver que le monarque jouissait de sa liberté personnelle, s'efforça en vain

[1] Mign., I. 125.

d'engager ses gardes à le laisser partir. Dégoûté de ce peu d'influence auprès des troupes, il donna sa démission de commandant de la garde nationale, et il ne fallut rien moins que les instantes prières de tous les régiments de Paris pour le décider à le reprendre. L'assemblée alarmée de la possibilité de la fuite du roi, rendit un décret, portant que sa personne était inviolable; que le régent constitutionnel serait le plus proche héritier mâle de la couronne, et que la fuite du roi équivaudrait à son abdication ! (18 avril 1791.)

Cependant l'émigration continuait toujours avec le même empressement. Les chefs des nobles familles de France se rendirent à Coblentz, où un vaste corps d'émigrés était rassemblé; ils ne cachaient nullement leur destination, et plusieurs jeunes nobles, en quittant l'Opéra, ordonnaient à leurs cochers de se diriger vers cette ville. Ce fut bientôt une fièvre si générale, que les routes qui conduisaient au Rhin étaient encombrées d'élégants équipages qui emmenaient le reste de la noblesse; ils ne vendaient pas leurs domaines, comme à l'époque des croisades, mais ils les abandonnaient au premier occupant, espérant les reconquérir bientôt par l'épée. Vain espoir! L'assemblée confisqua leurs propriétés, les armées républicaines écrasèrent leurs bataillons, et la noblesse perdit pour toujours ses beaux domaines. Vaine, frivole et suffisante, l'aristocra-

[1] Mign., t. 124, 125.

tie de Coblentz ne perdit rien de son caractère quand elle quitta sa patrie; ses vices étaient au moins aussi éclatants, en exil, que ses malheurs, et déclinant le seul secours qui pouvait rétablir sa fortune, elle refusa toutes les offres d'assistance que lui adressaient les classes moyennes. Le prince de Condé campait sur le Haut-Rhin, à la tête d'une troupe pleine de bravoure, étrangère aux intrigues qui avaient lieu sur d'autres points, mais déterminée à reconquérir ses droits l'épée à la main [1].

Cette défection générale, qui fut encore amplifiée dans les journaux révolutionnaires, produisit

---

[1] La meilleure défense qu'on ait jamais faite des émigrés, est celle qu'on trouve dans les mémoires de Chateaubriand : « Un digne étranger, dit-il, assis tranquillement au coin de son feu, sûr de se lever le matin aussi bien portant qu'il s'est couché le soir, plein de sécurité dans la possession de sa fortune, n'aura pas de peine à prouver que les émigrés français avaient tort, et qu'en aucun cas un bon citoyen ne doit abandonner son pays, etc. Voy. *Mémoires*, Fragments, p. 78.

Tout en appréciant l'éloquence caustique de ces remarques, l'historien anglais n'en saurait reconnaître la justesse. L'exemple de la noblesse de son pays, aux jours funestes qui suivirent l'adoption du bill de reforme, lui en fournit la réfutation frappante. Les flammes de Bristol et de Nottingham prouvèrent que le danger avait atteint leurs demeures aussi bien que celles de la noblesse française, et s'ils avaient quitté leur pays et s'étaient ligués avec l'étranger, il n'est guère douteux, que les mêmes excès auraient bouleversé tout le royaume d'Angleterre. Ils ne l'ont pas fait ; ils sont restés chez eux, bravant tous les dangers, supportant toutes les insultes ; et qui pourrait dire combien la vue de ce courage moral contribua à paralyser les maux qui menaçaient alors si évidemment le pays? Les massacres en France ne commencèrent qu'après le 10 août 1792, et cependant toute la noblesse avait émigré et s'était réunie à Coblentz en troupes menaçantes avant la fin de 1792. Avant cela il y avait bien eu sans doute de nombreux désordres dans la campagne; mais ces excès avaient été de courtes durée, et les deux dernières années de l'assemblée constituante avaient été comparativement calmes et tranquilles. L'émigration était excusable dans l'automne de 1789 ; elle ne pouvait plus l'être dans l'automne de 1791 ; et si les partis montrèrent ensuite une si terrible exaspération, il faut l'attribuer en grande partie à cette coupable désertion des devoirs patriotiques, et à la malheureuse réunion de la noblesse avec les armées étrangères pour envahir son pays.

une si grande impression que les deux princesses furent arrêtées sur la route de la Suisse et que l'assemblée eut beaucoup de peine à leur permettre de continuer; Mirabeau, qui inclinait en secret pour le parti royal, éleva la voix pour faire accorder cette permission. « Une loi impérieuse, s'écrièrent les Jacobins, défend leur départ. » — « Quelle loi? demanda Mirabeau. » — « Le salut du peuple! répondit Lameth. » — « Le salut du peuple! reprit Mirabeau, comme si deux princesses avancées en âge, tourmentées par les frayeurs de leur conscience, pouvaient le compromettre par leur absence ou leur opposition! Le salut du peuple! je croyais qu'on n'invoquerait ces mots que pour des dangers sérieux ; si vous agissez en tyrans au nom de la liberté, qui voudra croire désormais à vos promesses ? » — « L'Europe apprendra avec étonnement, dit le baron de Menou, que l'assemblée s'est occupée, pendant deux heures, du voyage de deux dames âgées qui aiment mieux entendre la messe à Rome qu'à Paris. » Le ridicule de l'affaire l'emporta enfin sur les craintes des démocrates, et les deux princesses purent continuer leur voyage sans autre interruption [1].

Ces débats n'étaient que le prélude de la grande discussion de la loi contre les émigrés, qui occupa bientôt l'attention, non-seulement de l'assemblée, mais de tous les clubs de France ; le projet

[1] Lacr., VIII. 122. Th., I. 272.

de loi, présenté par Chapelier avec le désir secret d'en empêcher l'adoption, était empreint d'une sévérité non déguisée; il autorisait un comité de trois membres à prononcer contre les émigrés obstinés la peine du bannissement et de la confiscation. Une horreur générale s'empara de l'assemblée à la lecture de cette proposition, et Mirabeau, profitant habilement de cette première impression, parvint à en empêcher l'adoption ; jamais son éloquence ne fut plus puissante, jamais il ne déploya son influence avec plus d'effet que dans cette occasion, la dernière où il s'adressa à ce corps. « La sensation qu'a excitée ce projet, dit-il, prouve qu'il est digne d'avoir place dans le code de Dracon, et qu'il ne doit jamais être admis parmi les décrets de l'assemblée nationale de France. Il est grand temps que vous ouvriez les yeux; si vous ou vos successeurs cédez aux conseils violents dont vous êtes assiégés, la loi que vous méprisez maintenant sera regardée comme un acte de clémence. A chaque page de votre sanguinaire code on trouvera la peine de mort; vos bouches ne cesseront jamais de prononcer ce mot terrible; vos décrets, en répandant la terreur dans le royaume, chasseront sur les rives étrangères tous ceux qui donnent du lustre au nom de France, et vos exécrables proscriptions ne trouveront des sujets d'exécution que parmi les pauvres, les vieillards et les malheureux. Pour moi, loin de souscrire à ces mesures atroces, je me croirais délié de tout serment de fidélité envers ceux qui pousseraient l'infamie jusqu'à nommer une pareille commission dictatoriale. Vos murmures ne m'épouvantent pas; vous plaire est mon bonheur, mais vous avertir est mon devoir; la popularité que je désire n'est pas un faible roseau agité par le souffle de la faveur du moment, c'est un chêne dont les racines sont enfoncées dans le sol, c'est-à-dire fixées sur la base immuable de la justice et de la liberté. Je comprends la contrariété de ceux qui, maintenant si ardents ou plutôt si perfides dans leur amour de la liberté, sont embarrassés de dire quand elle naquit dans leur sein. » Ces dernières paroles excitèrent un violent murmure. « Silence aux trente ! » dit Mirabeau d'une voix de tonnerre, et à l'instant le silence se rétablit dans la salle [1].

Tant ce grand homme prévoyait bien le résultat des violents conseils et des passions envieuses qui commençaient alors à troubler la carrière de la révolution; il voyait clairement que sa popularité périclitait, non point parce que son éloquence était moins puissante, ses arguments moins pressants, son énergie moins imposante que quand il dominait en maître l'assemblée, mais parce qu'il n'était plus à la tête du mouvement populaire, et qu'il voulait dompter les passions qu'il avait soulevées. Déjà on avait entendu crier dans les rues : « *Grande trahison*

---

[1] Lacr., viii. 122, 126. Mign., i. 125. Th, i. 277, 279.

du comte de Mirabeau! » et la populace suivait la carrière de chefs moins habiles, mais plus fanatiques. Dégoûté par l'inconstance de la multitude et prévoyant les sanguinaires excès auxquels elle ne devait pas tarder à se livrer, il faisait depuis longtemps des avances au parti constitutionnel et était entré en correspondance avec le roi, dans le but de modérer les progrès ultérieurs de la révolution; il reçut pendant quelque temps une pension de 20,000 francs par mois, d'abord du comte d'Artois, et ensuite du roi; mais elle ne fut pas continuée jusqu'à sa mort, parce qu'il ne se montra pas aussi souple que la cour s'y était attendu. Son genre de vie changea tout-à-coup; des fêtes magnifiques se succédaient chaque jour avec une profusion effrayante, et sa maison ressemblait plutôt à l'hôtel d'un puissant ministre qu'à celui du chef d'une farouche démocratie [1]. Toutefois, la pure vénalité n'était pas le motif de ce grand changement; il s'allia à la cour, en partie parce qu'il voyait que c'était le seul moyen d'arrêter les progrès de la révolution; il accepta ces pensions parce qu'il se regardait comme son ministre chargé de gouverner l'assemblée, et il aurait rejeté avec dédain toute proposition d'entreprendre une chose indigne de son caractère. Son dessein était d'appuyer le trône et de consolider la constitution en mettant un arrêt aux em-

[1] Dumont, 229, 230. Lacr., VIII. 128. Mig., I. 126.

piétements du peuple. Dans ce but, il proposa de restaurer, en réalité et non pas de nom seulement, l'autorité royale, et de dissoudre l'assemblée; d'en convoquer une nouvelle, de rétablir la noblesse et de fonder une constitution aussi rapprochée que possible de la constitution anglaise [1]; sage et généreux projet conçu à différentes époques par les meilleurs amis de la liberté en France, mais qu'aucun ne fut capable d'accomplir, par suite de l'émigration du grand et puissant corps qui aurait dû l'appuyer.

Le plan de Mirabeau était d'aider le roi à fuir de Paris à Compiègne ou à Fontainebleau, afin qu'il se mît sous la protection de l'habile et intrépide marquis de Bouillé; qu'il assemblât une armée royale, appelât à son aide tous les amis de l'ordre, et employât ouvertement la force pour arrêter le torrent. Il garantit l'appui immédiat de trente départements, et l'adhésion ultérieure de trente-six autres. Il se flattait de pouvoir agir comme médiateur entre les parties contendantes, et de rendre à la monarchie la considération qu'elle avait perdue, en lui donnant pour base la liberté constitutionnelle. « Je ne veux pas, dit-il, dans une lettre au roi, être toujours occupé au grand œuvre de la destruction; » et son but était réellement alors, de réparer la brèche qu'il avait faite lui-même dans le système social; il était fortement pénétré de l'idée, probable-

[1] Dumont, 283, 312, 313. Bouille, 1 247.

ment bien fondée, que si l'on pouvait une fois décider le roi à se mettre à la tête du parti constitutionnel, et à résister à tous progrès ultérieurs de la démocratie, la patrie pouvait encore être sauvée.

« Vous ne savez pas, dit-il, à quel degré la France est encore attachée au roi, et combien les idées sont encore monarchiques. Du moment que le roi aura recouvré sa liberté, l'assemblée sera réduite à rien : c'est un colosse qui se maintient à l'aide de son nom; sans lui ce ne serait plus qu'une montagne de sable. Il y aura quelques mouvements au Palais-Royal, et ce sera tout. Si Lafayette voulait essayer de jouer le rôle de Washington, à la tête de la garde nationale, il rencontrerait une mort prompte et méritée. » Il comptait sur l'influence du clergé, qui était alors ouvertement hostile à la révolution, et entraînait avec lui la population des campagnes, et sur l'énergie et l'intrépidité de la reine, pour contrebalancer toutes les conséquences de l'incertitude du roi. Mais au milieu de ces magnifiques projets, il fut arrêté par la mort. Une constitution naturellement robuste, succomba sous les fatigues de l'ambition, de l'agitation et d'excès de tout genre.

Sa mort, quoique celle d'un sceptique, eut quelque chose de sublime; il ne se trompa point sur sa position, mais loin d'en être effrayé, il se glorifiait du nom qu'il laisserait derrière lui. Entendant le ca-

[1] Lacr., viii 127, 128. Stael, i. 405, 406. Th.,i. 280 Dum., 207, 210, 211, 287.

non célébrer quelque évènement public, il s'écria: « J'entends déjà les funérailles d'Achille; après ma mort les factions se partageront les lambeaux de la monarchie. » A la fin de sa maladie ses souffrances devinrent violentes; dans un moment où il avait perdu la parole, il écrivit sur un morceau de papier les paroles d'Hamlet : *To die is to sleep*, mourir c'est dormir. » Quand un malade est sans espoir, et qu'il a pour médecin son meilleur ami, celui-ci est un barbare, s'il lui refuse un peu d'opium pour le tirer des angoisses de la mort. Quelques heures avant sa mort, un commencement de résignation soulagea ses douleurs : « Éloignez du lit tout ce triste appareil; au lieu de ces inutiles précautions, environnez-moi des parfums et des fleurs du printemps; arrangez avec soin ma chevelure; laissez-moi m'endormir au son d'une harmonieuse musique. » Convaincu que son état ne laissait plus d'espoir, il conjura ses amis de lui donner du *laudanum* pour mettre fin à son existence. Ses pieds étaient déjà froids; mais sa figure conservait encore son animation, ses yeux leur éclat accoutumé, comme si la mort avait voulu épargner jusqu'au dernier moment le siège de tant de génie. Feignant de céder à ses désirs, ils lui donnèrent une coupe, contenant, lui assurèrent-ils, du *laudanum*; Il le but tranquillement; retomba sur son oreiller et expira (20 avril 1791)[1].

[1] Th., 1. 261, 262. De Staël 1. 408. Lacr., VIII. 155.

Telle fut la fin de Mirabeau, le premier grand caractère qui s'éleva parmi les troubles de la révolution. Il était âgé de plus de quarante ans, quand il entra dans la vie publique; mais sa réputation était déjà grande à l'ouverture des états-généraux, et on le regardait comme le tribun qui devait soutenir la cause du peuple contre la violence de la révolution. Doué de talents brillants, mais dévoré d'une insatiable ambition; possédant un esprit vif et pénétrant, mais en proie à des passions désordonnées; habile à découvrir la vérité, mais indifférent sur les moyens de parvenir; sans grandes connaissances tirées de l'étude, mais avec un talent sans égal pour tirer le meilleur parti possible de celles qu'il possédait, il offre un mémorable exemple de l'impuissance de la simple raison pour suppléer au défaut de moral, ou de sentiment religieux. Il était trop impétueux pour se rendre maître d'aucun sujet, n'étudiait rien à fond, et devait presque tous les écrits qui ont fait sa réputation, et tous les discours qu'il prononça à la tribune, à Dumont, à Duroverai, qui l'aidaient dans ses travaux herculéens. Son plus grand talent consistait dans une forte et ardente imagination, une élocution nerveuse et une promptitude sans pareille à saisir à l'instant l'esprit de l'assemblée à laquelle il parlait, et une merveilleuse faculté d'appliquer toutes les forces de son esprit sur le point d'où partait la résistance. Quelle que fût son influence dans l'assemblée, elle n'était pas ce qu'elle aurait pu devenir, sans les inconséquences et les irrégularité de sa vie; et l'opinion générale qu'on avait de son manque de principes, fit attribuer à la vénalité, plutôt qu'à des motifs patriotiques, l'appui qu'il donna à la cour vers la fin de sa carrière. Ses passions désordonnées l'emportèrent à la fleur de l'âge, quand son talent avait acquis toute sa vigueur, qu'il était au zénith de sa puissance, et sur le point d'entreprendre la tâche glorieuse de guérir les plaies de la révolution. Necker dit de lui, qu'il était aristocrate par inclination, tribun par calcul; et tel était en effet son caractère. Son premier but était d'acquérir de la célébrité; il épousa d'abord la cause populaire, parce qu'elle lui offrait le plus de chance d'arriver à ce but; il se préparait enfin à l'abandonner, quand il vit la faveur du peuple incliner vers d'autres meneurs plus sanguinaires et moins éclairés que lui [1].

Sur son lit de mort, il entrevit clairement les suites désastreuses qui allaient résulter de la carrière ambitieuse dans laquelle il avait tant contribué à précipiter les communes de France. « Quand je ne serai plus, dit-il, on saura ce que je valais. Les malheurs que j'ai empêchés, se répandront alors de tous côtés sur la France; la faction criminelle qui tremblait devant moi, sera démuselée. J'ai en

---

[1] De Stael, ı. 180, 280. Th., ı. 123, 124, 125. Dum., 276, 277.

moi des pressentiments d'immenses désastres. Nous voyons maintenant quelle erreur nous avons commise en n'empêchant pas le tiers de prendre le nom d'assemblée nationale; depuis qu'il a gagné cette victoire, il n'a pas cessé un instant de s'en montrer indigne. Il a voulu gouverner le roi, au lieu d'être gouverné par lui; mais ce ne sera ni le tiers-état, ni le roi qui règnera sur le pays, ce sera une vile faction, qui le couvrira d'horreurs [1]. »

Sa mort frappa tout le monde comme une calamité publique; le peuple, parce qu'il avait été son premier chef, et le plus intrépide champion de la liberté; les royalistes, parce qu'ils avaient espéré trouver en lui un appui efficace contre la violence du parti démocratique. Tout Paris assista à ses funérailles, qui furent célébrées avec une pompe extraordinaire à la lumière des torches, au milieu des larmes d'innombrables spectateurs; vingt mille gardes nationaux et délégués de toutes les sections de Paris, accompagnèrent le cadavre au Panthéon, où il fut placé à côté des restes de Descartes. Les restes de Voltaire, puis ceux de Rousseau, furent peu de temps après transportés dans le même lieu, et l'on inscrivit sur le fronton de l'édifice : AUX GRANDES AMES LA PATRIE RECONNAISSANTE![2]

Vers la même époque on célébra à Paris l'anni-

---

[1] Dum., 267, 268.
[2] Th., I. 282. Lacr., XIII 155. De Staël, I. 408.

versaire de la mort de Franklin avec une grande
pompe. La perte du philosophe patriote n'excitait
pas des sentiments aussi mélangés; des regrets sincères, une admiration sans réserve, c'était là ce
qu'inspirait sa mémoire. Par allusion à ses découvertes dans les sciences, et à sa vie patriotique, on
plaça sur son buste cette belle épitaphe:

Eripuit cœlo fulmen, sceptrumque tyrannis.

Les hommes de lettres et les philosophes de Paris,
qui avaient tant fait pour susciter la tempête de la
démocratie, reconnaissaient maintenant pleinement
le caractère ingouvernable de la puissance qu'ils
avaient créée. Volney, qui avait été long-temps un
des amis intimes de Mirabeau, exprima hautement
et avec son ton caustique, son opinion sur la servitude que l'assemblée s'était imposée. « Prétendez-
vous imposer silence aux galeries, dit-il? nos maîtres y siègent, et c'est une chose toute raisonnable pour eux d'applaudir ou de blâmer les discours de leurs valets. » « Je suis étonné de vous
entendre, dit un des assistants à l'abbé Sabatier,
qui avait le premier réclamé les états-généraux,
railler avec tant de virulence une assemblée, à
l'enfantement de laquelle vous avez si puissamment
contribué. Oui, répliqua l'abbé, mais on a changé
mes états-généraux en nourrice. » « Les états-généraux, dit Marmontel, me rappellent toujours une
expression de Madame de Sévigné: J'admirerais

la Provence, si je n'avais pas vu les Provençaux [1].

La mort de Mirabeau n'arrêta point les plans qu'il avait formés pour faire fuir le roi. L'état d'esclave auquel il était réduit, était trop manifeste pour qu'on pût conserver, à cet égard, le moindre doute. Privé de la liberté même de visiter ses palais, gardé presque à vue par la populace que Lafayette lui-même ne pouvait gouverner; sans pouvoir, sans argent, sans considération, c'était une moquerie de parler du trône comme formant un élément constitutif du gouvernement. On avait essayé d'une monarchie constitutionnelle, et l'essai n'avait pas réussi; le président d'une république aurait eu plus d'autorité réelle; son palais n'était qu'une brillante prison.

M. de Bouillé était l'homme sur lequel la famille royale comptait le plus dans sa détresse, et le comte de Breteuil le conseiller qui dirigeait sa conduite. Depuis quelque temps, le premier avait tout préparé pour leur réception; et, sous prétexte d'un mouvement militaire vers la frontière, il avait rassemblé ses troupes les plus fidèles dans un camp à Montmédy. Des détachements furent échelonnés le long de la route pour protéger le cortège royal, sous prétexte d'assurer le libre passage de la caisse militaire qu'on attendait de Paris [2].

De son côté la famille royale ne restait pas oisive.

---

[1] Dumont, 250, 252. Segur, III. 384.
[2] Mig., I. 132. Th., I. 287.

Son projet, connu de peu de monde, ne fut trahi par personne; tout en elle annonçait extérieurement plus de confiance qu'à l'ordinaire; et enfin, le 20 juin, le roi et le dauphin, la princesse Élisabeth et madame de Tourzel, parvinrent sous un déguisement à atteindre une voiture qui les attendait sur le boulevard. La reine, qui partit avec une seule domestique, pour éviter le soupçon, faillit faire découvrir leur dessein. Ignorant toutes deux les rues de Paris, elles s'égarèrent, et rencontrèrent la voiture de Lafayette, qu'elles n'évitèrent qu'en se cachant sous la colonnade du Louvre. Enfin, elles rejoignirent les fugitifs qui étaient en proie aux plus vives inquiétudes, et tous partirent à l'instant par la route de Montmédy et de Châlons. Ils passèrent la barrière sans être découverts, et voyagèrent plusieurs jours en parfaite sûreté. Le succès de leur entreprise, l'éloignement de Paris, le voisinage du corps royal sous Bouillé, les portèrent malheureusement à se relâcher dans leurs précautions. Le roi s'arrêta trop long-temps sur la route, et il eut l'imprudence de se montrer publiquement à Châlons, où il fut reconnu par quelques personnes, qui eurent toutefois l'humanité de garder le secret. A Sainte-Ménéhould, le maître de poste, Drouet, fut frappé de sa ressemblance avec la figure gravée sur les assignats; l'âge, le nombre de la famille royale, le confirmèrent dans ses soupçons, et après que la voiture fut partie, il donna l'alarme, et chargea un de ses amis de partir à franc étrier par un chemin de traverse, et de faire arrêter le roi au relai suivant, à Varennes [1].

Il est pénible de réfléchir à la multitude des accidents, qui, par une étrange fatalité, concoururent à faire échouer l'entreprise au moment même où le succès semblait certain. L'officier, qui commandait à Sainte-Ménéhould, observant les mouvements de Drouet, fit sonner de la trompette pour monter à cheval; mais la garde nationale entoura les écuries, et empêcha les dragons de monter; un intrépide sergent, qu'il dépêcha sur les traces de l'émissaire, le perdit de vue dans le bois. L'officier, commandant le détachement de Clermont, n'eut pas plutôt entendu parler de l'arrivée des voitures royales, qu'il monta à cheval et ordonna à ses hommes de le suivre; mais une rumeur se répandit; on parla de la qualité des fugitifs, et les soldats refusèrent d'obéir. A Varennes, la famille royale fut saisie de consternation en ne trouvant ni relais, ni une garde de soldats; en vain elle pressait les postillons de continuer; ceux-ci attendirent que Drouet eût eu le temps d'appeler la garde nationale, et de faire barricader le pont à l'est de la ville, sur lequel la route passait. Quand le roi arriva au pont, les deux gardes du corps, qui étaient assis sur le siège de la voiture, préparèrent leurs armes pour forcer le passage; mais le roi, voyant sa mar-

[1] Lacr., viii. 248, 256. Bouillé, ii. 275, 280. Mign., 1. 132. Th., i. 289.

che arrêtée par une force considérable, et les fusils de la garde nationale dirigés sur la voiture, leur ordonna de se soumettre. Les malheureux fugitifs furent saisis, et reconduits par la multitude armée à la poste, d'où l'on expédia sur-le-champ à Paris l'importante nouvelle. La fortune n'avait pas encore épuisé tous ses traits. Une heure après l'arrestation du roi, deux escadrons de dragons, sous les ordres de M. de Goguelas, arrivèrent. Le roi, trompé par l'apparente bonté du maire, lui persuada de différer l'emploi de la force, et découvrit son nom au perfide magistrat, qui, au lieu d'agir avec la générosité qu'une telle conduite méritait, fit aussitôt sonner le tocsin, et assembla les gardes nationales de toutes les communes du voisinage. De nouveaux escadrons de cavalerie, détachés par M. de Bouillé, arrivèrent encore ; mais tous les efforts de leurs officiers ne purent les décider à secourir le roi, qui resta sous bonne garde à Varennes [1].

Pendant toute cette fatale nuit, M. de Bouillé resta à cheval à la tête du régiment Royal Allemand, dont il était sûr, sous les murs de Stenay, attendant avec anxiété l'arrivée du roi. Informé de son arrestation à Varennes, il distribua un louis à chacun de ses soldats, et partit au galop pour le délivrer. Il arriva à Varennes une heure et demie après l'aide-de-camp du général Lafayette, chargé d'un ordre de ramener immédiatement les fugitifs à Pa-

[1] *Mémoires de Bouillé*, II. 290. Lacr., VIII. 265, 267. Th., I. 293, 295, 296.

ris. Il y avait une heure que la famille royale était partie, sous une forte garde, pour la capitale, et les chevaux des régiments étaient tellement épuisés par la course qu'ils avaient faite, qu'il était impossible de pousser plus loin. M. de Bouillé se vit donc, avec une inexprimable douleur, obligé de renoncer à ce qui avait fait si long-temps l'objet de ses plus ardents désirs, et de contempler, sans pouvoir y remédier, une suite d'évènements malheureux, qui conduisirent ce vertueux monarque à la prison, et enfin à l'échafaud [1].

Divers accidents, sans doute, contribuèrent à déjouer cette entreprise bien combinée; mais on aurait pu en triompher sans la trahison ou la honteuse irrésolution des troupes royales, et le zèle officieux avec lequel les gardes nationales s'assemblèrent pour empêcher la fuite de leur souverain. L'histoire ne trouvera jamais d'excuse pour une pareille conduite. Le patriotisme ne peut excuser le citoyen qui chercha à conduire à l'échafaud un vertueux monarque et son innocente famille. On rougit pour les soldats qui oublièrent leur fidélité au milieu des cris de la populace, et permirent, que leur souverain, l'héritier de vingt rois fût traîné captif au sein de son armée. Le plus ardent ami de la liberté, s'il a une étincelle d'humanité dans l'âme, le plus fougueux républicain, s'il n'est pas cuirassé contre tout sentiment d'honneur, doivent se sentir

[1] Lacr., VIII. 368. *Mémoires de Bouillé*, II. 298.

révoltés d'une telle bassesse. L'Angleterre peut se vanter avec un juste orgueil de la conduite toute différente que tint son peuple envers ses rois fugitifs, dans les mêmes circonstances, et opposer à l'arrestation de Louis à Varenne, la fidélité des comtés de l'Ouest envers Charles II, après la bataille de Worcester, et le dévoûment des montagnards de l'Écosse pour le Prétendant, après la bataille de Culloden [1].

Paris fut dans la plus grande consternation, quand on apprit la fuite du roi ; la joie fut d'autant plus vive aussi, quand on reçut la nouvelle de son arrestation. Trois commissaires, Pétion, Latour-Maubourg et Barnave, furent envoyés à la hâte pour ramener les prisonniers à Paris ; ils les rencontrèrent à Epernay, et revinrent avec eux aux Tuileries. Durant le voyage, Barnave, malgré son austère républicanisme, se sentit si touché par la gracieuse dignité de la reine, et si pénétré du bon sens et de la bienveillance du roi, qu'il fut gagné à la cause royale, et depuis la défendit toujours [2].

La reine s'apercevant aux manières et à la conversation de Barnave, que c'était un homme de sentiments généreux et d'un esprit éclairé, causa fran-

---

[1] Th., I. 298, 599. Mig., I. 154. Lacr., VIII. 270, 272. Le secret était confié à plus de deux cents personnes, la plupart dans le plus grand dénuement. On offrait 50,000 livres sterling, (850,000) à celui qui le livrerait ; la confiscation et la mort à ses adhérents ; cependant pas un seul montagnard ne songea à trahir son souverain.

[2] Th., I. 298 299. Mig., I. 154. Lacr., VIII. 270, 272.

chement avec lui, et produisit sur son âme une impression qui ne s'effaça jamais; ses attentions pour elle furent si délicates, sa conduite si pleine d'intérêt, qu'à son retour, elle assura à madame Campan, qu'elle lui pardonnait tout le mal qu'il avait fait à sa famille, pardon qu'elle ne pouvait étendre à beaucoup de nobles, qui avaient trahi le trône pour se joindre au parti démocratique. La conduite de Pétion au contraire fut si grossière, et ses manières envers les illustres captifs, si insolentes, que Barnave pouvait à peine contenir son indignation. Un pauvre curé s'approcha de la voiture pour parler au roi, la foule qui l'entourait tomba à l'instant sur lui, le renversa et était sur le point de le mettre à mort. « Tigres, cria Barnave, avez-vous cessé d'être Français? pour vous dire braves, êtes-vous devenus des assassins? » Il y avait déjà plus de différence entre les constitutionnels et les démocrates, qu'entre les premiers et le trône. Depuis lors, la reine mit plus de confiance en Barnave qu'en tout autre membre de l'assemblée. « Que de fois les factions se réconcilieraient, si elles se rencontraient et lisaient dans les pensées l'une de l'autre [1].

La barbarie du peuple se signala d'une manière bien honteuse pendant ce retour à Paris. Les deux gardes du corps, qui avaient risqué leur vie au service de leur souverain, furent enchaînés derrière la voiture; des paysans armés de fourches et de faulx,

[1] Madame Campan, II. 150 et suiv. Th., II 289, 299.

se mêlaient à l'escorte, et leur adressaient les plus amers reproches, et à chaque village les autorités municipales se rassemblaient pour accabler de leurs exécrations l'infortuné monarque déchu. Indigné d'une telle conduite, le comte de Dampierre, qui habitait un château près de la route, s'approcha pour baiser la main du roi et lui témoigner sa douleur; il tomba à l'instant percé de plusieurs balles, son sang jaillit sur la voiture royale, et ses restes furent mis en pièces par la sauvage multitude [1].

Pendant les premiers transports d'alarme et d'indignation, Lafayette faillit être massacré par la populace de Paris, tant on était persuadé que la famille royale n'avait pu s'échapper sans sa coopération [2]; l'aide-de-camp, qu'à la première alarme il avait dépêché sur la route de Varennes, n'échappa qu'avec peine au même destin. S'il avait été tué, la famille royale aurait encore été à Varennes, quand M. de Bouillé arriva, et elle aurait échappé à tous les malheurs qui la frappèrent ensuite.

Enfin les captifs entrèrent à Paris; une foule immense s'était assemblée pour voir leur retour, et elle les reçut dans un morne silence; nulle part la garde nationale ne présenta les armes; des cris affreux et menaçants partirent du sein des rassemblements; le peuple, sans se découvrir, portait des regards sombres sur ses victimes; il fallut les plus grands

[1] Lacr., VIII. 271. Camp., II. 181.
[2] Lacr., VIII. 276.

efforts à Latour-Maubourg et à Barnave pour empêcher qu'on n'assassinât, sur l'escalier des Tuileries, les deux fidèles gardes du corps. Les opinions étaient grandement divisées sur les conséquences de cette arrestation : les démocrates se réjouissaient ouvertement du rétablissement de leur pouvoir sur la famille royale ; les âmes humaines étaient déjà effrayées de la perspective du destin qui, selon toute apparence, les attendait ; les esprits réfléchis embarrassés sur la question de savoir ce qu'on en ferait [1].

Dans le fait, quand on apprit leur fuite, les hommes judicieux étaient peu désireux de les voir arrêter. Les chefs du parti populaire se réjouissaient de la perspective d'une république, dont cette fuite devait hâter l'établissement ; les constitutionnels désiraient sincèrement voir le roi établi à Montmédy, et délivré de l'état d'esclavage où la populace le retenait depuis si long-temps ; plusieurs des royalistes n'étaient pas fâchés de voir le gouvernail abandonné par un roi dont les concessions avaient conduit la monarchie sur le bord de l'abîme ; tous s'applaudissaient de le savoir arraché au despotisme de fer de la démocratie parisienne. En envoyant des commissaires pour arrêter le roi, l'assemblée agissait contre sa pensée, et cédait aux clameurs d'une populace menaçante [2].

[1] Lacr., VIII. 281, 282, 283.
[2] Th. I. 292, 293.

«L'assemblée nationale, dit Napoléon, n'a jamais commis une si grande faute qu'en ramenant le roi de Varennes. Fugitif et sans pouvoir, il gagnait la frontière, et en quelques heures il aurait été hors du territoire français. Que devait-elle faire dans cette circonstance? Evidemment, faciliter sa fuite, et déclarer le trône vacant? elle aurait ainsi évité l'infamie d'un gouvernement régicide, et atteint son grand objet, des institutions républicaines; au lieu de cela, en le ramenant, elle s'embarrassa d'un souverain, qu'elle n'avait point de justes raisons de détruire, et perdit l'inestimable avantage de se délivrer de la famille royale, sans un acte de cruauté [1]. » Ce sont les paroles d'un homme qui n'eut jamais de scrupules sur les moyens nécessaires pour arriver à un but, qui ne se laissait attendrir par aucune sensiblerie, ni arrêter par des dangers imaginaires. Elles viennent à l'appui de cette éternelle vérité, que la cruauté est aussi aveugle qu'inhumaine, et que la conduite la plus habile est celle qui est la moins exposée au reproche moral.

Le retour du roi captif à Paris, et la nécessité de prendre quelque résolution sur son sort, causa sur-le-champ une division parmi les partis de la capitale; pour la première fois on entendit faire l'aveu public des principes républicains. La populace demanda sa tête avec une sauvage férocité; on proposa hautement l'établissement d'une république dans les clubs

[1] Memoires de Napoleon, I. L.

des Jacobins et des Cordeliers ; Robespierre, Marat et leurs associés, enflammaient chaque jour l'opinion publique par des pamphlets et des discours empreints de la tendance la plus révolutionnaire [1].

« Si une république, dit Condorcet, s'établit par suite d'une nouvelle révolution, les résultats en seront terribles ; mais si elle est proclamée dans ce moment, pendant la toute-puissance de l'assemblée, la transition sera facile ; et il vaut infiniment mieux le faire quand le pouvoir du roi est tout-à-fait anéanti, que quand il en aura asez recouvré, pour tenter d'éviter le coup. » Personne à cette époque n'osa dire dans l'assemblée, que la royauté était une institution désirable par elle-même, ou comme contre-poids à l'ambition du peuple. Le fait qu'on ne pouvait soutenir une telle opinion au sein de la législature, prouve mieux que tout le reste, combien il est indispensable à une sage liberté, que cette institution existe [2].

Des cris séditieux retentissaient incessamment dans les rues ; une expression de férocité était empreinte sur le visage des nombreux groupes qui couvraient les places publiques, et l'on commença à revoir les affreuses figures qui étaient sorties de leurs repaires le 5 octobre, et qui dominèrent ensuite durant le règne de la terreur. D'un autre côté la partie généreuse et intelligente de l'assem-

[1] Mig., t. 154. Th., t. 501.
[2] Dumont, 325.

blée, à qui ces symptômes menaçants commencèrent à faire comprendre l'imminence du danger, unirent leurs forces pour résister à la multitude. Barnave, Duport et Lameth, quoique amis passionnés de la liberté, se coalisèrent avec Lafayette et les partisans d'une monarchie constitutionnelle. Dans la lutte qui s'ensuivit, on sentit péniblement l'absence de Mirabeau, de cette voix si puissante, qui imposait même aux passions les plus forcenées. Il est probable toutefois que dans cette occasion son éloquence même aurait échoué. A ce moment de désertion patricienne et de démocratie naissante, rien ne pouvait résister à l'énergie du peuple [1].

Le lendemain de son retour, Louis fut provisoirement suspendu de ses fonctions par un décret de l'assemblée, et une troupe, composée de gardes nationaux, placée auprès de sa personne, de celle de la reine et du Dauphin. Tous les trois furent judiciairement et minutieusement examinés par trois députés; mais ni l'un ni l'autre ne laissa rien échapper qui fût de nature à les incriminer. Ils furent strictement gardés dans le palais, et tout ce qu'on leur permettait, c'était de faire une promenade le matin dans le jardin des Tuileries, avant que le public n'y fût admis. Pendant ce temps l'assemblée s'occupait de préparer une mesure législative. Barnave et les deux Lameth eurent alors la générosité d'épouser ouvertement la cause

[1] Mign., 1. 134, 135. Lacr., viii. 284, 285, 292 De Stael, i. 561

du malheureux monarque, et ce fut en grande partie à l'habileté du premier, que Louis dut les sages réponses qu'il fit à l'assemblée; ce fut grâce à ses conseils qu'il put prouver, qu'il n'avait jamais voulu quitter la France, mais seulement se soustraire au danger de la capitale. En même temps Bouillé écrivit à l'assemblée une lettre, dans laquelle il prenait généreusement sur lui tout le crime du voyage, déclarant, au nom des souverains alliés, sur le territoire desquels il s'était retiré, qu'il la rendait responsable du salut des illustres prisonniers [1].

Le but des républicains était de faire de la fuite du roi un prétexte d'accusation pour obtenir sa déposition et sa mort; celui des constitutionnels de maintenir le trône malgré la malheureuse issue de cette tentative. Les premiers voulaient trouver dans l'examen de Louis au sujet de son voyage à Varennes la base des poursuites; mais cet examen fut si habilement conduit par le comité, auquel il fut confié, qu'au lieu de produire ce résultat, il le disculpa même aux yeux des membres les plus violents du parti jacobin.

Les sept comités auxquels on renvoya cette importante affaire, furent d'avis que le voyage du roi n'offrait aucun motif d'accusation contre lui. Le débat qui eut lieu sur ce rapport, appela dans l'arène les chefs les plus distingués des deux partis. L'inviola-

[1] Th., 1. 302, 303.

bilité de la personne du roi, qui avait été solennellement reconnue par l'assemblée, formait la base de l'argumentation du parti constitutionnel. « Admettre, répondit Robespierre, l'inviolabilité du roi pour des actes qui lui sont personnels, c'est établir un Dieu sur la terre. Nous ne pouvons permettre qu'une fiction assure l'impunité au crime, ou donne à un homme le droit de baigner nos familles dans le sang. Mais vous avez, dit-on, décrété cette inviolabilité : tant pis. Une autorité plus puissante que la constitution la condamne maintenant, l'autorité de la raison, la conscience du peuple, le devoir de pourvoir à sa sûreté. La constitution n'a pas décrété l'inviolabilité absolue du souverain ; elle n'a fait que le déclarer non responsable des actes de ses ministres. A ce privilège déjà immense voulez-vous ajouter encore l'immunité pour toute faute personnelle, pour le parjure, le meurtre, ou le vol? Nous, qui avons mis à néant tant d'autres distinctions, laisserons-nous subsister celle ci, la plus dangereuse de toutes? Demandez à l'Angleterre si elle reconnaît une telle impunité dans ses souverains? Si vous voyez un fils chéri assassiné devant vos yeux par un roi furieux, hésiterez-vous à le livrer à la justice criminelle? rendez des lois qui punissent tous les crimes sans exception, ou souffrez que le peuple les venge lui-même. Vous avez entendu les serments du roi. Où est le juré, qui après avoir entendu son manifeste et le récit de sa fuite, hésiterait à le déclarer coupable de parjure, c'est-à-dire de trahison envers la nation ? Le roi est inviolable, mais l'êtes-vous ? soutenez-vous son privilège d'assassiner impunément des millions de ses sujets ? Osez-vous le dire innocent, quand la nation le déclare coupable ? Consultez son bon sens, puisque le vôtre vous a abandonnés. On m'appelle républicain ; que je le sois ou non, j'ai la conviction, que toute forme de gouvernement vaut mieux que celle d'une faible monarchie, qui est tour-à-tour la proie des diverses factions [1]. »

« Régénérateurs de l'empire, répliqua Barnave, poursuivez la carrière où vous êtes entrés ; vous avez déjà montré que vous aviez assez de courage pour détruire les abus du pouvoir, il est temps de montrer que vous avez la sagesse de défendre les institutions que vous avez établies. Au moment même où nous déployons notre puissance, laissons voir notre modération ; offrons au monde, attentif à nos mouvements, le beau spectacle de la paix et de la justice. Que serait-ce que le procès du roi, sinon la proclamation de la république ? Etes-vous préparés à détruire, au premier choc, la constitution que vous avez formée avec tant de soin ? Vous êtes à juste titre fiers d'avoir clos une révolution sans égale dans les annales du monde ; vous êtes maintenant invités à en commencer une nouvelle ; à ouvrir un gouffre, dont aucune sagesse humaine

[1] Lacr., VIII. 202, 295, 296. Mig., I. 135, 136.

ne peut sonder la profondeur, dans lequel les lois, la vie et la propriété de vos concitoyens peuvent s'engloutir. Vous avez exercé avec sagesse et modération les vastes pouvoirs que l'état vous a confiés; vous avez créé la liberté; prenez garde de mettre à la place un violent et sanguinaire despotisme. Soyez sûrs que ceux qui vous proposent maintenant de condamner le roi, feront de même à votre égard, dès que vous gênerez leur ambition. Si vous prolongez la révolution, elle augmentera de violence. Vous serez étourdis des clameurs qui vous demanderont des confiscations et des assassinats; le peuple ne sera content qu'en obtenant des avantages positifs, et il ne pourra les obtenir que par la mort de ceux qui sont au-dessus de lui. Jusqu'à présent le pouvoir que nous avons déployé a effrayé le monde; charmons-le maintenant par la douceur qui l'embellit. »

Émue par ces généreux sentiments, l'assemblée adopta le rapport du comité à une majorité presque unanime; sept voix seulement votèrent contre. Mais on annexa à ce décret, comme concession au parti populaire, que si le roi se mettait à la tête d'une force armée et la dirigeait contre la nation, il serait censé avoir abdiqué, et qu'il aurait à répondre de ses actes comme un citoyen ordinaire. Le parti populaire fit contre le trône un fatal usage de cette clause dans les insurrections postérieures [1].

[1] Mig., t. 137. Lacr., viii. 508. Th., t. 511.

CHAPITRE IV.

Trompés dans leur espoir d'influencer l'assemblée, les démocrates tâchèrent de soulever le peuple. Une pétition, rédigée par Brissot, auteur du *Patriote français*, et habile républicain, fut portée au Champ-de-Mars pour y recevoir des signatures. Les clubs des Jacobins et des Cordeliers déclarèrent qu'ils ne connaissaient plus Louis comme souverain, et publièrent les harangues les plus incendiaires, qui furent sur-le-champ placardées dans toutes les rues de Paris. Une insurrection générale fut préparée pour le lendemain. « Nous irons au champ de la fédération, disaient-ils, et cent mille hommes sauront bien déposer le roi parjure. Ce jour sera le dernier de tous les soutiens de la trahison. » Le 17 juillet fut le jour fixé pour l'insurrection. Il n'y avait plus de force régulière à Paris ; tout dépendait de la fermeté de la garde nationale [1].

Le matin du 17, deux bandes de peuple différentes se mirent en mouvement ; l'une décemment vêtue, à l'air grave, peu nombreuse, conduite par Brissot ; l'autre, d'un aspect hideux, au langage féroce, formidable par le nombre, sous la direction de Robespierre. Toutes deux avaient confiance dans le succès, et étaient sûres de l'impunité ; car jusqu'alors pas une seule insurrection n'avait été réprimée ; pas un crime populaire, excepté le meurtre du boulanger François, n'avait été puni. Deux

[1] Mign, I. 139. Lacr., VIII. 517, 518. Th., I, 518.

malheureux invalides s'étaient placés au pied de l'autel du Champ-de-Mars pour observer ce spectacle extraordinaire; un cri partit du milieu de la foule, que c'étaient des assassins, placés là pour faire sauter les chefs du peuple; sans se donner la peine de s'assurer s'il y avait de la poudre, elle décapita les pauvres diables sur la place, et promena leurs têtes au bout des piques autour de l'autel [1].

L'assemblée prit les mesures les plus énergiques pour maintenir son autorité. Elle se déclara en permanence, et ordonna à la municipalité d'appeler la garde nationale à ses divers rendez-vous. Lafayette se mit à sa tête et s'avança vers le Champ-de-Mars, suivi de douze cents grenadiers. Dans le trajet, un traître qui se trouvait dans les rangs, lui tira un coup de pistolet, qui heureusement manqua son but; il eut la générosité de délivrer l'assassin de la prison où on l'avait renfermé. Pendant ce temps, le drapeau rouge était arboré à l'Hôtel-de-Ville par Bailly, et les bons citoyens sollicitaient instamment la proclamation de la loi martiale. Arrivé en vue des insurgés, Lafayette fit déployer le drapeau rouge, et somma la multitude, au nom de la loi, de se retirer. Des cris : « A bas le drapeau rouge ! à bas les baïonnettes ! » accompagnés de milliers de voix, furent la seule réponse qu'il obtint. Il ordonna ensuite une décharge en l'air; voyant qu'elle n'avait produit aucun effet, que la foule n'en était nullement effrayée, Lafayette or-

[1] Lacr., viii. 509, 512. Th., i. 511.

donna une décharge sérieuse, qui abattit une centaine des insurgés. A l'instant la foule se dispersa, et le Champ-de-Mars fut désert. Robespierre, Marat, et les autres chefs de l'insurrection disparurent, et le découragement du parti fut complet. Tremblant de frayeur, Robespierre demanda un asile à ses amis, ne se croyant pas en sûreté dans son obscure demeure, malgré son titre de député qui le rendait inviolable. La fureur révolutionnaire se trouva réellement calmée, et si le gouvernement avait eu assez d'énergie pour marcher sur les clubs des Jacobins et des Cordeliers, et fermer ces trois grands foyers de révolte, on aurait pu encore établir la monarchie constitutionnelle et empêcher le règne de la terreur. Mais cet acte de vigueur n'ayant été suivi d'aucun autre du même genre, perdit peu à peu tout son effet; les clubs reprirent leurs discussions incendiaires; les démagogues sortirent de leurs retraites, et la marche de la révolution reprit avec une nouvelle fureur [1]. Toutefois, le souvenir d'une défaite aussi signalée resta gravé dans l'esprit des démocrates, et quelques années après, ils en tirèrent une sanglante vengeance sur l'intrépide Bailly, qui avait le premier donné le signal de la résistance à la licence populaire.

L'assemblée était embarrassée des suites de son succès; elle reçut des adresses de félicitations de toutes les parties de la France; toutes avaient

[1] Mign., I, 158, 159. Lacr., VIII. 512, 515. Th., I. 511, 512.

une tendance modérée; plusieurs respiraient un es prit royaliste, preuve manifeste de la facilité avec laquelle la révolution aurait pu être étouffée alors, si le gouvernement avait eu de la fermeté et que les classes élevées se fussent entendues. Il était difficile à l'assemblée, à la fin de sa carrière, de s'écarter des principes avec lesquels elle avait commencé, et elle était alarmée des nouveaux alliés qui se réunissaient autour de son étendard victorieux. Ainsi toutes ses mesures eurent le caractère de l'indécision ; les souvenirs du passé la portaient vers le parti populaire, la crainte de l'avenir vers les mesures constitutionnelles. Dans ses efforts pour plaire à toutes les factions, elle n'acquit de l'ascendant sur aucune, et laissa la monarchie en proie aux passions furieuses qui agitaient alors le peuple à la suite de la fermentation qu'elle-même avait créée [1].

La fin de ses travaux approchait; les divers comités, auxquels on avait renvoyé les différentes sections de la constitution, avaient tous fait leurs rapports; les membres étaient fatigués de leurs divisions, le peuple impatient d'exercer ses droits électoraux; il ne restait qu'à combiner en un seul acte les décrets relatifs à la constitution et à la soumettre à la sanction royale [2].

On proposa, en consolidant les différents décrets relatifs à la constitution, de réviser quel-

---

[1] Mign., I. 139. Lacr., 317, 318. Th., I. 315.
[2] Mign., I. 140. Th., I. 316.

ques-uns de ses articles; on avait déjà reconnu la tendance démocratique de plusieurs, et l'assemblée était effrayée de l'agitation qui régnait dans l'empire. Toutes les questions subordonnées qui restaient furent décidées en faveur de l'autorité royale; mais elle n'eut pas assez de courage, ni peut-être assez d'influence pour changer les points les plus importants de la constitution; on la pressa vivement d'en corriger les défauts avant qu'il fût trop tard. « Ayez le courage, dit Malouet, d'avouer vos fautes et de les réparer. Vous êtes portés à effacer quelques taches, faites un pas de plus, et corrigez quelques difformités; pendant que l'œuvre est encore entre vos mains, ne vaut-il pas mieux lui donner plus de force et de stabilité? » Le projet de Barnave, de Malouet et des Lameth, qui entrevoyaient alors parfaitement la dangereuse nature de la constitution qu'ils avaient votée, était de rétablir la séparation des chambres et de rendre le *veto* indéfini à la couronne. Dans ce but, il fut convenu que Malouet proposerait la révision de ces articles et de plusieurs autres; que Barnave répliquerait avec véhémence, mais qu'en même temps il abandonnerait les points convenus, comme condamnés par l'expérience. Mais si telle était l'opinion générale des membres prudents et raisonnables, les hommes violents des deux partis, quoique par des motifs différents, se réunirent pour hâter la dissolution de l'assemblée; les royalistes désiraient que les défauts de la constitution restassent tellement choquants, qu'il fût impossible de la mettre à exécution ; les jacobins, qui comprenaient mieux les signes des temps, craignaient la réaction en faveur de l'ordre qui venait de se révéler parmi les hautes classes, et espéraient tout de l'esprit révolutionnaire qui se propageait parmi le peuple. Ce fut en vain que Barnave, Lameth, Chapelier et d'autres hommes éclairés la supplièrent de retenir, encore pour quelque temps, le pouvoir entre ses mains ; on leur répondit en se plaignant de leur impopularité et en leur prouvant la nécessité de se dissoudre pendant qu'on conservait encore quelque influence, et la majorité, fatiguée de l'œuvre de régénération qu'elle avait entreprise, résolut de se séparer. Comme dernière mesure de sécurité, elle déclara que les représentants de la France pourraient réviser la constitution, mais seulement après un laps de trente ans : vaine précaution qui fut bientôt oubliée au milieu de l'impétuosité et des luttes de l'assemblée qui lui succéda [1].

Avant de soumettre définitivement la constitution à la sanction du roi, l'assemblée, sur la motion de Robespierre, vota une mesure funeste, déclarant qu'aucun de ses membres ne pourrait être élu pour la législature suivante ; cette résolution si déplorable dans ses conséquences, fut inspirée par différents

[1] Mign., I. 140, 145. Lacr., VIII. 320, 331. Th., I. 315. Bouillé, II. 514 et suiv.

motifs. Le désir de recouvrer leur puissance de la part des aristocrates; un ressentiment implacable contre les chefs de l'assemblée de la part de la cour; l'espoir de l'anarchie et la crainte d'une réaction dans les membres existants, de la part des démocrates; un patriotisme désintéressé parmi les amis de leur pays; l'amour de la popularité qui résulte d'une action désintéressée, concoururent à amener un décret qui devait causer les plus grands maux à la France. Le roi fut si mal conseillé dans cette circonstance, qu'il employa toute son influence et celle de la reine pour obtenir le vote du décret; c'était une idée dominante parmi les royalistes, que l'esprit public était entièrement changé; que le peuple était maintenant attaché au souverain, et que si l'on pouvait exclure les anciens membres, les prochaines élections renverraient une assemblée qui détruirait tout ce que la première avait fait. Lors donc que la question fut proposée, les royalistes, d'accord avec les jacobins, et étouffant tous les arguments sous les cris, le vote! le vote! emportèrent la fatale résolution [1]. Ce système de changer de législateurs à des époques fixes, a toujours été et sera toujours une idée favorite chez les républicains, parce qu'elle exalte leur importance et diminue celle de leurs chefs; mais il est plus funeste au bonheur public qu'aucun autre qu'on puisse ima-

[1] Dumont, 338, 339. Mign., I. 141. Th., I. 514. Lacr., VIII. 283. Bouillé, I. 330, 315.

giner, parce qu'il place la direction des affaires entre des mains inexpérimentées, et donne à l'intérêt privé, le poids qui n'appartient qu'à la vertu publique.

Avant de solliciter la sanction du roi, on le réinvestit du commandement de sa garde, et on le rendit à la liberté dont il avait été privé depuis son arrestation à Varennes. Après un examen attentif de plusieurs jours, il déclara son adhésion dans les termes suivants : « J'accepte la constitution, je m'engage à la défendre également contre les discordes civiles et contre l'agression étrangère, et à en presser l'exécution de tout mon pouvoir (13 septembre 1791). Ce message excita les plus vifs applaudissements, Lafayette profitant du moment, obtint une amnistie générale pour tous ceux qui avaient concouru à la fuite du roi, ou qui se trouvaient compromis par les évènements de la révolution [1].

Le lendemain, le roi se rendit en personne à l'assemblée, pour déclarer son acceptation. Une foule immense l'accompagna, en faisant retentir l'air de bruyantes acclamations; il était l'objet des applaudissements momentanés des tribuns du peuple; mais les formalités observées même au milieu de l'enthousiasme général montrèrent combien l'autorité royale avait perdu. Le monarque n'était plus assis sur un trône à part de ses sujets; deux fauteuils, semblables sous tous les rapports, furent présentés l'un au roi et l'autre au président, et il

[1] Mign., t. 141. Th., t. 319 Lacr., vIII 448.

ne possédait, pas même en apparence, plus d'autorité que le chef de ce corps orgueilleux [1].

Enfin, la session fut close le 29 septembre. Le roi assista en personne à cette dernière séance, et prononça un discours plein de sentiments généreux et d'éloquentes expressions. « En retournant près de vos constituants, dit-il, vous aurez encore un devoir important à remplir; vous aurez à faire connaître aux citoyens le véritable sens des lois que vous avez rendues, et à expliquer mes sentiments au peuple. Dites-lui que le roi sera toujours son premier et son meilleur ami ; qu'il a besoin de son affection, qu'il n'a de plaisir qu'en lui et avec lui; que l'espoir de contribuer à son bonheur soutiendra son courage, de même que la satisfaction d'y avoir réussi, formera sa récompense. » De bruyants et sincères applaudissements accueillirent ces paroles. Le président, Thouret, dit alors d'une voix forte : L'Assemblée Constituante déclare sa mission accomplie, et sa session close [2].

Le roi ordonna pour cette occasion des fêtes magnifiques, qui épuisèrent les ressources du trône déjà fort peu considérables. Le palais et le jardin des Tuileries furent brillamment illuminés, et le roi, accompagné de la reine et de la famille royale, parcourut en voiture la longue avenue des Champs-Élysées au milieu des acclamations du peuple.

[1] Mign., I. 141. Lacr., VIII. 334. Th., I. 316.
[2] Mign., I. 142. Lacr. VIII. 382.

Mais une vague inquiétude régnait dans toutes les classes de la société [1]. Le monarque cherchait en vain ces expressions d'une joie sincère, qu'il avait vues à la fête de la fédération du 14 juillet; alors tout était espoir et confiance; maintenant on n'entrevoyait que les horreurs de l'anarchie. L'assemblée avait déclaré la révolution close; tous les hommes d'intelligence craignaient qu'elle ne fît que commencer.

Telle est l'histoire de l'Assemblée Constituante de France; assemblée qui, au milieu de beaucoup de bien, a fait plus de mal qu'aucune de celles qui aient jamais existé. Appelée aux plus hautes destinées, chargées des plus nobles devoirs, on croyait qu'elle allait commencer une ère nouvelle dans la civilisation moderne, régénérer un empire usé par la corruption féodale, mais rajeuni par l'énergie populaire. L'expérience nous a appris comment elle a rempli sa tâche. Le temps, ce grand révélateur de la vérité, nous a fait reconnaître ses fautes et ses vertus.

Ses efforts firent disparaître les grands maux qui affligeaient la France. La liberté du culte, qu'on n'avait qu'imparfaitement établie en 1787, fut confirmée par elle dans toute son étendue; la torture et le supplice de la roue abolis; le jugement par jury, la publicité des débats, la confrontation des témoins avec l'accusé, le droit d'avoir un conseil

[1] De Staël, I. 454, 456. Lacr., VIII. 352, 353.

CHAPITRE IV.

pour sa défense, tout cela fut réglé par la loi; les anciens parlements, les diversités de jurisprudence supprimées, et un même système de justice criminelle établi; l'usage des lettres de cachet anéanti; l'exemption des impôts pour la noblesse et le clergé détruit, un système d'égalité sous ce rapport fondé dans tout le royaume; les impôts les plus oppressifs, ceux du sel et du tabac, la taille et les dîmes supprimés; les privilèges de la noblesse, les charges féodales mises à néant. La France doit à l'assemblée constituante l'expérience encore douteuse des gardes nationales, l'avancement dans l'armée accordé au courage et à l'habileté, à quelque classe qu'ils appartiennent; un partage général de la propriété parmi les classes laborieuses, le plus grand des bienfaits pour une nation, quand il n'a point sa source dans l'injustice ou la spoliation des autres [1].

[1] De Staël, 1. 278, 288. Il est impossible de voyager dans la Suisse, le Tyrol, la Norwége, la Suède, la Biscaye et d'autres parties de l'Europe où les paysans sont propriétaires de la terre qu'ils cultivent, sans reconnaître combien un tel état de choses contribue à améliorer la condition des basses classes et à développer ces habitudes de comfort et de besoins artificiels qui forment le vrai régulateur du principe de l'accroissement. L'aspect de la France depuis la révolution, quand on le compare à ce qu'il était auparavant, prouve abondamment que les classes pauvres ont éprouvé la bienfaisante influence de ce changement, et que s'il n'avait pas été entaché d'injustice, il eût encore porté des fruits plus heureux; mais une nation, pas plus qu'un individu, ne peut commettre un acte d'injustice, sans que ses conséquences se fassent sentir sur les générations les plus éloignées. La confiscation des propriétés a été pour la France ce qu'une mesure semblable fut pour l'Irlande, une source éternelle de faiblesse et de discorde. Elle a détruit toute barrière entre la populace et la couronne, et n'a laissé à la nation aucun appui contre la violence de l'une ou de l'autre. Les conséquences de ce grand changement ont rendu la liberté extrêmement précaire, et c'est à lui qu'il faut attribuer l'irrésistible pouvoir du gouvernement central de Paris et la faiblesse des provinces. La suite de cet ouvrage montrera combien cette injustice a été funeste à la liberté future de la France.

Les suites des erreurs dans lesquelles tomba plus tard le gouvernement démontrèrent promptement l'heureux effet de ces changements. Ils mirent la nation à même de supporter une foule de calamités, dont une seule aurait suffi pour éteindre toute force nationale sous l'ancienne monarchie, la banqueroute nationale, la dépréciation des assignats, les discordes intestines, le règne de la terreur, l'invasion étrangère, la conscription de Napoléon, et l'asservissement du pays par l'Europe.

Les erreurs de l'Assemblée Constituante ont produit des conséquences également importantes, quelques-unes encore plus durables. En détruisant en quelques mois une constitution qui datait de mille ans, elle bouleversa toutes les idées des hommes et propagea la fièvre de l'innovation dans tout le royaume; en confisquant les biens de l'église, elle donna un fatal précédent d'injustice, qui fut trop fidèlement suivi dans les années suivantes, exaspéra une classe nombreuse et influente, et porta un coup funeste aux mœurs publiques, en laissant des semences de guerre entre le clergé et le peuple; en établissant le suffrage universel, et en confiant la nomination de tous les fonctionnaires au choix du peuple, elle l'habitua à l'exercice de pouvoirs incompatibles avec le gouvernement monarchique qu'elle même avait fondé, et que les nouveaux électeurs étaient incapables d'exercer avec avantage. Elle diminua à un tel point l'influence de la couronne, qu'elle lui ôta la puissance de maîtriser le peuple, et laissa le royaume en proie aux factions, nées des changements précipités qu'elle avait introduits. Enfin, en s'interdisant elle-même le droit de faire partie de la nouvelle assemblée, elle priva la France de tous les fruits de son expérience, et laissa ses successeurs recommencer le même cercle d'erreurs et d'innovations, dont elle venait trop tard de reconnaître les dangers [1].

En réunissant la législature en une seule assemblée, dans laquelle les représentants des communes avaient une supériorité décidée, elle investit dans le fait une seule classe de toute la puissance, don périlleux en tous temps, mais spécialement à une époque où ces classes se trouvaient dans un violent état de fermentation, et complétement inaccoutumées à l'exercice des pouvoirs qui leur étaient confiés. En détruisant le contrôle d'une assemblée séparée, elle exposa le système politique à l'influence sans réserve de ces soudains accès de passions auxquels toutes les grandes réunions d'hommes sont parfois sujettes, et que l'impétuosité du caractère français doit particulièrement faire redouter. Quand elle abolit les parlements, la hiérarchie ecclésiastique, les corporations, et les priviléges des provinces, elle renversa le plus ferme boulevard qui pouvait protéger la liberté dans les âges futurs, en brisant ces institutions qui

[1] Mign., t. 144.

unissent entre eux les hommes animés par les mêmes intérêts, et en laissant à une multitude d'individus isolés le soin de soutenir une lutte sans espoir contre le pouvoir exécutif, et à la capitale le pouvoir d'employer à son gré l'armée et les ressources du gouvernement. En abolissant le culte national, et en appliquant ses revenus à des objets séculiers, non-seulement elle offensa profondément la bonne foi publique, mais elle fit un tort irréparable à la cause de la liberté; elle réunit sous la bannière opposée les deux plus grandes puissances de l'esprit humain, diminuant l'influence des principes élevés et spirituels de notre nature, pour la laisser tout entière aux principes égoïstes.

C'est un fait digne de considération pour tous ceux qui veulent étudier la marche de l'esprit sous l'influence de pareilles convulsions, que l'Assemblée Constituante opéra tous ces grands changements sans en avoir reçu l'autorisation de ses commettants, et contrairement à toutes les recommandations contenues dans les cahiers. La forme de gouvernement qu'elle établit, la confiscation des biens ecclésiastiques qu'elle décréta, l'abolition des parlements provinciaux, le véto suspensif, l'abolition des titres d'honneur, l'empiètement sur la prérogative du roi de faire la paix ou la guerre, la nomination des juges par le peuple [1], étaient autant d'usurpations directement contraires à la

---

[1] Calonne, 216, 218, 222, 225, 290, 304.

majorité de ces cahiers, qui offrent encore un monument de la modération du peuple, au commencement de la révolution.

Une seule faute conduisit l'Assemblée Constituante à toutes ces tristes mesures ; perdant de vue l'objet pour lequel elle était convoquée, le redressement des griefs, elle appliqua tous ses efforts à conquérir le pouvoir. Au lieu de poursuivre le premier de ces buts et d'améliorer la situation du pays, comme elle y avait été invitée par le roi et la nation, elle détruisit toute la balance et l'équilibre qui impriment à l'état une direction ferme, et servent de correctif aux dispositions violentes qui peuvent exister dans toutes les classes. Quand elle eut fait ce premier pas, elle mit à l'instant, et avec une impardonnable perfidie, la hache à la racine de l'arbre, et détruisit toute foi publique et privée en confiscant les propriétés de l'église ; elle fit, ce que Burke avait appelé « un code d'anarchie », une déclaration des droits de l'homme, et détruisit par ce moyen toute l'influence que l'autorité religieuse et civile peut exercer sur l'esprit du peuple. « Le véritable but de tout cela, dit Burke, était de niveler toutes ces institutions et de briser tous ces liens religieux, civils et naturels qui unissent une société par les chaînes de la subordination ; d'exciter les soldats contre leurs officiers, les fermiers contre leurs propriétaires, les curés contre leurs évêques, les enfants contre leurs parents. » Une délivrance universelle de toute contrainte civile, religieuse, morale, philosophique et militaire, tel était le grand but de tous leurs efforts, que la faiblesse des propriétaires leur permit de mettre complètement à exécution. Sa précipitation, sa témérité et la violence de ses mesures furent d'autant plus inexcusables qu'elle ne pouvait recourir à cette excuse banale qui sert à tous les révolutionnaires « qu'elle y était forcée par la terreur et la nécessité »; au contraire, toute sa carrière fut un continuel triomphe; sa popularité était telle qu'elle dirigeait réellement l'opinion publique, emportant dans sa course rapide les boulevards de la liberté, les garanties de la propriété, l'appui de la religion et les leçons de la vertu [1].

On a attribué à une infinité de causes la marche désastreuse de la révolution française; il y en a quatre d'une importance tellement prédominante qu'elles effacent toutes les autres, et ce sont celles-ci : la fièvre des innovations, l'abandon du pays par la noblesse, le caractère indécis du roi et la trahison de l'armée.

Un insatiable besoin d'innovations, un mépris de tout ce qui était sacré ou vénérable, un violent désir d'extirper tout ce que recommandait l'expérience ou l'ancienneté, c'est là le signe certain de l'ardeur révolutionnaire, passion qui diffère complètement des sages principes de la vraie liberté.

[1] Burke, v. 14, 18, 89.

CHAPITRE IV.

Jamais cette terrible passion ne se manifesta avec tant de véhémence qu'en France, durant la session de l'Assemblée Constituante [1]. Une ferme union, parmi toutes les hautes classes, une observation constante du droit de la part des dépositaires du pouvoir, c'est là ce qu'il eût fallu pour arrêter un torrent aussi puissant et aussi dangereux, et c'était précisément ce qui manquait au moment où tout le réclamait.

Le caractère personnel du roi fut incontestablement ce qui empêcha principalement de résister à l'œuvre de la destruction et convertit le flot de la régénération en cataracte révolutionnaire. La faiblesse, l'irrésolution, en présence de l'ambition démocratique, sont aussi fatales qu'en présence d'une armée ennemie; ce sont les préludes certains d'une sanglante défaite. Les hommes les plus sages du parti populaire sentirent si bien ce funeste défaut dans le caractère du roi, qu'ils n'hésitèrent point à lui attribuer tous les malheurs de la révolution [2]. Si un roi ferme et décidé eût été sur le trône, il est douteux que la révolution eût eu lieu, ou du moins qu'elle eût été accompagnée de tant d'horreurs. Toutes les mesures de Louis tendaient à la provoquer; la bienveillance et la philosophie, qui, sagement tempérées par la résolution, auraient formé un souverain parfait, en faisaient un des plus dan-

---

[1] Ségur, I. 272, 324
[2] Dumont, 543.

gereux, unies avec la faiblesse et la mobilité; son indécision, sa faiblesse et ses demi-mesures perdirent tout; les autres causes qui concoururent à produire ce désastreux résultat, provenaient de la même source. Durant toute la session de l'Assemblée Constituante, il n'y eut presque pas d'époque, après qu'on eut reconnu la tendance de son esprit, où un monarque intrépide, aidé d'une noblesse résolue, n'eût pu détourner l'orage, et établir, aux vœux de la grande majorité de la nation, une monarchie tempérée, semblable à celle qui, depuis plus d'un siècle, assurait la gloire et le bonheur de l'empire britannique [1].

La défection des troupes fut la cause immédiate, qui précipita le chute du trône et le mit sous les pieds de l'assemblée; et les effets terribles qu'elle entraîna, la tyrannie sanglante qui la suivit, la funeste carrière de conquêtes extérieures qu'elle occasionna, l'asservissement du pays auquel elle aboutit, on peut attribuer tout cela à la trahison ou à l'irrésolution de ces troupes qui avaient juré de défendre l'ordre et la royauté; sans cette défection, l'autorité royale aurait été respectée, l'ambition démocratique contenue, un point de ralliement offert aux amis de l'ordre, et les changements que le temps exigeait, renfermés dans de sages limites constitutionnelles. La révolte des gardes françaises fut le signal de la rupture de tous les liens sociaux

[1] Dumont, 343

CHAPITRE IV.

en France; et c'est à peine si plus tard le terrible comité de salut public, et l'impitoyable épée de Napoléon purent les rétablir. Exemple mémorable de l'extrême péril qu'entraîne l'irrésolution des soldats qui délibèrent sur leurs premiers devoirs, la fidélité et l'obéissance; exemple qui confirme la sagesse de la maxime posée par le premier et le meilleur des républicains : « La force armée est essentiellement obéissante; elle agit, mais ne délibère jamais » [1].

Ce qu'avait commencé la trahison de l'armée, la désertion de la noblesse l'acheva. La fuite de cette classe puissante, avec les gens à son service, estimée par Burke à soixante-dix mille personnes, acheva la ruine du trône, en le privant de ses meilleurs défenseurs. Naturellement les amis de l'ordre s'abandonnèrent au découragement, lorsqu'ils virent l'armée se révolter, la couronne céder et la noblesse prendre la fuite. Qui aurait osé faire mine de résister, lorsque ces appuis naturels de l'état abandonnèrent la lutte comme désespérée? L'énergie de l'ambition, la confiance qui naît du nombre, le prestige de l'opinion, passèrent de l'autre côté. Un parti devient bientôt irrésistible, quand ses adversaires battent en retraite à la première rencontre [2].

La constitution de 1791 ne survécut pas longtemps à ses auteurs. L'esprit de révolte commença

---

[1] Carnot, 320.
[2] Dumont, 347.

avec les classes moyennes, mais il se propagea bientôt dans les classes inférieures. Elles formèrent l'Assemblée Législative, qui succomba bientôt sous les assauts de la multitude ; les classes moyennes avaient remporté la victoire sur l'aristocratie, mais les vainqueurs fléchirent bientôt sous les coup de la populace. Telle est la marche naturelle des révolutions ; chaque classe se sent gênée par celle qui est immédiatement au-dessus d'elle, et l'heureux succès de la résistance à une autorité plus haute la pousse à se révolter. Le ferme concours des amis de l'ordre peut seul arrêter ce progrès désastreux. En France ce qui empêcha ce concours d'avoir lieu, ce fut la funeste passion du changement qui infesta toutes les classes de la société, la faiblesse du roi, la trahison de l'armée et la lâche désertion des hautes classes [1].

[1] De Staël, II. 1, 9. Mign., 1. 4, 5.

FIN DU TOME PREMIER.

TABLE DES MATIÈRES
DU TOME PREMIER.

AVERTISSEMENT POUR LA SECONDE ÉDITION. i

PRÉLIMINAIRE. . . . . iij

PRÉFACE. . . . . xj

INTRODUCTION. 1

CHAPITRE PREMIER.
PROGRÈS COMPARATIFS DE LA LIBERTÉ EN FRANCE ET EN ANGLETERRE.

Parallèle des Révolutions de France et d'Angleterre : celle-ci procède avec plus de modération et d'humanité. — Elle naît de l'étendue de la liberté que possédaient autrefois les Anglais.—Effets de la conquête des Anglo-Saxons et des Danois sur le caractère du peuple. — Grands résultats de la conquête des Normands. — Elle produisit la classe de la Yeomanry (bourgeoisie), et causa les premières luttes qui s'engagèrent dans l'île pour la liberté.—Pouvoir de la couronne sous les princes normands.—Situation insulaire.—Institutions anglo-saxonnes.— Décadence de la liberté féodale. —Elle est ranimée par l'esprit de la liberté religieuse et de la réforme.— Cruauté des guerres de l'Irlande et de l'Ecosse, ainsi que des guerres des deux Roses.—Cause de la modération et de la clémence de la grande rebellion.— Ancienne situation de la nation française. — Les champs de mai.— État déplorable des anciens Gaulois.—Leur courage relevé pour la première fois par les guerres civiles des nobles.—Origine des Communes.—Grands vassaux de la couronne.—Leurs priviléges souverains.—Fatal effet de l'absence d'une bourgeoisie.—Conséquence des guerres avec l'Angleterre.—Insurrection de la Jacquerie.—L'esprit de la liberté étouffé par le pouvoir militaire de la couronne.—Séjour de la noblesse à Paris, et pouvoir des grands feudataires.—Effet des armées permanentes, et de l'esprit et des exploits militaires du pays.—Priviléges exclusifs de la noblesse.—Faibles progrès de la reforme.—La puissance de la pensée et l'esprit de liberté sauvés par l'influence de la littérature et de la philosophie.—Causes du caractère sauvage de la revolution française.—Effets bienfaisants des temps de souffrances sur le caractère national, démontrés par l'histoire de France et d'Angleterre. 59

CHAPITRE II.

DES CAUSES QUI PRÉSIDÈRENT EN FRANCE A LA RÉVOLUTION

Causes immédiates de la révolution. — Le développement des forces dans les basses classes produit par la prospérité générale de la France et par les entraves opposées aux classes moyennes. — Destruction du pouvoir des grands feudataires. —Esprit militaire du peuple. — Philosophie et littérature. — État du clergé. — Privilèges de la noblesse. — Impôt. — État des classes ouvrières. — Redevances féodales.— Administration de la justice.— Prérogative royale. — Corruption de la cour sous les derniers règnes. — Embarras des finances. — Guerre d'Amérique. — Discipline allemande. — Goût excessif pour les innovations autant parmi les nobles que parmi le peuple. — Caractère de Louis XVI.— Maurepas, son premier ministre, aidé par Turgot, Necker, Malesherbes. — Reformes proposées par ceux-ci. — Opposition des nobles. — Mort de Maurepas. — Dissolution du ministère. — La reine Marie-Antoinette. — Vergennes ministre. — Plans financiers de Calonne. — Ils échouent. — Assemblée des notables. — Brienne, archevêque de Toulouse, ministre. — Les états-generaux demandés.— Lutte inutile avec les parlements.— Énergie croissante du peuple. — Coup-d'état de Brienne, il echoue ; la convocation des etats-generaux accordée. — Retour de Necker. — Il fait consentir au doublement du tiers. — Ouverture des états-généraux fixée au mois de mai 1789. — Discussion sur les changements projetés. — Élections. — Disposition du peuple. — Effets des concessions de Necker. — Opinion de Napoléon sur ce sujet.— Reflexion sur la différence entre l'amour de la liberté et l'amour du pouvoir. — Les classes elevées à la tête de la revolution. 158

CHAPITRE III.

ASSEMBLÉE CONSTITUANTE.

État avancé des sciences en France au moment de la révolution. — Imprudentes innovations de l'Assemblée Constituante.—Ouverture des états-généraux.—Discours du roi et de Necker.—Idées de celui-ci sur la revolution.—Vues du tiers-état, des nobles, des prélats, du roi.—Doublement du tiers.—Violente opposition à cette mesure de la part des nobles et du clergé.—Remarquable prophétie de Beauregard.— Composition du tiers-état.—Presque point d'hommes de lettres, de philosophes, de grands propriétaires.—Des légistes en foule.— Efforts des nobles et de la cour pour diriger les etats. — Le tiers-état demande que les trois ordres ne fassent qu'une seule assemblée.—Violent conflit à ce sujet entre lui et les nobles. —Le tiers-etat prend le nom d'Assemblee Nationale.—Effroi des nobles.— Enthousiasme de la nation. — Necker propose une constitution mixte comme la constitution anglaise. — Serment du Jeu de paume.— La majorité du clergé se joint au tiers-état. — Seance royale du 23 juin. — Le duc d'Orléans et quarante-sept nobles se joignent au tiers-état. — Le roi cède et enjoint au reste de la noblesse de les imiter.—Excessive effervescence de la capitale. — Révolte des gardes françaises. — Mesures rigoureuses auxquelles se decide la cour. — Renvoi des ministres. — Préparatifs militaires, — Consternation dans la capitale. — Les troupes se re-

TABLE DES MATIERES.

voltent et sont rappelées à Versailles.—Tumulte effrayant à Paris.—Prise de la Bastille ; cruauté de la populace.—Le roi, à la nouvelle de la prise de la Bastille, cède et va visiter les Parisiens. — Commencement de l'émigration. — Rappel de Necker. — Fuite des ministres. — Excès de la populace. — Conséquences du triomphe populaire de la garde nationale.— La noblesse renonce aux droits féodaux. — L'anarchie règne dans toute la France et la famine à Paris. — Droits de l'homme — Formation de la constitution.— Question du véto.— État des finances.— Banquet à Versailles.— Insurrection à Paris. — Etat de l'assemblée et de la cour.— La populace envahit Versailles, entoure le palais, est sur le point d'égorger le roi et la reine. — Conduite héroïque de cette dernière. — Le roi vient habiter Paris. — Changements immenses introduits par l'Assemblée Constituante. — Fautes des deux côtés. — Reflexions générales sur les causes qui précipitèrent la révolution. 218

CHAPITRE IV.

DEPUIS LA RÉVOLTE DE VERSAILLES JUSQU'À LA DISSOLUTION DE L'ASSEMBLÉE CONSTITUANTE.

Exil du duc d'Orléans. — Retraite de Mounier et de Lally-Tollendal. — Procès et exécution du marquis de Favras. — Division de la France en départements. — Règlements municipaux. — Franchise électorale. — Immense effet de ces changements. — Confiscation des biens de l'église. — Emission des assignats. — Vente des biens de l'église. — Ses effets sur le morcellement de la propriété. — Vive resistance du clergé. — Abolition des titres d'honneur. — Organisation judiciaire. — Organisation militaire. — Etablissement général des gardes nationales. — Fête du 14 juillet, anniversaire de la prise de la Bastille. — Accusation du duc d'Orléans et de Mirabeau. — Chute de Necker. — Changement du ministère. — Révolte à Metz et à Sedan. — M. de Bouillé. — Serment ecclésiastique. — Ses funestes effets. — Loi révolutionnaire sur le droit de succession. — Clubs de Paris. — Les Jacobins. — Les Cordeliers. — Émigration générale. — Discussion d'une loi contre les émigrés. — Mirabeau défend le trône. — Sa mort. — Plans de la cour. — Fuite de Varennes. — Arrestation du roi et son retour à Paris. — Première origine des principes républicains. — L'autorité royale suspendue. — Débats sur l'accusation portée contre le roi. — Vigoureuses mesures de l'assemblée. — Révolte au Champ-de-Mars. — Victoire de Lafayette. — On n'en tire pas avantage. — Modification de la constitution proposée. — Le roi nominalement réinvesti de son pouvoir. — Clôture de l'assemblée. — Immenses changements qu'elle a produits.—Réflexions générales sur ses erreurs et ses mesures utiles. . 336

FIN DE LA TABLE DU TOME PREMIER.